教科書ガイド
啓林館版
エレメント English Communication Ⅱ

TEXT BOOK GUIDE

文研出版

はしがき

本書は，啓林館発行の高等学校・英語コミュニケーションⅡの教科書「ELEMENT English Communication Ⅱ」に準拠した教科書解説書として編集されたものです。教科書の内容がスムーズに理解できるよう工夫されています。予習や復習，試験前の学習にお役立てください。

本書の構成

各 Lesson	
単語・熟語チェック ☑ 単語チェック	教科書の新出単語・熟語を，用例付きで教科書の出現順に掲載。 使用する記号： 名 名詞　代 代名詞　形 形容詞 副 副詞　動 動詞　前 前置詞 熟 熟語　表 表現
ポイント	本文の内容把握に役立つ質問を提示。
教科書本文	各 Scene の本文とフレーズ訳を掲載。 使用する記号： ・ 1 2 3 …　　　Lesson の各パラグラフの通し番号 ・ ①②③…　　　各 Scene 内における文の通し番号 ・ スラッシュ (/)…　意味上の区切れや語句のまとまりを示す
☑ 本文内容チェック	パラグラフごとに本文の概要を確認。
読解のカギ	本文を理解する上で説明を要する部分をわかりやすく解説。 また，関連問題に挑戦できる 問 を設置。
TRY ①ヒント TRY ①ヒント TRY ①ヒント Comprehension ①ヒント	教科書内の対応している問いについて， 正解に至るまでのヒントと例を掲載。
Language Function	新出文法項目をわかりやすく解説。 ＋α では発展・応用内容を掲載。
Speaking ①ヒント Writing ①ヒント	教科書内の対応している質問について， 回答するためのヒントや表現例を掲載。
定期テスト予想問題	定期テストの予想問題を掲載。 各 Lesson 範囲の文法事項や本文の内容に関する問題を出題。

※本書では，教科書本文の全訳や問題の解答をそのまま掲載してはいません。

Contents

Lesson 1 The Culture Map

単語・熟語チェック

Scene ①

couple	名 カップル，1組の恋人	They are a wonderful **couple**. 彼らはすてきなカップルだ。
conversation	名 会話	I had a friendly **conversation** with them. 私は彼らと打ち解けた会話をした。
compared to *A*	熟 Aと比較して	This place seems like a big city **compared to** my hometown. この場所は私の地元と比較したら大都会に見える。
on the other hand	熟 一方で，他方では	She didn't accept my opinion. **On the other hand**, my father agreed with me. 彼女は私の意見を受け入れなかった。一方で，父は私に賛成してくれた。
be similar to *A*	熟 Aと似ている	That pen **is similar to** mine. あのペンは私のと似ている。
intention	名 意図	It was not my **intention** to break her glass. 彼女のコップを割ったのは，私の意図ではなかった。
context	名 文脈	I tried to get the meaning of the word from the **context**. 私は文脈からその単語の意味を理解しようとした。
rely	動 頼りにする	Don't **rely** too much on your parents regarding your problem. 自分の問題について両親に頼りすぎてはいけない。
rely on *A*	熟 Aを頼りにする，信頼する	This hospital **relies on** public support. この病院は公的支援を頼りにしている。
be made up of *A*	熟 Aで構成されている	The garden **is made up of** three areas. その庭園は3つのエリアで構成されている。
immigrant	名 移民	They are going to accept **immigrants**. 彼らは移民を受け入れる予定だ。

Scene ②

implicitly	副 それとなく	This was **implicitly** pointed out in his report. このことは彼の報告書でそれとなく指摘されていた。
guest	名 招待客	How many **guests** do we have for the party today? 今日のパーティーの招待客は何人ですか。
offer	名 提供，申し出	Thank you for your **offer** of help. 手助けの申し出をしてくれてありがとうございます。

literally	副 文字通りに	They lost **literally** millions of dollars. 彼らは**文字通り**数百万ドルを失った。
communicator	名 伝える人	How can we be effective **communicators**? 効果的な**コミュニケーションをとる人**にはどうしたらなれるでしょう。
according	副 (～に)よれば	**According** to Becky, Noah has moved. ベッキー**によれば**，ノアは引っ越してしまった。
according to *A*	熟 Aによれば	**According to** the weather report, it will be hot tomorrow. 天気予報**によれば**，明日は暑くなる。
specialize	動 専攻する，専門に(研究)する	I want to **specialize** in art history in the future. 私は将来，美術史を**専攻し**たい。
intercultural	形 異文化間の	We must develop **intercultural** understanding in our students. わが校は生徒たちの**異文化間の**理解を育まなければならない。
followed by *A*	熟 続いてAがある，後にAが続いて	*Shinano-gawa* is the longest river in Japan, **followed by** *Tone-gawa*. 信濃川は日本で一番長い川で，利根川**がそれに続く**。

Scene ❸

indirect	形 遠回しの，間接の	His language is always **indirect**. 彼の言い方はいつも**遠回し**だ。
explicit	形 率直な，あからさまな	Could you be more **explicit** about the plan? その計画について，もっと**率直に**言ってくれませんか。
negative	形 否定的な，良くない	One **negative** aspect of big city life is crime. 大都市での生活における1つの**否定的**側面は，犯罪だ。
generally	副 一般的に	Rabbits are **generally** thought to be quiet animals. ウサギは**一般的に**おとなしい動物だと考えられている。
unspoken	形 ことばにして表されない，暗黙の	I felt she had **unspoken** thoughts in her mind. 私は彼女には**ことばにしない**思いがあるのだと感じた。
even so	熟 たとえそうであっても	I found some mistakes in his paper; **even so**, it is very well written. 彼の論文にいくつか間違いを見つけたが，**それでも**とてもよく書けている。
stereotype	動 ～を固定観念に当てはめる	Dogs are often **stereotyped** as friendly. 犬は人なつっこいと**固定観念で思われ**ていることが多い。
direct	形 直接的な，率直な	He is too **direct** when he speaks. 話をする時，彼は**直接的**すぎる。
feedback	名 反応，意見	Ms. Wood gave me **feedback** on my report. ウッド先生は私のレポートへの**意見**をくれた。
consider	動 ～を…と考える，みなす	I **consider** it possible that they will get married. 私は彼らが結婚すること**は**ありえる**と考える**。
rude	形 無礼な，無作法な	I think it **rude** to use your phone during a meal. 私は食事中に電話を使うのは**無礼**だと思う。
value	動 ～を尊重する，重んじる	Our captain **values** each team member's opinion. 私たちのキャプテンはそれぞれのチームメンバーの意見**を尊重する**。

Scene ❹

cultural	形 文化の，文化的な	We all enjoyed the **cultural** exchange event. 私たち皆がその文化交流イベントを楽しんだ。
lead *A* to *do*	熟 Aを~するよう導く，~する気にさせる	This event **led** the nations **to** go to war. この出来事が，世界の国々を戦争を始めるよう導いた。
individual	名 個人	She always puts the team before the **individual**. 彼女はいつも個人よりチームを優先する。
lens	名 レンズ	Let's look at human history through the **lens** of diversity. 多様性のレンズを通して，人類の歴史を見てみましょう。
fail to *do*	熟 ～し損ねる	The horse **failed to** jump over the fence. 馬は柵を飛び越え損ねた。
communicate	動 意思疎通する	Some animals **communicate** through dance-like movements. 動物の中にはダンスのような動きで意思疎通をするものもいる。
humility	名 謙虚さ	He listened to his teacher's words with **humility**. 彼は謙虚な姿勢で先生のことばに耳を傾けた。
speak up [out]	熟 声に出して言う，率直に話す	If you have something to say, **speak up**. 何か言うことがあるなら，口に出して言ってください。
relationship	名 関係	We created a good **relationship** with that country. 私たちはその国との良い関係を築いた。
range	名 幅，範囲	After graduation, you will have a wider **range** of job choices. 卒業後，職業選択の幅が広がるでしょう。
source	名 源，根源	He is trying to study new **sources** of energy. 彼は新しいエネルギー源について勉強しようとしている。
endless	形 終わりのない，無限の	We've had enough of **endless** meetings. 終わりの見えない会議はもう十分だ。

Scene 1

ポイント　人の関係性や国の背景によって，コミュニケーション方法はどのように異なるか。

1 ① Imagine a couple / who has been together / for 50 years.// ② Then, / imagine
カップルを想像してください / ずっと一緒にいる / 50年間 // それから / もう1組を

another / who has known each other / for only a month.// ③ Would there be any
想像してください / お互いに知り合いである / たった1か月の間 // 何か違いはある

difference / in their communication style?// ④ You may say / that conversation /
だろうか / 彼らのコミュニケーション方法に // あなたは言うかもしれない / 会話は /

between the long-term couple / would be quieter / compared to those / who have
長い付き合いのカップルの間の / より静かだろうと / 人たちと比べて / 出会った

just met.// ⑤ The new couple may talk a lot / about what they want to share / with
ばかりの // 付き合いたてのカップルはたくさん話すだろう / 共有したいことについて /

each other.//
お互いと //

2 ⑥ The long-term couple may be compared / to Japanese, / who have shared
長い付き合いのカップルは例えられてもよいだろう / 日本人に / 同じ文化を

the same culture / for thousands of years.// ⑦ On the other hand, / the couple /
共有してきた / 何千年もの間 // 一方で / カップルは /

who have recently got together / may have a communication style / similar to that /
最近付き合った / コミュニケーション方法をとっているかもしれない / それと同様の /

of most Americans.//
ほとんどのアメリカ人の //

3 ⑧ In Japan, / people learn to "read the air" / to understand the intentions /
日本では / 人々は「空気を読む」ようになる / 意図を理解するために /

of others / from childhood.// ⑨ This is called "high-context communication" /
他人の / 子どもの頃から // これは「高文脈コミュニケーション」と呼ばれる /

because Japanese rely / on the context / in order to understand the true message /
なぜなら日本人は依存しているので / 文脈に / 本当のメッセージを理解するために /

when communicating.// ⑩ On the other hand, / the American way is called "low-
コミュニケーションをしている時に // 一方で / アメリカ人のやり方は「低文脈

context communication."// ⑪ In such a culture, / which is made up of immigrants /
コミュニケーション」と呼ばれる // そのような文化においては / 移民たちで構成されている /

who share only a few hundred years / of history, / people learn to speak /
わずか数百年しか共有していない / 歴史の / 人々は話すようになる /

as clearly as possible, / with little use of context / for understanding.//
できる限り明確に / 文脈をほとんど使わずに / 理解するために //

単語チェック

☐ **couple**	名 カップル，1組の恋人	☐ **intention**	名 意図
☐ **conversation**	名 会話	☐ **context**	名 文脈

□ rely 動 頼りにする
□ immigrant 名 移民

本文内容チェック 「高文脈コミュニケーションと低文脈コミュニケーション」

1 50年間付き合っているカップルと，知り合って1か月のカップルでは，コミュニケーション方法に違いはあるだろうか。長い付き合いの方は静かで，付き合いたての方はたくさん話をするだろうと，あなたは言うかもしれない。

2 付き合いの長いカップルは何千年も同じ文化を共有してきた日本人，短いカップルはアメリカ人のようなコミュニケーションをとっていると言えるかもしれない。

3 日本人は子どもの頃から「空気を読む」ようになり，コミュニケーションの際に文脈に依存する。これは「高文脈コミュニケーション」と呼ばれ，文脈をほとんど使わないアメリカ人のようなやり方は「低文脈コミュニケーション」と呼ばれる。

読解のカギ

① **Imagine a couple (who has been together for 50 years).**
（has been：現在完了形）

➡ imagine は「～を想像する」という意味の動詞。命令文で「～を想像してください」と仮定の話をする時に用いる。
➡ who は主格の関係代名詞で，who has been together for 50 years が先行詞の a couple を修飾している。

② **Then, imagine another (who has known each other for only a month).**
（has known：現在完了形）

➡ another は前文①の a couple を受け，「もう1組(別のカップル)」を表している。
➡ who は主格の関係代名詞で，who has known each other for only a month が先行詞の another を修飾している。

③ **Would there be any difference in their communication style?**
➡ would は想像や仮定で「～だろう」という時に用いる助動詞。Would there be ～? は「～があるだろうか」という意味になる。
➡ their は前文①②で触れている2組の couple を受けている。

④ **You may say (that conversation between the long-term couple would be quieter compared to those {who have just met}).**

➡ may は「～かもしれない，～だろう」という意味の「可能性・推量」を表す助動詞。
➡ compared to *A* は「A と比較して」という意味を表す。
➡ who は主格の関係代名詞で，who have just met が先行詞の those を修飾している。この those は「人々(=people)」という意味で，those who ～は「～する人々」という意味になる。

⑥ **The long-term couple may be compared to Japanese, (who have shared the same culture for thousands of years).**

➡ who は前に「,(コンマ)」があるので，非限定用法の主格の関係代名詞である。who have shared ... of years が先行詞の Japanese に説明を加えている。

⑦ **On the other hand, the couple (who have recently got together) may have a communication style similar to that of most Americans.**

➡ who は主格の関係代名詞で，who have recently got together が先行詞の the couple を修飾している。

➡ similar to *A* は「A と同様の」という意味で，similar to that of most Americans が a communication style を後ろから修飾している。

➡ that は前述の名詞 a communication style の代わりに用いられている。

⑧ **In Japan, people learn to "read the air" (to understand ... childhood).**

➡ to understand は to 不定詞の副詞的用法で「〜を理解するために」という意味になる。

➡ learn to *do* は「〜するようになる，(習慣など)を身につける」という意味を表す。

⑨ **This is called "high-context communication" (because Japanese rely on the context in order to understand the true message when communicating).**

➡ This は前文⑧の内容を指している。

➡ rely on *A* は「A を頼りにする」という意味を表す。

➡ in order to *do* は「〜するために」という意味を表す。

➡ when と communicating の間には「主語＋be 動詞」の they are が省略されている。

⑪ **In such a culture, (which is made up of immigrants {who share only a few hundred years of history}), people learn to speak as clearly as possible, with little use of context for understanding.**

➡ such a culture は「そのような文化」という意味で，前文⑩で言っているアメリカの「低文脈コミュニケーション」の文化のことを指している。

➡ which は前に「,(コンマ)」があるので，非限定用法の主格の関係代名詞である。which is made ... years of history が先行詞の a culture に説明を加えている。

➡ be made up of *A* は「A で構成されている」という意味を表す。

➡ who は主格の関係代名詞で，who share only a few hundred years of history が先行詞の immigrants を修飾している。

➡ as 〜 as possible は「できる限り〜」という意味を表す。

Scene ②

ポイント 高文脈文化と低文脈文化ではことばの真意にどのような違いがあるか。

4 ① In high-context cultures, / including Japan, India, and China, / messages are
高文脈文化では / 日本，インド，中国を含む / メッセージは

often sent implicitly.// ② For example, / when a guest says, / "No, thank you," / to
しばしばそれとなく伝えられる // 例えば / お客さんが言う時 / 「いいえ，けっこうです」と /

an offer / of food or drink, / a Japanese host may ask the guest / two more times /
提供に対して / 食べ物や飲み物の / 日本人の主人はそのお客さんに尋ねるかもしれない / もう2回 /

in order to make sure / it is a true "No," / reading the situation / and the way the
確かめるために / それが本心の「いいえ」であることを / 状況を読み取りながら / そして話者の

speaker talks.//
話し方(を) //

5 ③ For people / from low-context cultures, / on the other hand, / "No" literally
人々にとって / 低文脈文化出身の / 一方で / 「いいえ」は文字通り

means "No."// ④ A good communicator would be someone / who says what they
「いいえ」を意味する // 伝えるのが上手な人は人だろう / 意図することをことばに

mean / and means what they say, / and not someone / who is good / at reading the
する / そしてことばにしたことを意図する / そして人ではないないだろう / 得意である / 話者の意図

speaker's intentions.// ⑤ According to research / by Professor Erin Meyer, / who
を読み取ることが // 研究によると / エリン・メイヤー教授による / 専門

specializes / in intercultural communication, / the US is the lowest-context culture /
にしている / 異文化間コミュニケーションを / アメリカは最も低文脈な文化である /

in the world, / followed by Canada, Australia, the Netherlands, Germany, and the UK.//
世界で / カナダ，オーストラリア，オランダ，ドイツ，そしてイギリスが後に続いて //

単語チェック

□ **implicitly**	副 それとなく	□ **communicator**	名 伝える人
□ **guest**	名 招待客	□ **according**	副 (〜に)よれば
□ **offer**	名 提供，申し出	□ **specialize**	動 専攻する
□ **literally**	副 文字通りに	□ **intercultural**	形 異文化間の

本文内容チェック 「高文脈文化と低文脈文化の人たちのことばが実際に意味すること」

4 高文脈文化の中では，メッセージはそれとなく伝えられる。日本では自分の申し出に「いいえ」と言われても，相手の真意を確かめるためにもう2回尋ねることがある。

5 低文脈文化の人が言うことばは，文字通りの意味である。専門家の研究によれば，アメリカは世界で最も低文脈な文化の国である。

読解のカギ

① **In high-context cultures, (including Japan, India, and China), messages are often sent implicitly.**

➡ including は「～を含む」という意味の前置詞である。including Japan, India and China が high-context cultures を修飾している。

② **For example, (when a guest says, "No, thank you," to an offer of food or drink), a Japanese host may ask the guest two more times in order to make sure it is a true "No," (reading the situation and {the way the speaker talks}).**
分詞構文

➡ ask は「～に尋ねる，聞く」という意味で，ここでは「食べ物や飲み物の提供」について，ほしいかどうか相手に聞くことを表している。

➡ <make sure (that) S+V> は，「S が～する[～である]ことを確かめる」という意味を表す。ここでは that は省略されている。

➡ reading が導く句は分詞構文で，「～しながら」という意味を表す。

➡ <the way S+V> は「S が～するやり方[方法]」という意味を表す。この the way は関係副詞の how と同様の働きをしている。

③ **For people (from low-context cultures), on the other hand, "No" literally means "No."**

➡ on the other hand は「一方で」という意味を表す。前文①②での高文脈文化での話に対し，「その一方で」と低文脈文化についての話を始めている。

④ **A good communicator would be someone (who says {what they mean} and means {what they say}), and not someone (who is good at reading the speaker's intentions).**
(V'1) (O'1) (V'2) (O'2)

➡ 2か所の who はどちらも主格の関係代名詞で，who の導く節が先行詞の someone をそれぞれ修飾している。

➡ what they mean と what they say は関係代名詞の what が導く名詞節で，「S が～すること」という意味を表す。それぞれが says と means の目的語になっている。

⑤ **According to research by Professor Erin Meyer, (who specializes in intercultural communication), the US is the lowest-context culture in the world, followed by Canada, Australia, the Netherlands, Germany, and the UK.**

➡ according to *A* は「A によれば」という意味を表す。

➡ who は前に「,(コンマ)」があるので，非限定用法の主格の関係代名詞である。who ... communication が先行詞の Professor Erin Meyer に説明を加えている。

➡ specialize in *A* は「A を専門にする」という意味を表す。

➡ followed by *A* は「続いて A がある，後に A が続いて」という意味を表す。

Scene ③

ポイント 低文脈文化の人は直接的で，高文脈文化の人は遠回しという固定観念は正しいのか。

6 ① You may think / that people / in a high-context culture, / like Japanese, / are
あなたは思うかもしれない / 人々は / 高文脈文化の / 日本人のような /

always indirect / and speak implicitly.// ② However, / although it might surprise
いつも遠回しであると / そしてそれとなく話すと // しかし / あなたを驚かせるかもしれないが

you, / some people / from the cultures / where they "speak between the lines" /
/ 一部の人たちは / 文化出身の / 人々が「行間でしゃべる」 /

may be explicit, straight speakers / when telling you what you did wrong.// ③ At
あけすけで，率直な話者であるかもしれない / あなたが間違ってしたことを伝える時に //

the same time, / people / in some low-context cultures / can become less explicit /
同時に / 人々は / いくつかの低文脈文化の / あまりあけすけではなくなることがある /

when they have to say something negative / about others.//
彼らが何か否定的なことを言わなければいけない時に / 他人について //

7 ④ For example, / the French, / compared to Americans, / are generally said to be
例えば / フランス人は / アメリカ人と比べて / 一般に遠回しであると言われ

indirect / because of their high-context, unspoken communication style.// ⑤ Even so, /
ている / 彼らの高文脈でことばに出さないコミュニケーション方法から // たとえそうであっても /

they often give a straight no.// ⑥ Americans are stereotyped / as direct / by most of
彼らはしばしばはっきりと「ノー」を言う // アメリカ人は固定観念化されている / 直接的だと / 世界のほとんどの

the world, / yet when they give negative feedback, / they are less direct / compared
人たちによって / しかし彼らが否定的な意見を言う時に / 彼らはあまり直接的ではない / 人たちの

to many of those / from European cultures.//
多くと比べて / ヨーロッパ文化出身の //

8 ⑦ Therefore, / Americans may consider it rude / that a French person gives
したがって / アメリカ人は無作法だと考えるかもしれない / フランス人が否定的な意見を

negative feedback / such as "I don't think your plan will work."// ⑧ Actually, / the
言うことを / 「あなたの計画はうまくいかないと思う」といった // 実際 /

French value this way / of giving their opinions straight / and clearly.//
フランス人はこのやり方を尊重する / 彼らの意見を率直に伝える / そしてはっきりと //

単語チェック

□ **indirect**	形 遠回しの，間接の	□ **direct**	形 直接的な，率直な
□ **explicit**	形 率直な，あからさまな	□ **feedback**	名 反応，意見
□ **negative**	形 否定的な，良くない	□ **consider**	動 ～を…と考える
□ **generally**	副 一般的に	□ **rude**	形 無礼な，無作法な
□ **unspoken**	形 ことばにして表されない	□ **value**	動 ～を尊重する，重んじる
□ **stereotype**	動 ～を固定観念に当てはめる		

本文内容チェック **「直接的ではなくなるアメリカ人と，直接的になるフランス人」**

6 「行間でしゃべる」文化の人の中には，相手に間違っていると伝える時には率直に伝える人もいる。同時に，低文脈文化の人でも，否定的な意見を言う時にはあまりあけすけではなくなることがある。

7 例えば，一般的に遠回しとされるフランス人もはっきり「ノー」ということが多い。直接的だとされるアメリカ人も否定的な意見を伝える時には直接的ではなくなる。

8 それゆえに，アメリカ人はフランス人が「あなたの計画はうまくいかないと思う」などと否定的な意見を言うのを無礼だと思うかもしれない。

読解のカギ

② **(However), (although it might surprise you), some people (from the cultures {where they "speak between the lines"}) may be explicit, straight speakers (when telling you {what you did wrong}).**

(some people = S, may be = V, explicit, straight speakers = C)

➡ although it might surprise you の it はこれから言う内容を指している。その内容が「驚かせるかもしれないが」と前置きをしている。

➡ where は関係副詞で，関係副詞節の where they "speak between the lines" が先行詞の the cultures を修飾している。

➡ when の後ろには they are が省略されている。

➡ what は関係代名詞で，「～すること」という意味の名詞節を導いている。

④ **For example, the French, (compared to Americans), are generally said to be indirect because of their high-context, unspoken communication style.**

➡ French は「フランス(人)の」という意味の形容詞だが，the を付けることで集合的に「フランス人(全体)」を指す名詞になる。

➡ compared to *A* は「A と比較して」という意味を表す。挿入句的に用いられている。

➡ <S is said to *do*> は「S は～である[する]と言われている」という意味を表す。

文法詳細 p.20

⑥ **Americans are ... direct (compared to many of those from European cultures).**

➡ many of *A* は「A の多く」という意味を表す。この many は代名詞である。

➡ those は「人々(=people)」の意味を表し，後ろの from European cultures がそれを修飾している。

⑦ **Therefore, Americans may consider it rude (that a French person ... work.")**

(it = 形式目的語 ← (that …) = 真の目的語)

➡ consider は <consider＋O＋C> の形で「O を C と考える，みなす」という意味を表す。

➡ consider の目的語の位置にある it は形式目的語で，真の目的語は rude の後の that 節である。

文法詳細 p.18

Scene ④

ポイント 多様な文化が集まる社会で人と意思疎通を図るにはどうすればよいのか。

9 ① Would discussing these cultural differences lead us to stereotype people?//
これらの文化的な違いについて議論することは人に固定観念を持つよう私たちを導くだろうか //

② One might say / it is important to consider people / as individuals, / not as cultural
人は言うかもしれない / 人々をみなすことが重要であると / 個々人として / 文化的な集団としてではなく

groups.// ③ However, / if you think / that way, / you might view others / through
// しかし / もし考えるのなら / そのように / あなたは他人を見るかもしれない / あなた

your own cultural lens / and fail to understand them.// ④ Therefore, / when you
自身の文化的レンズを通して / そして彼らを理解し損ねる(かもしれない) // したがって / 意思疎通を

communicate / with people / from other cultures, / you need to respect / both
する時 / 人々と / ほかの文化出身の / あなたは尊重する必要がある / 文化

cultural and individual differences.//
的，個人的両方の違いを //

10 ⑤ What should you do / in societies / made up of various cultures?// ⑥ First, /
あなたは何をすべきだろうか / 社会の中で / さまざまな文化から成る // まず /

try to communicate / in a low-context way / because you share little cultural context /
意思疎通を試みてください / 低文脈なやり方での / あなたはほとんど文化的文脈を共有していないので /

with people.// ⑦ Next, / learn to change the way / you act / a bit, / to practice humility, /
人々と // 次に / やり方を変えるようになってください / あなたが振る舞う / 少し / 謙虚さを実践するよう /

to check the present situation / before speaking up, / and to build good relationships.//
現在の状況を確認するよう / ことばに出す前に / そして良い関係を築くよう //

11 ⑧ Challenging?// ⑨ Yes!// ⑩ However, / it's also fascinating.// ⑪ The range /
難しい？ // もちろん! // しかし / 非常に面白いことでもある // 幅は /

of human cultures / can be a source / of endless surprise and discovery.//
人類の文化の / 源になり得る / 無限の驚きと発見の //

単語チェック

□ **cultural**	形 文化の，文化的な	□ **relationship**	名 関係
□ **individual**	名 個人	□ **range**	名 幅，範囲
□ **lens**	名 レンズ	□ **source**	名 源，根源
□ **communicate**	動 意思疎通する	□ **endless**	形 終わりのない，無限の
□ **humility**	名 謙虚さ		

本文内容チェック 「多文化社会で尊重されるべき文化的・個人的差異」

9 文化的集団としてではなく，個人として人を見ることが大事という人がいるかもしれないが，それでは自分の文化的レンズを通して見ていることになり，人を理解できないだろう。つまり，文化的・個人的両方の違いを尊重する必要がある。

10 多種多様な文化から成る社会では，まずは低文脈な方法で意思疎通を図り，その次にやり方を変え，謙虚に状況を見て，良い関係を築けるようになろう。

11 それは困難なことであるが，文化の多様性は無限の驚きと発見の源になる。

🎵 **読解のカギ**

① Would **discussing these cultural differences** lead us to stereotype people?
　　　　　　S(動名詞句)　　　　　　　　　　V　O

→ would は想像や仮定で「〜だろう」という意味を表す助動詞である。
→ lead A to do は「A を〜するよう導く，〜する気にさせる」という意味を表す。

② One **might say** it **is important** (to consider **people as individuals, ... groups**).
　　　　　　形式主語 ◄━━━━━ 真の主語

→ one は総称的に「人」という意味を表す。
→ it は形式主語で，真の主語は後ろの to 不定詞句である。

③ However, (if you think that way), you might view others (through your own
　　　　　　　　　　　　　　　　　　　　　　　V₁　　O₁

cultural lens) and fail to understand them.
　　　　　　　　　V₂

→ that way は「そのように」という意味で，副詞的に用いる表現。in that way ともいう。
→ fail to do は「〜し損ねる」という意味を表す。

⑤ What should you do in societies made up of various cultures?
　　　　　　　　　　　　　　　▲_____|

→ be made up of A は「A で構成されている」という意味の受動態の表現である。名詞
　の societies を後置修飾する過去分詞句の形で用いられている。

⑥ First, try to communicate in a low-context way because you share little
cultural context with people.
→ share A with B は「A を B と共有する」という意味を表す。
→ little は「ほとんど〜ない」という意味を表す。不定冠詞を伴う a little「少しの，少
　しはある」との意味の違いに注意。

⑦ Next, learn (to change {the way you act} a bit), (to practice humility), (to check
the present situation before speaking up), and (to build good relationships).
→ next「次に」は，前文⑥の first「まず」と呼応して用いられている。
→ learn to do は「〜するようになる，(習慣など)を身につける」という意味を表す。
　ここでは learn に続く to 不定詞句が4つ並べられている。
→ <the way S+V> は「S が〜するやり方[方法]」という意味を表す。
→ before doing は「〜する前に」という意味を表す。この doing は動名詞である。
→ speak up は「声に出して言う，率直に話す」という意味を表す。

TRY1 Complete the Culture Map ヒント

In which part do Japan, the US, and France lie?
(日本，アメリカ，フランスはどの部分に位置しますか。)

縦軸：高文脈⇔低文脈
横軸：遠回しな否定的意見⇔直接的な否定的意見

TRY2 Main Idea ヒント

Mark the main idea M, the sentence that is too broad B, and the sentence that is too narrow N.(話の本旨になるものにはMを，広範すぎる文にはBを，限定的すぎる文にはNの印を書きなさい。)

1 お互いを理解することはそれほど簡単ではない。
2 私たちは文化的差異と個人的差異の両方を考慮するべきだ。
3 アメリカはカナダやイギリスよりも低文脈の文化である。

TRY3 Details ヒント

Choose the best answer. (適切な答えを選びなさい。)

1 「空気を読む」とはどういうことかを考える。 → 教p.14, ℓℓ.10〜13
2 それぞれの国が，低文脈文化と高文脈文化のどちらの例として挙げられているか，という観点から考える。 → 教p.14, ℓℓ.17〜18, 25〜28
3 否定的な意見を言う時のアメリカ人の態度について考える。 → 教p.15, ℓℓ.4〜6
4 多種多様な文化で構成される社会の中では，まずどのようにコミュニケーションをとるべきかを考える。 → 教p.15, ℓℓ.16〜18

TRY4 Facts and Opinions ヒント

Write FACT for a factual statement and OPINION for an opinion.
(事実に基づく記述には FACT，個人的見解には OPINION と書きなさい。)

1 個人として人を判断することが大切だ。
2 インドは日本と同じ高文脈文化に分類される。
3 低文脈文化の人々は高文脈文化の人々よりも直接的に話をする。
4 人類の文化の幅は，無限の驚きと発見の源になり得る。

TRY5 Deeper Understanding ヒント

Discuss the following with your partner. (次のことについてパートナーと話し合いなさい。)

1 例 A: I think sometimes it does.
B: Yeah, I think so, too, but it is still important to try to understand cultural differences.
A: That's right. To avoid stereotyping people, individual differences must also be considered.
B: I agree. We should not judge people only by their cultural backgrounds.

2 例 A: I often see the last piece of a food left on a platter forever. That is probably the result of reading the air.

B: We see that all the time, but I think if you are going to read the air, maybe you should eat the last piece.

A: Umm, that may be true. You mean we should decide to do what no one else wants to do by reading the air, right?

B: Yes. It's really hard to read the air.

TRY6 Retelling ヒント

例 Scene 1 If a couple has been together for 50 years and another couple has been together for one month, is there any difference in their communication styles? You may say that the long-term couple would be quieter and the new couple would talk a lot about things they want to share with each other. The long-term couple may be compared to the Japanese, who learn to "read the air" from childhood. This is called "high-context communication." On the other hand, the short-term couple may have a communication style similar to the American one, which is called "low-context communication." In this culture, people learn to speak as clearly as possible, since their population is made up of people who do not share a long history.

Scene 2 In Japan, messages are often sent implicitly. For example, when a guest says, "No, thank you," to an offer, a host may ask the guest a few more times to know whether it is a true "No," reading the situation in the conversation. In low-context cultures, "No" literally means "No." People who say what they mean and mean what they say are considered as good communicators. According to research, the US is the lowest-context culture in the world.

Scene 3 The French are generally said to be indirect because of their high-context communication style, while Americans are said to be direct. However, the French often become explicit when they say something negative. In addition, when Americans, who are stereotyped as direct, give negative feedback, they are less direct. Therefore, when the French give such feedback directly, Americans may think it is rude.

Scene 4 One might say you should consider people as individuals, not as cultural groups, so as not to stereotype them. However, if you do so, you may end up viewing people through your own cultural lens. Therefore, you need to respect both cultural and individual differences in intercultural communication. When you communicate in societies made up of various cultures, you should try a low-context approach first, because there is less shared cultural context. Next, try to change your behavior a little bit, and practice humility, check the present situation before you speak up, and then build good relationships.

Language Function

1 S + V + O (=it) + C + to *do* [that S + V]　形式目的語の it

<S+V+O+C> の文型の目的語が to 不定詞や that 節である場合，それらの代わりに it を目的語の位置に置き，to 不定詞・that 節を文末に置く。この it を**形式目的語**といい，そういった文は <S+V+O(= it)+C+to *do*> または <S+V+O(= it)+C+that S+V> の形になる。この形にすることで，文構造をより明確にすることができる。
形式目的語の it は，believe, consider, find, make, take, think などの動詞と共に使われる。

<S+V+O(=it)+C+to *do*>

1. We often find **it** difficult (**to** get things done in time).
(私たちは時間内に物事を終えることが難しいと感じることがよくある。)

➡ <S+V+O+C>(第 5 文型) の文で，本来の目的語は to 不定詞句の to get things done in time であるが，形式目的語の it が用いられ，to 不定詞は C(補語) の後ろに置かれている。

× We often find to get things done in time difficult.

○ We often find **it** difficult to get things done in time.
S　V　O(形式目的語)　C　真の目的語

問1. ＿＿を埋めなさい。
私たちは彼女をそのパーティーに誘うことは難しいと思った。
We thought ＿＿＿＿ hard ＿＿＿＿ ＿＿＿＿ her to the party.

<S+V+O(=it)+C+that S+V>

2. Americans may consider **it** rude (**that** a French person gives negative feedback).
(アメリカ人はフランス人が否定的な意見を言うことを無作法だと考えるかもしれない。)

➡ that a French person gives negative feedback という that 節が真の目的語で，この that 節の代わりに形式目的語の it が使われている。

3. He takes **it** for granted (**that** I will always help him).
(彼は私がいつも彼を助けるのが当然だと思っている。)

➡ that I will always help him という that 節が真の目的語で，この that 節の代わりに形式目的語の it が使われている。

➡ take *A* for granted は「A を当然のことと思う」という意味を表す。

問2. 並べかえなさい。
彼女が古い映画が好きだということを，私は面白いと思った。
(she / it / I / interesting / old movies / liked / found / that).

＿＿＿＿＿＿＿＿＿＿＿＿＿＿＿＿＿＿＿＿＿＿＿＿.

問の解答　**問 1.** it, to invite　**問 2.** I found it interesting that she liked old movies(.)

＋α

形式目的語の it が動名詞の代わりに使われる場合

We think **it** impossible (**climbing** the mountain in a day).
(私たちはその山に 1 日で登ることは無理だと思う。)

➡ to 不定詞と that 節だけでなく，動名詞も形式目的語の it に変えられて，<S+V+O (=it)+C+*do*ing> の形になることがある。

➡ climbing the mountain in a day という動名詞句が真の目的語で，この動名詞の代わりに形式目的語の it が使われている。

Qヒント Describe each picture with the given words and the structure above.
(与えられた語句と上の構文を使ってそれぞれの写真を説明しなさい。)

A 形式目的語の it を用いて，「彼らはジェットコースターに乗るのは楽しいと感じた」などの意味の文にする。

B 形式目的語の it を用いて，「私はケイトが牛丼を 2 杯食べたことは驚くべきことだと思った」などの意味の文にする。

2 S is said to *do* / S is supposed to *do*　対応する能動態を持たない受動文

<S is said to *do*> は「S は～である［する］と言われている」という意味を表す。この表現は受動態であるが，**対応する能動態の形がない**。<It is said that S *does* ～> という形に書きかえることができる。

<S is supposed to *do*> は「S は～することになっている，～すべきである」という意味を表す。この表現に対応する**能動態**の suppose *A* to *do* は通常**使われない**。

<S is said to *do*>

1. This old book **is said to** be worth 200,000 yen.
(この古い本は 20 万円の価値があると言われている。)

➡ <S is said to *do*> は「S は～である［する］と言われている」という意味を表す。能動態の形に書きかえることができない受動態の表現である。
受動態：○ This old book **is said to** be worth 200,000 yen.
能動態：× People **say** this book **to** be worth 200,000 yen.

➡ It is said that this book is worth 200,000 yen. と書きかえることができる。<S is said to *do*> の形よりも客観的で，書きことばで使われることが多い。

2. The French **are** generally **said to** be indirect because of their high-context, unspoken communication style.
(フランス人は，その高文脈でことばに出さないコミュケーション方法から，一般に遠回しであると言われている。)

➡ <S is said to *do*> の形の受動態の文。It is generally said that the French are indirect because of their high-context, unspoken communication style. と書きかえることができる。

問1. ＿＿を埋めなさい。

この都市はこの国で最も美しい都市だと言われている。

This city ＿＿＿＿＿＿ said ＿＿＿＿＿＿ be the most beautiful city in this country.

<S is supposed to *do*>

3. My brother **is supposed to** clean his room today.
(私の兄[弟]は今日，自分の部屋を掃除することになっている。)

➡ <S is supposed to *do*> は「S は～することになっている，～すべきである」という意味を表す。この表現に対応する能動態の suppose *A* to *do* は通常使われない。

問 . 並べかえなさい。

あなたは 1 日 3 回その薬を飲むことになっている。

(to / are / medicine / take / you / the / supposed) three times a day.

＿＿＿＿＿＿＿＿＿＿＿＿＿＿＿＿＿＿＿＿＿＿＿＿＿＿＿＿ three times a day.

＋α

<suppose＋O＋to be＋C>

We all **supposed** him **(to be)** rich.
(私たちはみんな彼がお金持ちだと思った。)

➡ suppose *A* to *do* の形は通常使われないが，to 不定詞が <to be＋C> の形では使われることがある。この場合の意味は，「～が…であると思う」となる。

➡ We all supposed (that) he was rich. と言いかえられる。この that 節を使う形の方が一般的で，<to be＋C> の形の方は硬い表現である。

Qヒント Describe each picture with the given words and the structure above.
(与えられた語句と上の構文を使ってそれぞれの写真を説明しなさい。)

A「サムはとても裕福だと言われている」などの意味の文にする。

B「その偉大な選手は，私たちのチームに加入することになっている」などの意味の文にする。

問の解答 **問 1.** is, to **問 2.** You are supposed to take the medicine (three times a day.)

Speaking ヒント

Warm-up dialogue: Encouraging remarks

Aの「質問してもいいですか」という問いにBは「ええ」と答えていて，空所の直後にAは実際に質問をしている。よって，空所には相手に質問をするよう促すようなことばが入ると考えられる。

A: こんにちは，エミ。質問してもいいですか。
B: ええ。＿＿＿＿＿＿＿。
A: 日本人の一家から夕食に招かれたんです。私は手土産を持って行った方がいいですか。
B: ええと，お土産を持って行くなら，それはいいことでしょう。でも，持って行かなくてもいいと思います。
A: アドバイスありがとう！

Role play

❶

習慣の例の意味

ⓐ 誰かの年齢を尋ねること
ⓑ 外で歩きながらものを食べること
ⓒ レストランで指をパチンと鳴らすこと
ⓓ 皿に食べ物を残すこと
ⓔ 左手で贈り物を渡すこと

❷

会話例

A: May I ask you a question?
B: Sure. What is it?
A: I was invited to dinner by a Japanese family. Should I arrive earlier than the time I was told?
B: That would be nice, but you should not arrive more than five minutes early.

Writing ヒント

Writing 記入例

The number of international students in Japan has been growing rapidly since 2014. To build good relationships with people from various cultures, we should respect both cultural and individual differences. When we communicate with those who share little cultural context with us, we should communicate in a low-context way first. Next, we should practice humility, check the present situation before speaking up, and build good relationships.

定期テスト予想問題

解答 ➡ p.24

1 日本語の意味に合うように，___に適切な語を入れなさい。

(1) このグループは若い男性で構成されている。
This group is ______ up ______ young men.

(2) 多くの人が，情報を探すのにインターネットを頼りにしている。
Many people ______ ______ the internet to find information.

(3) アレックスによると，この計画はうまくいかないだろう。
______ ______ Alex, this plan won't work.

2 日本語に合うように，(　)内の語句を並べかえなさい。

(1) 私は，科学技術を発展させることは重要だと思っている。
(to / science and technology / I / it / think / important / develop).
________________________________.

(2) 彼は史上最高のテニスプレーヤーだと言われている。
(said / tennis / is / be / he / the / player / to / best) in history.
________________________________ in history.

(3) 彼の独特の考えが，費用を減らすことを可能にした。
(it / made / his unique idea / possible / reduce / to) the cost.
________________________________ the cost.

(4) エレンがあなたを駅まで送ることになっている。
(to / supposed / take / Ellen / to / you / is) the station.
________________________________ the station.

3 次の英語を日本語に訳しなさい。

(1) I think it easy to win the next soccer game.
(　　　　　　　　　　　　　　　　)

(2) Who is supposed to take care of this baby?
(　　　　　　　　　　　　　　　　)

4 次の英文を，(　　) 内の指示に従って書きかえなさい。また，その英語を日本語に訳しなさい。

(1) It is said that the tree is over 100 years old. (the tree を主語に，受動態で)
____
(　　　　　　　　　　　　　　　　)

(2) It is my father's duty to water the flowers in our garden. (is supposed to を使って)
____
(　　　　　　　　　　　　　　　　)

5 次の英文を読んで，後の問いに答えなさい。

Imagine a couple who has been together for 50 years. Then, imagine another who has known each other for only a month. ①(style / any / be / there / their / difference / would / communication / in)? You may say that conversation between the long-term couple would be quieter compared to ②(   ) who have just met. The new couple may talk a lot about what they want to share with each other.

③The long-term couple may be compared to Japanese, who have shared the same culture for thousands of years. ④(   ) the (   ) hand, the couple who have recently got together may have a communication style similar to ⑤that of most Americans.

(1) 下線部①が「彼らのコミュニケーション方法に何か違いはあるだろうか」という意味になるように，( ) 内の語を並べかえなさい。

______________________________?

(2) 下線部②に入れるのに適切な語をしたから選び，記号で答えなさい。

ア those　イ this　ウ that　エ them　______

(3) 下線部③の英語を日本語に訳しなさい。

(　　　　　　　　　　　　　　　　　　　)

(4) 下線部④が「一方で」という意味になるように，( ) に適切な語を入れなさい。

______ the ______ hand

(5) 下線部⑤が指すものを，本文中から３語で抜き出しなさい。

______ ______ ______

6 次の英文を読んで，後の問いに答えなさい。

①(us / these / would / stereotype / discussing / cultural / lead / to / people / differences)? One might say it is important to consider people as individuals, not as cultural groups. However, if you think ②that way, you might view others through your own cultural lens and ③fail (   ) (   ) them. Therefore, when you communicate with people from other cultures, you need to respect both cultural and individual differences.

(1) 下線部①が「これらの文化的な違いについて議論することは，人に固定観念を持つよう私たちを導くだろうか」という意味になるように，( ) 内の語を並べかえなさい。

______________________________?

(2) 下線部②が指す内容を日本語で書きなさい。

(　　　　　　　　　　　　　　　　　　　)

(3) 下線部③が「彼らを理解し損ねる」という意味になるように，( ) に適切な語を入れなさい。　fail ______ ______ them

定期テスト予想問題 解答 pp.22~23

1 (1) made, of (2) rely on (3) According to

2 (1) I think it important to develop science and technology(.)
(2) He is said to be the best tennis player (in history.)
(3) His unique idea made it possible to reduce (the cost.)
(4) Ellen is supposed to take you to (the station.)

3 (1) 私は次のサッカーの試合に勝つことは簡単だと思っている。
(2) 誰がこの赤ん坊の世話をすることになっているのですか。

4 (1) The tree is said to be over 100 years old.
その木は樹齢100年以上だと言われている。
(2) My father is supposed to water the flowers in our garden.
父がうちの庭の花に水をやることになっている。

5 (1) Would there be any difference in their communication style(?)
(2) ア (3) 長い付き合いのカップルは，何千年もの間，同じ文化を共有してきた日本人に例えられてもよいだろう。 (4) On, other
(5) a communication style

6 (1) Would discussing these cultural differences lead us to stereotype people(?)
(2) 人々を文化的な集団としてではなく個々人としてみなすことが重要である
(3) to understand

解説

2 (1)(3) to 不定詞の内容を指す形式目的語の構文にする。
(2)「S は～と言われている」は <S is said to *do*> で表す。
(4)「S は～することになっている」は <S is supposed to *do*> で表す。

3 (1) it は to 不定詞の内容を指す形式目的語になっている。第 5 文型の文なので，「O (to 不定詞の内容) は C (補語) だと思う」と訳す。
(2) <S is supposed to *do*> は「S は～することになっている」という意味。who が主語なので，「誰が～ですか」という意味になる。

4 (1) the tree を主語にして，<S is said to *do*> の形にする。
(2) 元の英文は「うちの庭の花に水をやるのは父の仕事だ」という意味。

5 (1)「～はありますか」を表す Are [Is] there ～？と，「～だろう」を表す would を組み合わせ，Would there be ～？の形で「～はあるだろうか」を表現する。
(2) 関係代名詞の who の先行詞の位置なので，「人々」の意味を表す those が入る。 (3) be compared to *A* は「A に例えられる」という意味。

6 (1)「人に固定観念を持つよう私たちを導く」は，lead *A* to *do*「A を～するよう導く」の形で表す。 (2) that way は「そのように」という意味で，直前の文の it is ... 以降の部分を指す。

Lesson 2 Stay Hungry, Stay Foolish

単語・熟語チェック

Scene 1

commencement	名 卒業式	The graduates enjoyed the **commencement**. 卒業生は**卒業式**を楽しんだ。
That's it.	表 それだけだ。	The movie was boring. **That's it.** その映画はつまらなかった。**それだけだ**。
(It's) No big deal.	表 大したことではない。	My watch stopped, but **it was no big deal**. 私の時計が止まってしまったが，**それは大したことではなかった**。
deal	名 取引	They accepted that **deal** last month. 彼らは先月その**取引**を受け入れた。
connect	動 ～をつなぐ	Those islands are **connected** by a bridge. それらの島は橋で**つなが**れている。
dot	名 点	There are a lot of small black **dots** on the paper. その紙には小さな黒い**点**がたくさんある。
drop out (of *A*)	熟 (A を)中退する	The tennis player **dropped out of** his university. そのテニス選手は大学**を中退した**。
have no idea ～	熟 ～についてわからない	I **had no idea** why she did not come to school. なぜ彼女が学校に来なかったのか，私には**わからなかった**。
do *A* with [about] *B*	熟 (A=what で)B をどう処理するか	I just want to know what I should **do with** this report. 私はこの報告書**をどう処理すれ**ばいいのか知りたいだけだ。
figure	動 ～だと考える，結論づける	That's what I **figured**. それが私の**考えた**ことだ。
figure out *A* / figure *A* out	熟 A を理解する	This map will help you **figure out** where you are. この地図はあなたがどこにいるか**を知る**助けになるでしょう。
work out *C*	熟 結局 C になる	Everything has **worked out** well. 結局すべてがうまく**いった**。
look back (on [to] *A*)	熟 (A を)振り返って見る	**Looking back**, I was very shy as a child. **振り返ってみると**，私は子どもの頃とても恥ずかしがりだった。
require	動 ～を必要とする	A seat belt is **required** for every passenger. シートベルトはすべての乗客が締める**必要があります**。
drop in on *A*	熟 A に立ち寄る	I **dropped in on** my friend at her part-time job. 私は友人がアルバイトをしているところ**に立ち寄った**。
whatever	形 どんな～でも	**Whatever** seat you take has a good stage view. あなたが座る**どの**席から**も**舞台がよく見えます。

Scene ❷

calligraphy	㊔ カリグラフィー	The certificate has **calligraphy** as its writing. その証明書はカリグラフィーで書かれている。
serif	㊔ セリフ(体の文字)	The letters are written with fancy **serifs**. その手紙は装飾的なセリフ文字で書かれている。
san-serif	㊔ サンセリフ(体の文字)	Headlines are written in **san-serif** block style. 見出しはサンセリフのブロック体で書かれている。
typeface	㊔ 書体	Computers allow lots of choices of **typeface**. コンピューターでは多くの書体を選ぶことができる。
combination	㊔ 組み合わせ	Some chemical **combinations** are dangerous. 薬品の組み合わせには危険なものもある。
typography	㊔ 印刷の体裁	Ads look better with good **typography**. 印刷の体裁を良くすると，広告の見栄えが良くなる。
historical	㊪ 歴史的な	I love the old **historical** castle in the picture. 私はその写真にある古い歴史的な城が大好きだ。
artistically	㊫ 芸術的に	The flowers were **artistically** arranged. その花は芸術的に飾られていた。
subtle	㊪ 繊細な	The spices in this dish give it a **subtle** taste. この料理のスパイスは繊細な風味を与えている。
none	㊹ 少しも[何も]～ない	**None** of the hotels are available that day. その日利用できるホテルはどこもない。
practical	㊪ 実用的な	Our customers need more **practical** products. 当社のお客さまはより実用的な商品を求めている。
backwards	㊫ 過去にさかのぼって	Looking **backwards**, Andy told the truth. 過去を振り返って，アンディは本当のことを言った。
trust	㊍ ～を信頼する	Young children deeply **trust** their parents. 小さな子どもは親を深く信頼している。
somehow	㊫ どういうわけか	I **somehow** lost my umbrella on the train. 私はどういうわけか電車で傘をなくしてしまった。

Scene ❸

A is fired from *B*	表 AがBから解雇される	One employee **was fired from** the company. ある従業員が会社から解雇された。
devastating	㊪ 破壊的な，衝撃的な	The news was **devastating** for many people. そのニュースは多くの人にとって衝撃的だった。
start over	熟 最初からやり直す	The dancers **started over** and it went better. ダンサーたちは最初からやり直し，それはもっとうまくいった。
successful	㊪ 成功した	This restaurant has been **successful** for many years. このレストランは長年繁盛している。

animation	名 アニメーション	The commercial uses lively **animation**. その広告は生き生きとしたアニメーションを使用している。
studio	名 スタジオ，映画製作会社	The film **studio** produces many movies. その映画スタジオは多くの映画を制作している。
in a remarkable [surprising, unexpected, etc.] turn of events	熟 事態の驚くべき変化の中で	**In a remarkable turn of events**, she had to leave her job. **事態の驚くべき変化の中で**，彼女は仕事を辞めなければならなかった。
remarkable	形 驚くべき	The patient made a **remarkable** recovery. その患者は**驚く**ほど回復した。
have got to *do*	熟 ～しなければならない	You**'ve got to** lock your parked car. 駐車した車には施錠**しなければならない**。
satisfied	形 満足している	My teacher was **satisfied** with my research. 私の先生は私の調査に**満足していた**。
settle	動 落ち着く	I **settled** for an economy car to save money. 私は節約するために安い車に**落ち着いた**。

Scene ❹

fortunately	副 幸運にも	**Fortunately**, the weather turned nice today. **幸運にも**，今日は天気が回復した。
surgery	名 手術	I had **surgery** last month. 私は先月**手術**を受けた。
certainty	名 確信	I answered the first question with **certainty**. 私は最初の問題に**確信**を持って答えた。
waste *A* (in) *doing*	熟 ～してAを無駄にする	Don't **waste** your time **watching** television. テレビを**見て**時間を**無駄にして**はいけません。
drown	動 ～をかき消す	The traffic noise **drowned** out the conversation. 交通の騒音が会話を**かき消した**。
drown out *A* / drown *A* out	熟 Aをかき消す	The protest **drowned out** the politician's speech. 抗議はその政治家の演説を**かき消した**。
importantly	副 重要なことには	**Importantly**, never leave your luggage unattended. **重要な点として**，決して荷物を放置したままにしないでください。
intuition	名 直観，直感	She had an **intuition** that she would win. 彼女は勝てるという**直感**を持っていた。
secondary	形 2番目の	Safety is primary and the schedule is **secondary**. 安全が第一で，スケジュールは**2番目**だ。
publication	名 出版	These writings aren't suitable for **publication**. これらの作品は**出版**には向いていない。
issue	名 号	The magazine's next **issue** covers home designs. その雑誌の次の**号**はホームデザインを扱っている。

Scene ①

ポイント ジョブズの最初の話は何についてか。

1 I am honored to ・・・・・・・・・・・・・・・・・・・・・・・・・・・・・・

・・・・・・・・・教科書本文(p.24, ℓℓ.1〜11)を参照してください。・・・・・・・・・

・・・・・・・・・・・・・・・・・・・・・・・・・・・・・・・・・・・・・・class looked interesting.

単語チェック

□ **commencement**	名 卒業式	□ **figure**	動 〜だと考える
□ **deal**	名 取引	□ **require**	動 〜を必要とする
□ **connect**	動 〜をつなぐ	□ **whatever**	形 どんな〜でも
□ **dot**	名 点		

本文内容チェック 「ジョブズの大学中退の決意」

第1パラグラフ：今日話すのは3つの話だけだ。

第2パラグラフ：1つ目の話は，点と点をつなぐということについてである。大学に入った私は大学に意義が見いだせず，中退を決意した。それからは興味を持った授業にだけ顔を出すようになった。

読解のカギ

ℓ.1 **I am honored to be with you today at your commencement ...**

➡ be honored to be ... は「…であることを光栄に思う」という意味を表す。honor は「〜に栄誉を授ける」という意味の他動詞である。

➡ commencement はここでは「卒業式」という意味で使われているが，本来の意味は「開始」。「卒業は次の人生の始まりである」ということから来ている。

ℓ.3 **That's it.**

➡ That's it. は「それだけだ。／それですべてだ。」という意味の口語表現。

ℓ.3 **No big deal.**

➡ deal は「取引，契約」という意味を表す。big deal は「すごいこと」という意味になり，no big deal では「大したことではない」という意味になる。

ℓ.4 **... is about connecting the dots.**

➡ dot は「点」という意味を表す。connecting は connect「〜をつなぐ」の動名詞で，connecting the dots は「点と点をつなぐこと」という意味になる。

ℓ.4　I dropped out of ...

➡ drop out of *A* は「A を中退する」という意味を表す。

ℓ.5　I couldn't see the point in it.

➡ point は「目的，意味」という意味を表す。
➡ it は Reed College または「大学生でいること」といった内容を指している。

ℓ.5　I had no idea (what I wanted ...) and no idea (how college was going to help me figure it out), ... that it would all work out OK.
(of)　(of)

➡ idea what I wanted ... と idea how college was ... のそれぞれの idea の後に前置詞の of が省略されている。what と how に続く節はそれぞれ「何を…か」，「どのように…か」という意味の名詞節で，省略された of の目的語になっている。疑問詞節が名詞節として前置詞の目的語になる場合，前置詞が省略されることが多い。
➡ <help＋O＋(to) *do*> は「O が～するのを助ける」という意味を表す。ここでは to は省略されている。
➡ figure it out「それを理解する[わかる]」の it は，what I wanted to do with my life を指している。
➡ work out *C* は「C という結果になる」という意味を表す。ここでの *C* は形容詞の OK である。

ℓ.7　It was pretty scary ..., but looking back, ... the best decisions (I ever made).
(which[that])

➡ pretty は副詞で「かなり，相当に」という意味を表す。pretty scary で「かなり怖い」という意味になる。
➡ looking back は <時> を表す分詞構文で「振り返って見ると」という意味を表す。
➡ I の前には目的格の関係代名詞 which[that] が省略されている。

ℓ.9　The minute I dropped out, ... the required classes (that were ... to me), ... on whatever class looked interesting.
(that)

➡ I の前には that が省略されている。<the minute＋that 節> は「～するとすぐに」という接続詞節のような意味を表す。
➡ were の前の that は主格の関係代名詞で，先行詞は the required classes である。
➡ whatever は複合関係詞である。複合関係詞は先行詞を含んでいるため先行詞を必要としない。ここでは whatever が形容詞として名詞 class を修飾して「～するどんな…でも」という意味の名詞節を作り，on whatever class looked interesting は「面白そうなどんな授業にでも」という意味になる。

文法詳細 p.38

Scene 2

ポイント ジョブズが最初のマッキントッシュ・コンピューターを作った時に何が役立ったか。

3 I decided to take・・・・・・・・・・・・・・・・・・・・・・・・・・

・・・・・・・・・教科書本文(p.24, ℓℓ.12〜23)を参照してください。・・・・・・・・・

・・・・・・・・・・・・・・・・・・・・・・・・・・・・・・・・・・・・・in your future.

単語チェック

□ **calligraphy**	名 カリグラフィー	□ **artistically**	副 芸術的に
□ **serif**	名 セリフ(体の文字)	□ **subtle**	形 繊細な
□ **san-serif**	名 サンセリフ(体の文字)	□ **none**	代 少しも[何も]〜ない
□ **typeface**	名 書体	□ **practical**	形 実用的な
□ **combination**	名 組み合わせ	□ **backwards**	副 過去にさかのぼって
□ **typography**	名 印刷の体裁	□ **trust**	動 〜を信頼する
□ **historical**	形 歴史的な	□ **somehow**	副 どういうわけか

本文内容チェック **「大学で受けたカリグラフィーの講義が 10 年後に役に立った話」**

第 3 パラグラフ：私は受講したカリグラフィーの講義で文字の書体を美しく見せる方法などを学び，それに魅力を感じていた。

第 4 パラグラフ：その講義で学んだことは私の人生で実際に役に立つことはないと思えた。しかし，10 年後にマッキントッシュ・コンピューターを設計した際に，そこで学んだことのすべてが役に立った。関係のなさそうな事柄も，後で振り返ると点と点でつながるようなことがあるのである。

読解のカギ

ℓ.12 **I learned (about serif and san-serif typefaces), (about varying the amount of space ...), (about {what makes great typography great}).**

(what: S') (makes: V') (great typography: O') (great: C')

➡ serif と san-serif は，和文の明朝体やゴシック体のような，欧文の書体のこと。

➡ varying は vary「〜を変える」の動名詞である。

➡ the amount of *A* は「A の総量」という意味を表す。the amount of space は「空間の総量」ということ。ここでの「空間」は，文字間の空きの広さを表している。

➡「,(コンマ)」の後ろにある about varying ... と about what makes ... は，learned の後ろにある about serif and san-serif typefaces と並列の関係になっていて，それぞれ learned とつながっている。

➡ what に続く節の中は <make＋O＋C>「O を C にする」の形になっている。最初の great は typography を修飾する形容詞。2 つ目の great は C(補語)になっている。

➡ typography とは，印刷物の中での活字のレイアウト術や構成方法のことである。

ℓ.14 **It was beautiful, ... in a way (that science can't explain).**

➡ It は calligraphy を指している。calligraphy とは，美しい文字を書くための書法のことである。日本の「書道」は Japanese calligraphy という。
➡ that は目的格の関係代名詞で先行詞は a way である。ここでの way は「点，面」という意味で，in a way that science can't explain は「科学では説明できない点で」という意味になる。

ℓ.15 **I found it fascinating.**
➡ <find＋O＋C> は「O が C であるとわかる[思う]」という意味を表す。ここでの C は形容詞の fascinating[fǽsɪnèɪtɪŋ]「魅了する」である。発音に注意。
➡ it は calligraphy を指している。

ℓ.17 **None of this ... any practical use ...**
➡ none は代名詞で，none of *A* で「A のうち少しも[何も]〜ない」という意味を表す。this は「カリグラフィーの講義で学んだこと」を指している。
➡ practical use の use は名詞。動詞と異なり，発音は [jú:s] となることに注意。

ℓ.17 **But 10 years later, ..., it all came back to me.**
➡ it は「カリグラフィーの講義で学んだこと」を指している。
➡ come back to *A* は「A の頭[心]によみがえる」という意味を表す。

ℓ.19 **(If I had never dropped out), I would have never dropped ..., and personal computers would not have ...**
➡ and の前は <If＋S＋had＋動詞の過去分詞，S＋would have＋動詞の過去分詞> の形で，仮定法過去完了になっている。過去の事実と異なる仮定を表す。never があるので「もし〜することがなかったら，…しなかっただろう」という意味を表す。
➡ and の後ろは <would＋動詞の原形> の形で，仮定法過去になっている。現在の事実と異なる仮定を表す。not があるので「(今)〜していないだろう」という意味を表す。

ℓ.21 **... (looking forward); ... (looking backwards), so you have to trust (that the dots will somehow connect in your future).**
➡ 2 か所の looking ... はそれぞれ分詞構文になっている。looking forward は「未来を見ても」，looking backwards は「過去を振り返れば」という意味を表している。
➡ ここでの so は「だから，それで」という意味を表す接続詞である。
➡ trust の後ろの接続詞 that に続く節は名詞節で，trust の目的語になっている。
➡ somehow は副詞で，動詞の connect を修飾し「何らかの意味合いで」という意味で使われている。

Scene ❸

ポイント　ジョブズが，人生において探し続けなければならないと言っていることは何か。

5 My second story・・・・・・・・・・・・・・・・・・・・・・・・・・・・・・・・・

・・・・・・・・・教科書本文(p.24，ℓℓ.24〜33)を参照してください。・・・・・・・・

・・・・・・・・・・・・・・・・・・・・・・・・・・・・・・・・・・・・Don't settle.

単語チェック

□ **devastating**	形 破壊的な，衝撃的な	□ **remarkable**	形 驚くべき
□ **successful**	形 成功した	□ **satisfied**	形 満足している
□ **animation**	名 アニメーション	□ **settle**	動 落ち着く
□ **studio**	名 スタジオ，映像制作会社		

本文内容チェック　**「アップル社を離れてわかった，好きなことを仕事にすることの大切さ」**

第 5 パラグラフ：私は 30 歳になった時にアップル社から解雇されたが，その時に自分が自分のしていることに愛情を持っていると気づいた。私は一からやり直そうと，新しく 2 つの会社を始め，そのうちの 1 つをアップル社が買収したことで私はアップル社に戻った。

第 6 パラグラフ：私が前進し続けてこられたのは，ただ自分のしていることに愛情を持っていたからだ。人生において本当の意味で満足を得るには，自分がすばらしい仕事だと思うことをする，そしてその仕事を愛する，というのが唯一の方法だ。それを探し続けなさい。じっとしていてはいけない。

読解のカギ

ℓ.24 **When I turned 30, I was fired from Apple.**

➡ turn は数詞を後ろに続けて，「〜歳になる」という意味を表す。

➡ fire *A* from *B* は「A を B から解雇する」という意味を表し，ここでは be fired from と，受動態になっている。Apple は「アップル社」という会社名である。

ℓ.25 **It was devastating, but I realized (that ... loved {what I did}), ... to start over.**

➡ devastating は「破壊的な，衝撃的な」という意味の形容詞である。

➡ that 節は realized の目的語になっている。that 節内の what は関係代名詞で，what に続く節は「〜すること[もの]」という意味で名詞節の働きをし，loved の目的語になっている。what I did は「私のしたこと」という意味になる。

➡ start over は「最初からやり直す」という意味の熟語である。start all over again と表現することもある。

ℓ.26 **One of them is ...**

➡ them は直前の文の two new companies を指している。

ℓ.27 **In a remarkable turn of events, Apple bought the other company, ...**

➡ turn of events は「事態の変化」という意味を表す。

➡ the other company は two new companies のうちの，the most successful animation studio in the world ではない方の会社のことである。

ℓ.29 **The only thing that ... was (that I loved what I did).**

S　V　C

➡ 1 つ目の that は主語の The only thing を先行詞とする，主格の関係代名詞である。

➡ <S+be 動詞+that 節> は「S は～ということである」という意味を表す。<S+V+C> の形で，that 節が C(補語)になっている。

ℓ.29 **You've got to find (what ...).**

➡ have got to *do* は have to *do* とほぼ同じ意味を表し，主に口語表現で使われる。

➡ what は関係代名詞。what you love は「あなたの愛すること」という意味を表す。

ℓ.30 **Whatever job you do, it is ... do (what you believe is great work).**

➡ whatever は複合関係詞である。複合関係詞に続く節は名詞節の働きをする場合と，副詞節の働きをする場合があるが，ここでは whatever は「どんな～を…しても」という意味の副詞節を作っている。ここでは名詞 job を修飾し，Whatever job you do は「どんな仕事をあなたがしても」という意味になる。 文法詳細 p.38

➡ what you believe ... の what は関係代名詞で, what 節が do の目的語になっている。what 節内は，what is great work に you believe が挿入された構造になっていて，「すばらしい仕事だとあなたが信じていること」という意味になる。

問. 並べかえなさい。

どの写真を見ても，彼は写っていなかった。

(he / I / photo / wasn't / looked / at / whatever / ,) in it.

____ in it.

ℓ.32 **And the only way (to do ...) is (to love what ...).**

➡ to do ... は to不定詞の形容詞的用法で，the only way を修飾している。

➡ to love ... は to不定詞の名詞的用法で，文の補語になっている。不定詞句内では，関係代名詞 what に続く名詞節が love の目的語になっている。

ℓ.32 **(If you haven't found it yet), ...**

➡ if 節は直説法で使われていて，「もし～ならば」という <条件> を表している。

問の解答　**問.** Whatever photo I looked at, he wasn't (in it.)

Scene ④

ポイント　がんを患い一度は余命を告げられたジョブズが，学生に伝えたい思いは何か。

7 My third story is・・・・・・・・・・・・・・・・・・・・・・・・・・・・・・・・・

・・・・・・・・・教科書本文(p.25，ℓℓ.1～12)を参照してください。・・・・・・・・・

・・・・・・・・・・・・・・・・・・・・・・・・・・・・・・・Thank you all very much.

単語チェック

□ **fortunately**	副 幸運にも	□ **intuition**	名 直観，直感
□ **surgery**	名 手術	□ **secondary**	形 2番目の
□ **certainty**	名 確信	□ **publication**	名 出版
□ **drown**	動 ～をかき消す	□ **issue**	名 号
□ **importantly**	副 重要なことには		

本文内容チェック　「人生の限りある時間の中では自分に正直に生きるべきだという思い」

第７パラグラフ：私は１年程前にがんで余命３か月から６か月と告げられた。今は手術で良くなったが，私はこの経験から時間には限りがあり，他人のための人生を歩む暇はないのだと君たちに言える。自分の心と直観に従うことが一番大切であり，そうすれば本当に自分がなりたい姿もわかる。

第８パラグラフ：私は若かった頃，ある出版物の最終号の裏表紙に書いてあった「いつも貪欲であれ。いつも愚かであれ。」ということばを見つけ，自身がそうありたいと願ってきた。そして今，君たちにもそうあってほしいと願っている。

読解のカギ

ℓ.1　**About a year ago, ... I was to live only three to six months ...**

➡ <be動詞＋to不定詞>は「～することになっている」という意味を表す。ここでは，あとどれくらい生きられるかという<予定>を表している。 文法詳細 p.39

➡ <*A*(数詞)＋to＋*B*(数詞)>は「AからBまで，AからBの間で」という意味を表す。three to six monthsは「3か月から6か月の間」という意味になる。

ℓ.2　**Fortunately, I had surgery ...**

➡ have surgeryは「手術を受ける」という意味を表す。

ℓ.3　**..., I can now say this to you with a little more certainty: ... don't waste it living ...**

➡ thisの指す内容を，「:(コロン)」の後でYour time is limited, ...と追って説明する形になっている。「:」は例示や具体的な説明を続ける時に使われる。

➡ a little は副詞で，more を修飾している。a little more は「もう少しの」という意味を表す。

➡ waste *A* *do*ing は「～して A を無駄にする」という意味を表す。waste it の it は Your time を指している。

ℓ.5 **Don't let the noise of others' opinions drown out ...**

➡ let は使役動詞。<let+O+C(原形不定詞)> で「O に C させる」という意味を表す。

➡ drown out *A* は「A をかき消す」という意味を表す。drown には「～を溺れさせる」という意味もある。

ℓ.6 **(And most importantly), have the courage (to follow ...).**

➡ importantly は副詞で，前に more や most を置いて，「(さらに，最も)重要なことには」という意味で，文全体を修飾している。

➡ 主節は have で始まる命令文になっている。to follow ... は to不定詞の形容詞的用法で，the courage を修飾している。

ℓ.7 **They somehow already know (what ...).**

➡ They は直前の文にある your heart and intuition を指している。

➡ somehow は「どういうわけか」という意味の副詞である。

➡ what は先行詞を含む関係代名詞で，続く節が know の目的語になっている。

ℓ.9 **..., and (on the back cover of their final issue) I found the words: "Stay Hungry. Stay Foolish."**

➡ on the back cover of their final issue「その最終号の裏表紙に」は前置詞句で，found (the words) を修飾している。直前の a great publication「すばらしい出版物」とのつながりから，このように前に置かれている。

➡ issue は「(刊行物の)号」という意味を表す。

➡ the words の具体的内容を「:」の後で説明している。

➡ <stay+形容詞> は「～(の状態)のままでいる」という意味を表す。

ℓ.10 **I have always wished that ...**

➡ <have always+動詞の過去分詞> は現在完了形の継続用法で，「前から(いつも)～している」という意味を表す。

➡ wish は，後ろに目的語を伴って「～を望む」という意味を表す。wish *A* for *B* は「B に A を望む」という意味になる。

➡ that は直前の文の the words: "Stay Hungry. Stay Foolish." を指している。

ℓ.11 **..., I wish that for you.**

➡ that はここでも同様に，the words: "Stay Hungry. Stay Foolish." を指している。

TRY1 Overview ヒント

You are writing a speech review. Complete the outline.
(あなたは演説のレビューを書いています。概要を完成させなさい。)

Beginning → 第1パラグラフ
Middle → 第2～7パラグラフ
Ending → 第8パラグラフ

ⓐ 話者は，時間は限られているので，自分の心と直観を信じなければならないと述べた。
ⓑ 話者は，どんな仕事であっても，自分のすることを心から愛していればとても優れた仕事ができると述べた。
ⓒ アップル社から解雇された後，話者は自分のすることをまだ愛していると気づいたので，一からやり直すことに決めた。
ⓓ 話者はカリグラフィーに実践的な用途を何も見出せなかったが，10年後にそれがとても役立つことになった。
ⓔ 話者はがんを患っていたため，3か月から6か月しか生きられないだろうと医師は告げた。
ⓕ 話者は大学を中退し，魅力的に思えるカリグラフィーの授業を見つけた。

TRY2 Main Idea ヒント

Mark the main idea M, the sentence that is too broad B, and the sentence that is too narrow N. (話の本旨になるものにはMを，広範すぎる文にはBを，限定的すぎる文にはNの印を書きなさい。)

1 過去はなんらかの方法で未来につながるものだと信じなさい。
2 決して満足することなく，より多く学ぶことに積極的でいなさい。
3 自分の人生をどのように生きるかを考えなさい。

TRY3 Details ヒント

Choose the three correct statements. (正しい記述を3つ選びなさい。)

ⓐ 話者は大学を中退したことについてどう思っていたか。 → 教p.24, ℓℓ.7～9
ⓑ 話者はカリグラフィーの授業で何を学んだか。 → 教p.24, ℓℓ.12～14
ⓒ 話者のコンピューターの設計に役立ったものは何か。 → 教p.24, ℓℓ.17～19
ⓓ 話者は解雇された時にどんな気持ちだったか。 → 教p.24, ℓℓ.24～26
ⓔ 話者は学生たちに仕事についてどんな助言をしたか。 → 教p.24, ℓℓ.29～32
ⓕ 話者は学生たちに人生についてどのように語ったか。 → 教p.25, ℓℓ.4～5
ⓖ 話者は学生たちに何に従うべきだと助言をしたか。 → 教p.25, ℓℓ.5～7
ⓗ「ある出版物」と話者との関係はどのようなものか。 → 教p.25, ℓℓ.9～10

TRY4 Recognizing Tone ヒント

Choose the most suitable answer. (最も適切な答えを選びなさい。)

1 大学を中退した時の話者の気持ちを考える。 → 教p.24, ℓℓ.7～9
2 カリグラフィーの授業を受けて，話者はどう感じたかを考える。
→ 教p.24, ℓℓ.15～16

3 話者は，自分のした仕事に対し，どのような感情を持っていたかを考える。
→ 教p.24, ℓ.29, 32

4 話者は，学生たちに心と直観に関してどのように助言をしているかを考える。
→ 教p.25, ℓℓ.6〜7

TRY5 Deeper Understanding ヒント

Discuss the following with your partner. (次のことについてパートナーと話し合いなさい。)

1 例 A: I think the "dots" means individual events in the past. So, "connecting the dots" is to find out that past events have meaning connected to each other.
B: I think so, too. He tried to say that even things that seemed like a waste of time can make a sense looking back at the past.
A: I don't think any experience would be wasted on me, either.

2 例 A: I was impressed the most by the third one. "Your time is limited" means a lot, because they're the words of someone who actually didn't live long enough.
B: I totally agree with you, because I know it is not easy to talk about one's own death.
A: If I had been there, I would have cried.
B: Me, too! That's how impressive it is.

TRY6 Retelling ヒント

例 Scene 1 I want to talk about three stories from my life today. The first story is about connecting the dots. I dropped out of Reed College, and it was very scary. However, looking back, it was one of the best decisions of my life. I quit going to the required classes, which were not interesting to me, and showed up for whatever class looked interesting.

Scene 2 I took a calligraphy class and learned about typefaces. I couldn't see any practical use for it then, but 10 years later, it helped me design the first Macintosh computer. You cannot connect the dots when you look forward; you can do it only when you look backwards.

Scene 3 The second story is about love and loss. At the age of thirty, I was fired from Apple. After that, I started two new companies. One has become the most successful animation studio in the world, and the other was bought by Apple, and I returned to Apple. I was able to keep going because I loved what I did. You've got to find what you love, too.

Scene 4 The third story is about death. According to my doctor, I only have three to six months to live because of cancer. Your time is limited, so you should follow your heart and intuition. When I was young, on the back cover of a great publication, I found the words "Stay Hungry, Stay Foolish," which I have always wished for myself. I wish that for you all.

Language Function

1 whoever, whatever, whichever　複合関係代名詞

関係代名詞に -ever が付いたものを，**複合関係代名詞**と呼ぶ。複合関係代名詞は**先行詞を含んでいる**。関係代名詞の that には複合関係詞はない。複合関係代名詞は名詞節または副詞節を作る。

whoever が名詞節を作る場合

1. **Whoever** comes back first will get this prize. (=Anyone that comes back ...)
(最初に戻ってくる人は誰でもこの賞品を手に入れるだろう。)

➡ whoever が「～する人は誰でも」という意味の**名詞節**を作っている。anyone that と言いかえられる。

➡ whoever が**副詞節**を作る場合は「**誰が[を]～しても**」という意味になる。no matter who と言いかえられる。

例 I don't want to see them, whoever they are.
（彼らが誰であっても，私は彼らに会いたくない。）

whatever が副詞節を作る場合

2. **Whatever** you say, I won't change my mind. (=No matter what you say, ...)
(あなたが何を言おうと，私は考えを変えるつもりはない。)

➡ whatever が「**何を～しても**」という意味の**副詞節**を作っている。

whatever が名詞節を作る場合

3. I could begin dropping in on **whatever** *class* looked interesting.
(私は面白そうに見えるどんな授業にでも立ち寄ることを始められた。)

➡ whatever は <whatever＋名詞> の形で名詞を修飾できる(形容詞用法)。ここでは「**どんな～でも**」という意味の**名詞節**を作っている。whoever にこの形容詞用法はない。

whatever が副詞節を作る場合

4. **Whatever** *job* you do, it is going to fill a large part of your life.
(あなたがどんな仕事をするにしても，それはあなたの人生の大きな部分を占めることになる。)

➡ <whatever＋名詞> が「**どんな～を…しても**」という意味の**副詞節**を作っている。

＋α

whichever が名詞節を作る場合

Choose **whichever** you like.
(どちら[どれ]でも好きなものを選んでください。)

➡ whichever が「**～するのはどちら[どれ]でも**」という意味の**名詞節**を作っている。

whichever が副詞節を作る場合

It takes one hour, **whichever** *train* you take.
(あなたがどちらの[どの]電車に乗ったとしても，1時間かかる。)

➡ whichever は <whichever＋名詞> の形で名詞を修飾できる(形容詞用法)。ここでは「**どちらの[どの]〜を…しても**」という意味の**副詞節**を作っている。

Qヒント Respond to the following questions with compound relatives.
(次の質問に，複合関係代名詞を使って答えなさい。)

1. 質問は「私たちのパーティーには誰を招待しましょうか」という意味。「誰を」という問いなので，複合関係代名詞の whoever を使って答える。空所の前の You can invite と合わせて，「〜する人は誰でも招待していいですよ」というような意味になる文が考えられる。
2. 質問は「私たちのチームのユニフォームには，どの色を選ぶべきでしょうか」という意味。「どの〜を」と問われているので，複合関係代名詞の whichever を使って答える。後ろに「たいした違いはないだろう」と続いているので，空所は「どの色を選んでも」というような意味になると考えられる。

2 *be* + (not [never]) to *do*　be 動詞＋ to不定詞

<be 動詞＋ to不定詞> の形で**助動詞**のような働きをし，「**〜する[〜しない]ことになっている，〜しなければならない[〜してはいけない]，〜する[〜しない]運命にある**」などの**予定・義務・運命**などを表すことができる。この用法は「第三者の意図」を伝えるために使われることが多い。

<予定> を表す場合

1. I **was to** live only three to six months because I had cancer.
(私はがんだったため，3か月から6か月しか生きられないことになっていた。)

➡ <be 動詞＋ to不定詞> の <**予定**> を表す用法である。「**〜することになっている**」という意味になる。

<義務> を表す場合

2. You **are to** leave the building immediately in case of fire.
(火事の場合は，直ちに建物を離れなければならない。)

➡ <be 動詞＋ to不定詞 > の < **義務** > を表す用法である。「**～しなければならない**」という意味になる。

➡ you が主語で，命令的な意味で用いられることが多い。

3. Parents **are never to** leave their children alone at home.
(親は決して子どもを子どもだけで家に放置してはいけない。)

➡ <be 動詞＋ to不定詞 > の < **義務** > を表す用法で, 否定を表す **never** があるので，「**決して～してはいけない**」という < **禁止** > の意味になる。

➡ 否定語の never や not は to の前に置く。

<運命> を表す場合

4. My brother **was never to** come back from the war.
(兄[弟]は戦争から二度と戻らない運命にあった[戻らなかった]。)

➡ <be 動詞＋ to不定詞 > の < **運命** > を表す用法である。「**～する運命にある**」という意味になる。

➡ 否定を表す **never** があるので「**二度と～しない運命にあった**」という意味になる。

➡ 過去形で用いられることが多い。

＋α

<be動詞＋to不定詞> と <S＋be動詞＋補語(to不定詞の名詞的用法)> の混同に注意

I'm **to leave** for India tomorrow morning.
(私は明日の朝インドへ出発することになっている。)
Our dream **is to travel** in India.
(私たちの夢はインドを旅行することだ。)

➡ 上の文は <**予定**> を表す <be動詞＋to不定詞> の形になっている。

➡ 下の文の to 以下は to不定詞の名詞的用法で，文の補語になっている。S (Our dream)=C (to travel in India) という関係から判断できる。

Qヒント What will you say to these people with the given words and the structure above? (与えられた語句と，上の構文を使って，あなたはこれらの人たちに何と声をかけますか。)

A 図書館で電話をかけている女性にかけることばを考える。<be 動詞＋ to不定詞 > を使い,「図書館では静かにしなければいけません」などの意味の文を作る。

B 車の運転席でスマートフォンを触っている女性にかけることばを考える。「運転中にスマートフォンを使ってはいけません」などの意味の文を作る。

Speaking ヒント

Warm-up dialogue: Showing appreciation

1つ目の空所の前のせりふで，Bはお母さんから受けた注意が正しいと認めている。よって，空所には助言に対する感謝のことばが入ると考えられる。2つ目の空所には，その感謝のことばに応答するせりふが入る。

A: テッド，あなた，答えを写しているんでしょう？
B: お母さん，宿題がたくさんがあるんだよ！
A: ほら，ことわざにあるでしょう，「ずるをする人は決して勝てないし，勝つ人は決してずるをしない」って。
B: えっと，お母さんが正しいと思う。____________，お母さん。
A: ____________。

Role play

❶

選択肢の訳

ⓐ 反対意見に直面する人が，より強くなることができる。
ⓑ 誰だって疲れすぎてしまったら，何事も成し遂げることは難しい。
ⓒ もし目標に到達したいのなら，行動を起こさなければならない。

❷

対話文の訳

Bの状況：①ストレスがありすぎて，疲れている　②計画へのたくさんの反対意見
A: どうしたんですか。困っているように見えますけど。
B: そうなんです。私は____________です / があります。
（あなたの状況① / ②の説明をしなさい。）
A: あら，本当ですか。ほら，ことわざ / 引用句に____________とあるじゃないですか。
(Bを励ますためのことわざ / 引用句を選ぶ。)
B: ありがとうございます。____________。（もう一言，コメントを付け足す。）

Writing ヒント

❶

指示文の訳

あなたを勇気づけたことば
そのことばをいつ，どのように読んだり聞いたりしたか
なぜ，そのことばのおかげで前向きになれるのか

❷

使える表現：
The words which encourage me are ～.（私を励ましてくれることばは～です）
I am always encouraged by the words " ～."
（私はいつも「～」ということばに励まされています）
I found the words in a book [magazine].（私はそのことばを本 [雑誌] で見つけました）

定期テスト予想問題

解答 ➡ p.44

1 日本語の意味に合うように，____に適切な語を入れなさい。

(1) 私は彼女の本当に言いたかったことが理解できなかった。
I couldn't ______ ______ what she really wanted to say.

(2) 私はどの大学に行くべきなのかまったくわからない。
I ______ no ______ which university I should go to.

(3) ケーキの最後の 1 切れをほしい人は誰でも取ってください。
______ wants the last piece of cake, please take it.

2 日本語に合うように，(　)内の語句を並べかえなさい。

(1) 私たちは，来たいという人は誰でも歓迎するつもりだ。
(wants / whoever / will / to / we / come / welcome).
______________________.

(2) その船に乗る時は，ゲートでチケットを見せなければならない。
(at / show / the gate / are / you / to / your ticket), when you board the boat.
______________________, when you board the boat.

(3) あなたが好きなレストランはどれでも，それについて私に話を聞かせてください。
(like / it / please / about / restaurant / me / whichever / you / tell / ,).
______________________.

3 次の英語を日本語に訳しなさい。

(1) I'll buy you whatever you want.
(　　　　　　　　　　)

(2) You are not to enter this room.
(　　　　　　　　　　)

(3) The band is to play from 7:00 until 10:00.
(　　　　　　　　　　)

(4) Whatever we say, she won't agree.
(　　　　　　　　　　)

4 次の日本語を英語に訳しなさい。

(1) その生徒たちはステージでスピーチをすることになっている。 (2 語で)
The students ______________ make a speech on stage.

(2) 2000 年に，彼は将来妻になる運命にある女性と出会った。 (3 語で)
In 2000, he met the woman who ______________ his wife.

(3) あなたがどのバスに乗っても，その駅には行き着けます。
______________ you take, you can get to the station.

5 教科書 24 ページ 29〜33 行目の英文を読んで，後の問いに答えなさい。

The only thing・・・・・・・・・・・・・・・・・・・・・・・・・・・・
・・・・・・・・教科書本文(p.24，ℓℓ.29〜33)を参照してください。・・・・・・・・
・・・・・・・・・・・・・・・・・・・・・・・・・・・・・・Don't settle.

(1) 1 文目の The only thing ... did. を日本語に訳しなさい。
( )

(2) 2 文目の You've got to find what you love. を日本語に訳しなさい。
( )

(3)「どんな仕事をあなたがしたとしても」という意味になるように，下線部に適切な語を入れなさい。

__________ job you do

(4) 5 文目の If you haven't found it yet, ... の it が指すものを，日本語で簡潔に答えなさい。
( )

(5) 次の質問に英語で答えなさい。

a. What was the only thing that kept him going?

____

b. What is the only way to be satisfied?

____

6 教科書 25 ページ 1〜8 行目の英文を読んで，後の問いに答えなさい。

My third story is about death.・・・・・・・・・・・・・・・・・・・・・・
・・・・・・・・教科書本文(p.25，ℓℓ.1〜8)を参照してください。・・・・・・・・
・・・・・・・・・・・・・・・・・・・・・・・・・Everything else is secondary.

(1) 2 文目の I was to live only three to six months を日本語に訳しなさい。
( )

(2) 4 文目の I can now say this to you ... の this が指す内容を，日本語で説明しなさい。
( )

(3) 5 文目の Don't let the noise ... voice. を日本語に訳しなさい。
( )

(4) 7 文目の They somehow already know ... become. を，They の指すものを明らかにして日本語に訳しなさい。
( )

定期テスト予想問題　解答

pp.42~43

1 (1) figure out　(2) have, idea　(3) Whoever

2 (1) We will welcome whoever wants to come(.)

(2) You are to show your ticket at the gate(, when you board the boat.)

(3) Whichever restaurant you like, please tell me about it(.)

3 (1) あなたがほしいものは何でも買ってあげます。

(2) あなた（たち）はこの部屋に入ってはいけない。

(3) そのバンドは7時から10時まで演奏することになっている。

(4) 私たちが何を言っても，彼女は賛成しないだろう。

4 (1) are to　(2) was to be　(3) Whichever[No matter which] bus

5 (1) 私に活動を続けさせた唯一のことは，自分が行うものを愛するということだった。　(2) あなたはあなたが愛することを見つけなければならない。

(3) whatever　(4) 例 自分が愛せるようなこと　(5) a. It was that he loved what he did.　b. It is to do what you believe is great work.

6 (1) 私は3か月から6か月（の間）しか生きられないことになっていた

(2) 例 あなたの時間には限りがあるので，他人の人生を生きることでその時間を無駄にしてはいけないということ。　(3) あなた自身の内なる声を，他人の意見の雑音にかき消されないようにしなさい。　(4) どういうわけか，あなたの心と直観はあなたが本当になりたいものをすでに知っている。

解説

2 (1)「～する人は誰でも」は，whoever が導く名詞節で表す。　(2)「～しなければならない」という <義務> を <be動詞＋to不定詞> で表す。　(3)「～はどれでも」という場合，whichever を含む節は副詞節になる。

3 (1) whatever に続く節は buy の2つ目の目的語になっている。　(2) ＜義務＞を表す <be 動詞＋ to不定詞＞に否定語が含まれると，＜禁止＞の意味になる。
(3) この <be動詞＋to不定詞＞は <予定> を表す。

4 (1)「～することになっている」は <be動詞＋to不定詞> で表す。　(2)「～する運命にある」は <be動詞＋to不定詞> で表す。　(3)「どの～に…しても」は <whichever＋名詞> または <no matter which＋名詞> で表す。

5 (1) <S＋was＋that 節> は「S は～ということだった」と訳す。　(2) You've got to=You have to　(3)「どんな～を…しても」は<whatever＋名詞>で表す。
(4) it は2文目の what you love を指す。　(5) a.「彼を活動し続けさせた唯一のことは何でしたか。」　b.「満足するための唯一の方法は何ですか。」

6 (1) <was＋to不定詞>は「～することになっていた」という，過去の予定を表す。
(2) this は「:(コロン)」に続く内容を指している。　(3) drown out *A* は「A をかき消す」という意味を表す。　(4) what に続く節が know の目的語。

Lesson 3 How Did Pink Become a "Girl's Color" in America?

— A study by Dr. Paoletti —

単語・熟語チェック

Scene 1

nearly	副 ほとんど	We walked **nearly** five hours today. 私たちは今日，5時間近く歩いた。
back then	熟 その当時(は)	He was rich **back then**. 彼はその当時はお金持ちだった。
delicate	形 繊細な	The machine is very **delicate**. その機械はとても繊細だ。
infant	名 (乳)幼児	The doctor says **infants** should not watch TV. その医師は，幼児はテレビを見るべきではないと言っている。
work on *A*	熟 Aに取り組む	Just **work on** your task. いいから，仕事に取り組みなさい。

Scene 2

up to *A*	熟 Aに至るまで	In each meeting room, there is space for **up to** 50 people. 各会議室には，50人まで収容できるスペースがある。
bleach	動 ～を漂白する	My mother **bleached** her skirt white. 母は自分のスカートを漂白した。
cotton	名 綿布，木綿	This shirt is made of **cotton**. このシャツは綿でできている。
clothing	名 衣類	The shop is still selling winter **clothing**. その店はまだ冬物の衣類を売っている。
dominant	形 有力な，支配的な	This was one of the most **dominant** companies in Japan. ここは日本の最も有力な企業のうちの1つでした。
in addition	熟 さらに，その上	**In addition**, we had a lot of snow yesterday. さらに，昨日は大雪が降りました。
proof	名 証拠	Give me some **proof** or I won't believe it. 証拠を何かくれなきゃ，私は信じないよ。
have something to do with *A*	熟 Aと関係がある	Does this problem **have anything to do with** this bad weather? この問題はこの悪天候と関係しているだろうか。
journal	名 専門誌，定期刊行物	Scientists read academic **journals** of their fields. 科学者は自分の分野の学術誌を読む。
ribbon	名 リボン	She wore a yellow **ribbon** in her hair. 彼女は髪に黄色いリボンをつけていた。

fashion	名 流行，ファッション	White shoes are in **fashion** this year. 白い靴が今年の流行だ。

Scene ③

rigid	形 厳密な，ゆるぎない	The action plan she made was too **rigid**. 彼女の立てた行動計画はあまりにも厳密だった。
neither *A* nor *B*	熟 AもBも～ない	**Neither** I **nor** Mike will go to the party. 私もマイクもそのパーティーには行かないよ。
universal	形 普遍的な	Smiles are a **universal** form of communication. 笑顔はコミュニケーションの普遍的な一形態である。
A other than *B*	熟 B以外のA	She wants to keep small animals **other than** cats. 彼女は猫以外の小動物を飼いたいと思っている。
anticipate	動 ～を予想する，先取りする	They are **anticipating** customer needs every day. 彼らは毎日顧客のニーズを予想している。
predictable	形 予測がつく	The weather on the island is never **predictable**. その島の天候は決して予測がつかない。
hand down *A* from *B* / hand *A* down from *B*	熟 BからAをお下がりにする	I often **hand down** clothes **from** me to my son. 私はしばしば自分から息子に服をお下がりにする。
understandable	形 理にかなった，当然の	It's **understandable** that she got angry with Bill. 彼女がビルに腹を立てたのも，無理のないことだ。

Scene ④

popularity	名 人気	The singer has high **popularity** among young people. その歌手は若い人たちの間で，とても人気がある。
peak	動 頂点に達する	Ice cream sales **peaked** last month. アイスクリームの売り上げは先月頂点に達した。
playful	形 ふざけた，陽気な	He told a lot of **playful** jokes at the party. 彼はたくさんのふざけたジョークをパーティーで言った。
reinterpretation	名 再解釈	I don't support this **reinterpretation** of history. このような歴史の再解釈を私は支持しない。
punk	名 パンク(ロック)	He wants to be a **punk** rock star. 彼はパンクロックのスターになりたがっている。
outfit	名 服装一式，衣装	Bob, your **outfit** is cool today. ボブ，あなたの今日の服かっこいいね。
purple	名 紫色	The color of the flower is dark **purple**. その花の色は濃い紫色だ。
turquoise	名 青緑色，トルコ石色	The lake looks **turquoise** in the early morning. 早朝のその湖は青緑色に見える。
rack	名 棚	There are some glasses on the **rack**. その棚の上にはいくつかのグラスがある。

conservative	形 保守的な，古風な	She wore a **conservative** dress last night. 彼女は昨夜おとなしめのドレスを着ていた。
even more telling	熟 さらに事実を明かすと	**Even more telling**, he also won the prize last year. さらに事実を明かすと，彼は昨年その賞も取った。
reclaim	動 ～の返還を要求する	They are **reclaiming** their traditional culture. 彼らは伝統的な文化を取り戻そうとしている。
revival	名 復活，再生	Our country needs an economic **revival**. 我が国は経済再生が必要だ。
ultimate	名 (スポーツ競技の)アルティメット	My daughter is a member of the **Ultimate** team in her college. 私の娘は大学のアルティメットチームのメンバーだ。

Scene 1

ポイント 性差を表す色について，筆者はどのような疑問を抱いたか。

1 ① When I first came across the words below / nearly 30 years ago, / I stopped /
私が以下のことばに最初に出くわした時 / 30 年近く前に / 私は手を止めた /
and read them again / several times / because back then, many people thought /
そしてそれらを読み返した / 数回 / なぜならその当時，多くの人が考えていたからだ /
pink was a color / for girls://
ピンクは色であると / 女の子のための //

② *Pink or Blue?*// ③ *Which is better* / *for boys* / *and which for girls?*// ④ *This*
ピンクか青か // どちらがより向いているでしょうか / 男の子に / そしてどちらがより女の子向けでしょうか //
question comes / *from one* / *of our readers* / *this month.*// ⑤ *There has been a*
この質問は来ている / 1人から / 読者の / 今月 // 非常に多様性
great diversity / *of opinion* / *on this subject,* / *but the generally accepted rule is* /
があった / 意見の / この話題に関して / しかし一般的に受け入れられているルールは /
pink for the boy / *and blue for the girl.*// ⑥ *The reason is* / *that pink,* / *being a*
ピンクは男の子向け / そして青は女の子向け // その理由は / ピンクは /
more decided and stronger color, / *is nicer on the boy,* / *while blue,* / *which is*
よりきっぱりとして強い色なので / 男の子が身につけた方が良い / 一方で青は /
more delicate and fine, / *is prettier* / *for the girl.*// ⑦ (“Pink or Blue?” *Infants’*
より繊細で上品なので / より感じが良い / 女の子にとって // (「ピンク色か青色か」 乳幼児
Department, 1918) //
部門—1918 年) //

2 ⑧ I was a professor / at the University of Maryland.// ⑨ I was then working on
私は教授だった / メリーランド大学の // 私はその時ある疑問に取り
a question, / “When were pink and blue introduced / as gendered colors?”//
組んでいた / 「ピンクと青はいつ取り入れられたのか / 性差に関係する色として」という//

単語チェック

□ **nearly**	副 ほとんど	□ **infant**	名 (乳)幼児
□ **delicate**	形 繊細な		

本文内容チェック 「ピンクや青からイメージする性別は，時代により違っていた」

1 私は 30 年近く前，ピンクは女の子の色とされていた時代に，「ピンクは男の子向けの色，青は女の子向けの色というのが一般的なルールである」という内容を含む，1918 年に書かれた文章に出くわした。

2 メリーランド大学の教授だった私は「性差に関係する色としてのピンクと青がいつ取り入れられたのか」という疑問について取り組んでいた。

読解のカギ

① **(When I first came across the words below {nearly 30 years ago}), I stopped and read them again several times (because back then, many people thought {pink was a color for girls}):**

(that)

➡ come across *A* は「Aに出くわす，Aを偶然見つける」という意味を表す。

➡ below は「以下の」という意味で，名詞を後ろから修飾する副詞である。ここでは the words を修飾している。「以下の」とは，文末の「：(コロン)」以降，斜体で示された②～⑦のことを指している。

➡ back then は「その当時(は)」という意味を表す。

➡ pink の前には接続詞の that が省略されている。

③ ***Which is better for boys and which for girls?***

(is better)

➡ which と for girls の間には is better が省略されている。

⑤ ***There has been a great diversity of opinion on this subject, but the generally accepted rule is (pink for the boy and blue for the girl).***

➡ there has[have] been ～は there is[are] ～の現在完了形である。

➡ accepted は動詞の accept「～を受け入れる」の過去分詞が形容詞化したもので，「(一般に)受け入れられている」という意味を表す。

⑥ ***The reason is (that pink, being a more decided and stronger color, is nicer on the boy, while blue, {which is more delicate and fine}, is prettier for the girl).***

S V C 分詞構文

➡ 第2文型 <S+V+C> の文である。that 節が C(補語)になっている。

➡ being a more decided and stronger color は分詞構文で，この句の主語は pink である。「～なので」と，<理由> を表す意味で訳すことができる。分詞構文の分詞句は文頭または文末に置くこともできるが，ここでは主語と動詞の間に挿入されている。

➡ which は主格の関係代名詞で，前に「,(コンマ)」があるので非限定用法である。which is more delicate and fine が先行詞の blue に説明を加えている。

⑨ **I was then working on a question, "When were pink and blue introduced as gendered colors?"**

(a question = "When were pink and blue introduced as gendered colors?")

➡ work on *A* は「Aに取り組む」という意味を表す。

➡「,(コンマ)」を挟み，a question の具体的内容が示されている。

➡ gendered は「性差に関係した」という意味の形容詞である。

Scene ②

ポイント 19世紀以前のピンクと青の持つ, 性差に関するイメージはどのようなものだったか。

3 ① Up to the 1770s, / colored dresses were common / for infants, / with dark red, yellow, and blue all being used.// ② Then / the practice / of bleaching / and low-price cotton / in the 19th century / caused a change / in baby clothing.// ③ For most of this century, / the dominant color / for baby clothing / was white.// ④ This may be because white cotton baby clothes are strong / and one could wash them / many times / with hot water, / which was more practical.// ⑤ In addition, / many people thought / white was a clean and safe color.//

1770年代までは / 色のついた服が一般的だった / 乳児には / 暗い赤や黄色，そして青のすべてが使われていて // その後 / 習慣が / 漂白の / そして低価格の綿が / 19世紀に / 変化をもたらした / 乳児服に // 今世紀の大半において / 最も多い色は / 乳児服で / 白だった // これはおそらく白い綿の乳児服が丈夫だからだ / そしてそれらを人が洗えるだろうからだ / 何回も / お湯で / より実用的であった // 加えて / 多くの人が考えた / 白は清潔で無難な色であると //

4 ⑥ There is no proof / that pink and blue had anything to do with gender / at all / until the middle / of the 19th century, / and even then, / the rule always changed / (sometimes pink was a boy's color, / sometimes a girl's).// ⑦ Advice and literature also have different opinions / on the issue / as in these examples://

証拠は1つもない / ピンクと青が性差に関係があったという / まったく / 中頃まで / 19世紀の / そしてその頃でさえ / ルールは常に変わった / (時にピンクは男の子の色だった / 時に女の子の(色)だった // 助言や文学にもさまざまな意見がある / その問題に関して / これらの例にあるように //

⑧ *White is used / for all babies.//* ⑨ *Blue is for girls / and pink is for boys, / when a color is wished.//* ⑩ (*Ladies' Home Journal*, 1890) //

白は使われる / すべての乳児に // 青は女の子向けである / そしてピンクは男の子向けである / 1つの色が求められる場合は // (『女性用家庭雑誌』1890年) //

⑪ *"Amy put a blue ribbon / on the boy / and a pink / on the girl, / French fashion, / so you can always tell them ..."//* ⑫ (*Little Women*, 1880) //

「エイミーは青いリボンを付けた / その男の子に / そしてピンクを / その女の子に / フランス流である / 彼らをいつでも見分けられるように…」// (『若草物語』1880年) //

単語チェック

□ **bleach**	動 ～を漂白する	□ **proof**	名 証拠
□ **cotton**	名 綿布，木綿	□ **journal**	名 専門誌，定期刊行物
□ **clothing**	名 衣類	□ **ribbon**	名 リボン
□ **dominant**	形 有力な，支配的な	□ **fashion**	名 流行，ファッション

本文内容チェック　「かつては定まっていなかったピンク色・青色と性差のイメージ」

3 1770 年代までは乳児服にあらゆる色が使われていたが，19 世紀では白が乳児服に最も使われる色だった。それはおそらく，白い綿が丈夫で実用的だったからであろう。

4 19 世紀中頃になってもピンク色，青色の性差に関するルールは定まっておらず，雑誌の専門家の助言や文学作品の中でも，それに関してさまざまな意見が見られた。

読解のカギ

① **(Up to the 1770s), colored dresses were common for infants, (with dark red, yellow, and blue all being used).**

O（with の目的語）　<be＋過去分詞> の現在分詞

➡ up to *A* は「A に至るまで」という意味を表す。

➡ <with＋O＋現在[過去]分詞> は「～が…している[されている]状態で，…の状態で」という意味(付帯状況)を表す。ここでは <be＋過去分詞>(受動態)の現在分詞が使われていて，「～が…されている状態で」という意味になる。 文法詳細 p.58

➡ ここでの all は代名詞で，直前の名詞句(dark red, yellow, and blue)と同格の関係である。「～のすべて，～全部」という意味を表す。

④ **This may be (because white cotton baby clothes are strong and one could wash them many times with hot water, {which was more practical}).**

➡ This is because ～「これは～だからだ」という意味を表す。

➡ one は総称的に「人」という意味を表す。

➡ which は前に「,(コンマ)」があるので，非限定用法の主格の関係代名詞である。white cotton ... hot water という節が先行詞になっている。

⑥ **There is no proof (that pink and blue had anything to do with gender at all) ... .**

proof ＝ that pink ... at all

➡ that 節は直前の proof と同格の関係である。「～という証拠」という意味になる。

➡ have something to do with *A* は「A と関係がある」という意味を表す。否定文の中なので，something の代わりに anything が用いられている。

⑪ ***"Amy put a blue ribbon on the boy and a pink on the girl, French fashion, (so you can always tell them ...)"***

Amy put a blue ribbon on the boy and a pink on the girl ＝ French fashion

➡ pink の前には put が省略されている。put *A* on *B* は「B に A を付ける」という意味を表す。

➡ French fashion は直前の Amy put a blue ribbon on the boy and a pink on the girl という行為のことを指している。

➡ so (that) S can *do* は「S が～できるように」という意味を表す。that は省略可能。

➡ ここでの tell は「～の違いがわかる，～を見分ける」という意味である。

Scene ③

ポイント 男の子に青色，女の子にピンク色という概念が生まれたきっかけは何だったか。

5 ① When did the modern gendered meanings of pink and blue become more truly uniform and rigid?// ② By the 1950s, / many began to think / that pink was a girl's color.// ③ However, / that idea was neither universal nor rigid; / boys could still wear pink dress shirts / and girls wore many colors / other than pink.//

現代のピンクと青の性差を表す意味合いはいつ，より正確に均一で厳密なものになったのか // 1950年代までには / 多くの人が考え始めた / ピンクは女の子の色であると // しかし / その考えは普遍的でも厳密なものでもなかった / 男の子は依然としてピンクのワイシャツを着られた / そして女の子は多くの色を着た / ピンク以外の //

6 ④ At the same time, / clothing companies did their best / to anticipate public opinion / in order to make clothing needs more predictable and profitable.// ⑤ The more baby clothing could be designed / for an individual child, / the harder it would be / for parents / to hand down clothing / from one child to the next / and the more clothing they would have to buy / as their families grew.// ⑥ The easiest way / to make this happen / was to come up with clothes / for boys and girls / that were quite different / from each other.// ⑦ Using pink / for girls / and blue / for boys / was a good solution, / clearly understandable / and easy / to carry out / (just make up the same clothes / in two different colors).//

同時に / 衣料品会社は全力を尽くした / 大衆の意見を先取りするために / 衣料の需要をより予想しやすく利益が出るものにするために // 乳児服がデザインされることが可能になればなるほど / 個々の子どもに向けて / より難しくなるだろう / 親たちにとって / 服をお下がりにすることが / 子どもから次の子どもに / そしてより多くの服を買わなければならなくなるだろう / 彼らの家族が成長するにつれて // 最も簡単な方法は / これを実現するための / 服を考え出すことである / 男の子と女の子向けの / まったく異なった / 互いと // ピンクを使うことは / 女の子用に / そして青を / 男の子用に / 良い解決法だった / 明確に理にかなっているので / そして簡単である(ので) / 実行するのが / (ただ同じ服を作るだけ / 2つの異なる色で) //

単語チェック

□ **rigid**	形 厳密な，ゆるぎない	□ **predictable**	形 予想がつく
□ **universal**	形 普遍的な	□ **understandable**	形 理にかなった，当然の
□ **anticipate**	動 ～を予想[先取り]する		

本文内容チェック 「衣料品会社の戦略と"男の子の色・女の子の色"との関係」

5 1950年代までに，ピンクは女の子の色だという考えは生まれていたが，その考えはまだ普遍的なものではなかった。

6 それと同時に，衣料品会社は個々の子どもに向けたデザインをすれば親たちはお下がりをしにくくなり，より多くの服を買わなければならなくなると考え，男女の子どもそれぞれに向けた服を考案した。それが男の子用の青，女の子用のピンクの服だった。

読解のカギ

③ **However, that idea was neither universal nor rigid; boys could still wear pink dress shirts and girls wore many colors other than pink.**

➡ that idea は前文②の pink was a girl's color という考えを指している。
➡ neither *A* nor *B* は「A でも B でもない」という意味を表す。
➡「;(セミコロン)」は前後の文に論理的なつながりがあることを表す。
➡ *A* other than *B* は「B 以外の A」という意味を表す。

⑤ **(The more baby clothing could be designed for an individual child), (the harder it would be for parents to hand down clothing from one child to the next and the more clothing they would have to buy as their families grew).**

be の後(補語の位置)から移動
形式主語 ← 真の主語
buy の目的語の位置から移動

➡ <the＋比較級〜, the＋比較級 ...> は「一方が〜すれば(するほど), もう一方も…する」という意味で，比較関係を示す表現である。ここでは The more baby clothing 〜の部分に対し，the harder ... と the more clothing ... の部分が比較されている。この表現では <the ＋比較級(＋名詞)> が文頭に移動する。 文法詳細 p.60
➡ it は形式主語で，真の主語は to 不定詞句の to hand down ... to the next である。
➡ hand down *A* from *B* は「B から A(服など)をお下がりにする」という意味を表す。

⑥ **The easiest way (to make this happen) was (to come up with clothes for boys and girls {that were quite different from each other}).**

S (V') (O') (C') V C(to 不定詞の名詞的用法)

➡ to make this happen は to 不定詞の形容詞的用法で，The easiest way を修飾している。<make ＋ O ＋ C(原形不定詞)> は，「O に〜させる」という意味を表す。
➡ to come ... each other は to 不定詞の名詞的用法で，文の補語になっている。
➡ come up with *A* は「A を考え出す，思いつく」という意味を表す。
➡ that は主格の関係代名詞で，that were quite different from each other が先行詞の clothes for boys and girls を修飾している。

⑦ **Using pink for girls and blue for boys was a good solution, (clearly understandable and easy {to carry out} (just make up the same clothes in two different colors)).**

S(動名詞句) V C

➡「,(コンマ)」以降の部分は，先頭に being が省略された分詞構文である。
➡ easy to *do* で「〜するのに簡単」という意味を表す。to 不定詞は副詞的用法。
➡ just ... colors を囲む「(　)」は補足的内容を示すために用いられている。easy to carry out の理由を説明する内容になっている。

Scene ④

ポイント 近年の男女が着る服の色の傾向はどのようになってきているか。

7 ① Pink became a more and more dominant color / for girls / under six / with its popularity peaking / after 2000.// ② However, / there are signs / of change / these years.// ③ Playful reinterpretations / of the "traditional" girl's look / such as baby girl punk outfits / in pink and black and other colors / —purple, turquoise, green— / are sharing rack space / with more conservative styles.//

ピンクはますます大勢を占める色になった / 女の子向けとして / 6歳未満の / 人気がピークを迎えて / 2000年より後に // しかし / 兆しがある / 変化の / 近年 // 遊び心にあふれた新しい解釈が / 「伝統的な」女の子のかっこうの / 小さい女の子のパンク衣装などの / ピンクや黒やそのほかの色の / 紫，青緑色，緑といった / 棚のスペースを共有している / より保守的なスタイルと //

8 ④ Even more telling, / older boys and men are reclaiming pink.// ⑤ Pink dress shirts and ties have enjoyed a revival, / which began around 2004.// ⑥ The colors / of my son's college Ultimate team / are pink and black; / until they actually ordered team uniforms / in 2008, / they wore women's pink T-shirts!//

さらに言うならば / もっと年上の男の子や男性はピンクをまた求めるようになってきている // ピンクのワイシャツとネクタイは再流行を迎えた / 2004年頃に始まった // 色は / 私の息子の大学のアルティメット・チームの / ピンクと黒である / 彼らが実際にチームのユニフォームを注文するまで / 2008年に / 彼らは女性物のピンクのTシャツを着ていたのだ！ //

単語チェック

□ **popularity**	名 人気	□ **turquoise**	名 青緑色，トルコ石色
□ **peak**	動 頂点に達する	□ **rack**	名 棚
□ **playful**	形 ふざけた，陽気な	□ **conservative**	形 保守的な，古風な
□ **reinterpretation**	名 再解釈	□ **reclaim**	動 ～の返還を要求する
□ **punk**	名 パンク（ロック）	□ **revival**	名 復活，再生
□ **outfit**	名 服装一式，衣装	□ **ultimate**	名 アルティメット
□ **purple**	名 紫色		

本文内容チェック 「近年起こっている男女の服の色に関する変化」

7 2000年以降に女の子の色としてのピンクはピークを迎えたが，近年では，ほかの色を使った遊び心のあるデザインと古風なデザインとが共存している。

8 さらに言うと，ピンク色を好む男の子や男性も増えてきている。

読解のカギ

① **Pink became a more and more dominant color for girls under six (with its popularity peaking after 2000).**

O（with の目的語） 現在分詞

➡ more and more は「ますます」の意味で，形容詞の dominant を修飾している。
➡ under six は「6 歳未満の」という意味で，girls を修飾している。
➡ <with＋O＋現在分詞> は「～が…している状態で」という意味(付帯状況)を表す。peaking は動詞の peak「ピークを迎える」の現在分詞である。 文法詳細 p.58
➡ its は前にある Pink を受けた代名詞の所有格である。

③ **Playful reinterpretations of the "traditional" girl's look (such as baby girl punk outfits in pink and black and other colors—purple, turquoise, green—) are sharing rack space with more conservative styles.**

(S: Playful reinterpretations of the "traditional" girl's look ／ 具体例: such as baby girl punk outfits ... ／ 具体例: purple, turquoise, green ／ V: are sharing ／ O: rack space)

➡ traditional を強調するために「“ ”(引用符)」が用いられている。traditional は前文①で述べている「ピンク＝女の子」という傾向のことを指している。
➡ such as ～は「～などの」という意味で，例を示す時の表現である。
➡「— (ダッシュ)」で挟まれた部分は，other colors の具体例を示している。
➡ share *A* with *B* は「A を B と共有する」という意味を表す。
➡ rack space は「棚のスペース」という意味。ここでの「棚」とは洋服を掛ける棚のことで，人の持っている衣装全体のことを示唆している。

④ **Even more telling, older boys and men are reclaiming pink.**
➡ even more telling は「さらに事実を明かすと」という意味で，先に述べたことよりも，さらに核心に迫ることに触れる時の表現である。

⑤ **Pink dress shirts and ties have enjoyed a revival, (which began around 2004).**

(S: Pink dress shirts and ties ／ V(現在完了形): have enjoyed ／ O: a revival ← which)

➡ enjoy は「～に恵まれる，～を享受する」という意味を表す。ここでは無生物が主語であり，そのまま訳すと不自然になってしまうため，「～を迎える」などと訳すとよい。
➡ which は主格の関係代名詞で，前に「,(コンマ)」があるので非限定用法である。which began around 2004 が先行詞の a revival に説明を加えている。

⑥ **The colors of my son's college Ultimate team are pink and black; (until they actually ordered team uniforms in 2008), they wore women's pink T-shirts!**

(S: The colors of my son's college Ultimate team ／ V: are ／ C: pink and black ／ (S'): they ／ (V'): ordered ／ (O'): team uniforms ／ S: they ／ V: wore ／ O: women's pink T-shirts)

➡ Ultimate は「アルティメット」というスポーツ競技のことを指す。チーム制で攻守に分かれ，投げたディスクを落とさないようにパスをつなげて運ぶ競技。
➡「;(セミコロン)」は，前後の文のつながりを表す時に用いる。ここでは「;」の後ろの記述が，前の記述の内容に関する具体的なエピソードになっている。

TRY1 Overview ヒント

You are writing a passage review. Complete the chart.
(あなたは文章の一節のレビューを書いています。話の流れを完成させなさい。)

ⓐ 色の決まりは，親たちが1人の子どもから次の子どもに服をお下がりにすることを，より難しくした。
ⓑ 色の決まりが一切存在しなかった時，乳児には色のついた服が一般的だった。
ⓒ 1918年に一般的に受け入れられていた決まりは，ピンク色は男の子向け，そして青色は女の子向け，というものだった。
ⓓ 伝統的な女の子のスタイルへの遊び心にあふれた新しい解釈が，より保守的なスタイルと棚のスペースを共有している。
ⓔ 多くの人がピンクは女の子の色であると考え始めたが，その考えは普遍的なものでも，ゆるぎないものでもなかった。
ⓕ 19世紀の大部分の間，赤ちゃん服における支配的な色は白だった。

TRY2 Main Idea ヒント

Mark the main idea M, the sentence that is too broad B, and the sentence that is too narrow N.(話の本旨になるものにはMを，広範すぎる文にはBを，限定的すぎる文にはNの印を書きなさい。)

1 1770年代までは，乳児には色のついた服が一般的で，暗い赤色，黄色，青色のすべてが使われていた。
2 アメリカにおけるピンクと青という性差に関係する色の背景には歴史がある。
3 私たちの固定観念は簡単に変えられることがある。

TRY3 Details ヒント

Answer T (true) or F (false). (正誤を答えなさい。)

1 第1パラグラフに 1918年に書かれた色の決まりについての文章と，それを筆者が見つけた当時のことについての記述がある。 → 教p.38, ll.1～9
2 第2パラグラフに筆者の身分についての記述がある。 → 教p.38, l.10
3 第3パラグラフに漂白の習慣と綿素材の登場がもたらした変化についての記述がある。 → 教p.38, ll.13～15
4 第4パラグラフに，19世紀中頃までの性差に関する色の決まりの変化についての記述がある。 → 教p.38, ll.19～21
5 第5パラグラフに，1950年代までのピンク色と性別に関する決まりについての記述がある。 → 教p.38, ll.28～30
6 第6パラグラフに衣料品会社がとった衣料の色に関する戦略についての記述がある。 → 教p.38, ll.31～32, p.39, ll.4～6
7 第7パラグラフに，人々の服の色の傾向がどのように変化してきているかについての記述がある。 → 教p.39, ll.9～11
8 第8パラグラフに，21世紀初頭に始まったピンク色の再流行ついての記述がある。 → 教p.39, ll.12～13

TRY4 Facts and Opinions ヒント

Write FACT for a factual statement and OPINION for an opinion.
(事実に基づく記述にはFACT，個人的見解にはOPINIONと書きなさい。)

1 ピンクは絶対的に女の子向けの色である。
2 選択肢があるとしたら，青色が女の子向け，ピンク色が男の子向けである。
3 衣料品会社は，衣料の需要をより予測しやすく，利益の出るものにしようとした。
4 21世紀初頭までには，ピンクが6歳未満の女子の色としてますます支配的になった。

TRY5 Deeper Understanding ヒント

Discuss the following with your partner. (次のことについてパートナーと話し合いなさい。)

1 例 A: I like blue, because pink looks a children's color to me. How about you?
B: I like pink. I think I like warm colors better than cold colors.
A: I see. Oh, you have a pink pencil case here.
B: True!

2 例 A: Black and red are other stereotyped colors for men and woman.
B: Yeah, that's right. Those colors are often used for the signs on restrooms.
A: Come to think of it, are those colors for restrooms' signs only in Japan?
B: Probably so. They use letters and shapes instead of colors in other countries.

TRY6 Retelling ヒント

例 Scene 1 Nearly 30 years ago, when many people thought pink was a color for girls, I found a text written in 1918. It said pink is better on boys, because it was a more decided and stronger color, while blue is better for girls because it was more delicate and fine. I worked on the question of when pink and blue were introduced as gendered colors.

Scene 2 Up to the 1770s, infants generally wore colored dresses. Then, bleaching and low-price cotton became common, and white cotton was often used for baby clothing. This was because white cotton clothing was more practical, and white was considered as a clean and safe color. Pink and blue were not gendered colors until the middle of the 19th century. People had different opinions about the genders they represented.

Scene 3 By the 1950s, pink began to be recognized as a girl's color, but that idea was neither universal nor rigid. At that time, clothing companies tried to anticipate public opinion to make demand for their products more predictable. They made it harder for parents to hand down clothing from one child to the next by using pink for girls and blue for boys.

Scene 4 There are reinterpretations of the traditional girl's look these years, such as baby girl punk outfits. Moreover, among older boys and men, there has been a revival of pink clothing, which began around 2004. In fact, my son's Ultimate team used to wear pink women's T-shirts as uniforms.

Language Function

1 with + *noun* + *done/doing* 付帯状況の with

主節と同時に起こっている状況で，補足的に付け加えるものを**付帯状況**と呼ぶ。
付帯状況は，<with ＋ *A*(名詞) ＋ *B*(現在分詞／過去分詞)> を使って表す。
with *A B* は「**A が B して[されて]いるので，A が B の状態で**」という意味を表す。

<with ＋名詞＋現在分詞 >

1. She was jogging **with** *her dog* **running** ahead.
(彼女は自分の犬に前を走らせながらジョギングをしていた。)

➡ *B* に該当する現在分詞 running の意味上の主語は her dog である。
➡「犬が前を走っている」という状況を補足的に付け足している。

<with ＋名詞＋過去分詞 >

2. She was listening to music **with** *her eyes* **closed**.
(彼女は目を閉じて音楽を聞いていた。)

➡ *B* に該当する過去分詞 closed の意味上の主語は her eyes である。*B* と意味上の主語 her eyes は受動の関係にある。付帯状況の部分を直訳すると「目が閉じられた状態で」となる。
➡ *B* と意味上の主語が能動の関係であれば *B* は現在分詞，受動の関係であれば *B* は過去分詞となる。

<with ＋名詞＋現在分詞 (受動態)>

3. Up to the 1770s, colored dresses were common for infants, **with** *dark red, yellow, and blue all* **being used**.
(1770 年代までは，乳児には色のついた服が一般的で，暗い赤，黄色，青色のすべてが使われていた。)

➡ *B* に該当する現在分詞句 being used の意味上の主語は dark red, yellow, and blue all である。being used は受動態 <be 動詞＋過去分詞> の進行形である。
➡ この文のように，付帯状況を表す with の前に「,(コンマ)」を置くこともある。with の後ろが長い場合など，区切れ目をわかりやすくするために「,(コンマ)」用いる。
➡「暗い赤，黄色，青色のすべてが使われていた」という状況を補足的に付け足している。

<with ＋名詞＋現在分詞 >

4. Pink became a more and more dominant color for girls under six **with** *its popularity* **peaking** after 2000.
(ピンクが 6 歳未満の女の子の色としてますます支配的になり，2000 年以降にその人気がピークを迎えた。)

➡ *B* に該当する現在分詞 peaking の意味上の主語は its popularity である。
➡「2000 年以降にピークを迎えた」という状況を補足的に付け足している。

＋α

<with ＋名詞＋前置詞句>

He was walking **with *his hands* in his pockets.**
(彼はポケットに両手をつっこんで歩いていた。)

➡ *B* には分詞以外に前置詞句，形容詞，副詞が入ることもある。
➡ *B* に該当するのは前置詞句の in his pocket である。
➡「両手をポケットに入れた状態で」という状況を補足的に付け足している。

<with ＋名詞＋形容詞>

You should not talk **with *your mouth* full.**
(あなたは口に食べ物を入れたまま話すべきではない。)

➡ *B* に該当するのは形容詞の full である。
➡「口が(食べ物で)いっぱいの状態で」という状況を補足的に付け足している。

<with ＋名詞＋副詞>

I usually read books **with *the book jackets* off.**
(私はふだん，本はカバーをはずして読む。)

➡ *B* に該当するのは副詞の off である。
➡「本のカバーをはずした状態で」という状況を補足的に付け足している。

Qヒント Describe each picture with the given words and the structure above.
(それぞれの写真を与えられた語句と，上の構文を使って説明しなさい。)

A 与えられた英語には「私はレポートが書けなかった」とあり，写真にはパソコンの上で寝ている猫が写っている。「猫がキーボードの上に寝転がっていて」などの意味を，付帯状況の with を使って表す。

B 与えられた英語には「私は勉強をしようとした」とあり，写真には画面が暗いスマートフォンが写っている。「スマートフォンの電源を切って」などの意味を，付帯状況の with を使って表す。

2 the + comparative ～, the + comparative ...　the ＋比較級～, the ＋比較級…

<the ＋比較級～, the ＋比較級…> の形で，**「一方が～すれば，もう一方も…する，～すればするほど，(ますます)…する」**という意味を表す。
複数の出来事の変化が同時に，関連して起きることを示す表現である。

<the ＋副詞の比較級～, the ＋副詞の比較級…>

you eat <u>more</u>　　you want <u>more</u>

1. **<u>The more</u>** you eat, **<u>the more</u>** you want.
(食べれば食べるほど，あなたはもっとほしくなりますよ。)

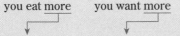

➡ more は副詞 much の比較級である。
➡ 副詞は，本来の位置から文頭に移動させる。

<the ＋形容詞の比較級～ , the ＋形容詞の比較級…>

she is kinder to her customers　　they feel happier.

2. In her shop, **the kinder** she is to her customers, **the happier** they feel.
(彼女のお店で彼女がお客さんたちにより親切にすれば，彼らもよりうれしく感じる。)

➡ kinder は形容詞 kind の，happier は形容詞 happy の比較級である。
➡ 形容詞は，本来の位置から文頭に移動させる。

<the ＋形容詞の比較級＋名詞～ , the ＋形容詞の比較級＋名詞…>

you spend more time on preparation　　you can get better result

3. **The more *time*** you spend on preparation, **the better *result*** you can get.
(あなたが準備に時間を費やせば費やすほど，より良い結果を得られるだろう。)

➡ 形容詞や副詞の比較級の単体だけでなく，<形容詞の比較級＋名詞> もこの表現で使われる。
➡ more は形容詞 much の，better は形容詞 good の比較級である。
➡ <形容詞＋名詞> は，本来の位置から文頭に移動させる。

<the ＋形容詞の比較級＋名詞～ , the ＋形容詞の比較級…>

it would be harder for parents to hand down clothing from one child to the next

4. **The more *baby clothing*** could be designed for an individual child, **the harder** it would be for parents to hand down clothing from one child to the next.
(個々の子どもに向けた乳児服がデザインされることが可能になればなるほど，親たちにとって1人の子どもから次の子どもに服をお下がりにすることがより難しくなるだろう。)

➡ more は形容詞 much の，harder は形容詞 hard の比較級である。
➡ 形容詞は，本来の位置から文頭に移動させる。more baby clothing は元々の位置が文頭(主語の位置)なので，移動は起きていない。

Qヒント Describe each picture with the given words and the structure above.
(それぞれの写真を与えられた語句と，上の構文を使って説明しなさい。)

A 与えられた英語には「あなたはより多くの商品をそれに入れられる」とあり，写真には商品の入ったショッピングカートが写っている。「ショッピングカートが大きければ大きいほど」などの意味を表す表現を入れる。

B 与えられた英語には「あなたはより忙しくなる」とあり，画像にはパソコンにメールが届くイメージが写っている。「あなたが多くのメールをもらえばもらうほど」などの意味を表す表現を入れる。

Speaking ヒント

Warm-up dialogue: Showing disagreement

Aが伝えた自分の母親の発言に対して，Bは「それは固定観念だ」と否定的な意見を述べている。その前に空所を含むせりふでは，固定観念的な考えとは逆のことを言っていると考えられる。

A: 私の母は，女の子は料理上手であるべきだと私に言います。

B: エミ，________女の子が料理が得意________，そうでしょ？　それは固定観念です！

A: その通りです！　私は今までほとんど料理をしたことがないし，毎日インスタント麺を食べることも何とも思いません。

B: うーん…，あなたはもっと健康に気を付けた方がいいと思います…。

Discussion

❶ 語句欄の訳

ⓐ 活発な	ⓑ 依存している	ⓒ 感情的な
ⓓ 厳しい	ⓔ 自立している	ⓕ 無神経な
ⓖ 消極的な	ⓗ 理性的な	ⓘ 繊細な
ⓙ 温和な	ⓚ (肉体・精神的に)強い	ⓛ (肉体・精神的に)弱い

❷ 手順の訳

(1) 片方の人が進行役になり，下にある主張の1つを読む。

(2) ほかの人たちは，その主張が固定観念，もしくはグループの全員には当てはまらない単なる思い込みであれば，「それは固定観念だ！」と言う。

(3) 進行役はその理由を尋ねる。

ⓐ 男の子はテレビゲームが好きだ。　ⓑ 日本では多くの看護師が女性である。
ⓒ 男性は料理が得意ではない。　ⓓ ピンクを着るのが好きな女の子もいる。
ⓔ 女性は敏感で感情的である。

Writing ヒント

❷

概要

主題：将来，変化がありそうな規則のうちの1つ
・導入：その規則についてのあなたの意見 ・本論：その変化の理由 ・結論：あなたの意見(を再度述べる)

本論で使える表現：

I think this rule may be changed in the future because ～.
(私はこの規則は将来，変わるかもしれないと思います，なぜなら～)

定期テスト予想問題 解答 ➡ p.64

1 日本語の意味に合うように，＿＿に適切な語を入れなさい。

(1) 私はその事故とは何も関係がなかった。
I didn't ＿＿＿＿＿＿ anything to do ＿＿＿＿＿＿ the accident.

(2) 私の両親は，兄から私に服をお下がりにした。
My parents ＿＿＿＿＿＿ ＿＿＿＿＿＿ clothes from my brother to me.

(3) 加えて，もう１つ考慮すべきことがある。
In ＿＿＿＿＿＿, there is one more thing to consider.

2 日本語に合うように，(　)内の語句を並べかえなさい。

(1) 彼女はハイキングブーツを履いたまま街の通りを歩いた。
She walked on the city street (her / on / with / hiking boots).
She walked on the city street ＿＿＿＿＿＿＿＿＿＿＿＿＿＿＿＿.

(2) 彼は電話を片手に私を待っていた。
He was waiting for (his / his / me / phone / in / with / hand).
He was waiting for ＿＿＿＿＿＿＿＿＿＿＿＿＿＿＿＿＿＿.

(3) 私はその俳優について知れば知るほど，興味がわいた。
(learned / the actor / the more / about / the more / I / interested / ,) I became in him.
＿＿＿＿＿＿＿＿＿＿＿＿＿＿＿＿＿＿＿＿ I became in him.

(4) 彼はコンピューターをつけたまま眠ってしまった。
(his / he / computer / with / running / asleep / fell).
＿＿＿＿＿＿＿＿＿＿＿＿＿＿＿＿＿＿＿＿＿＿＿＿.

3 次の英語を日本語に訳しなさい。

(1) They took the test with their books on their desks.
(　　　　　　　　　　　　　　　　　　　　　　　　)

(2) The sooner you buy a ticket, the better the seat you will get.
(　　　　　　　　　　　　　　　　　　　　　　　　)

(3) Everything was very different back then.
(　　　　　　　　　　　　　　　　　　　　　　　　)

4 次の英文を，(　　) 内の語句を使って書きかえなさい。

(1) When you get older, you understand what your parents say better. (the older)
→ ＿＿＿＿＿＿＿＿＿＿＿＿＿＿＿＿＿＿＿＿＿＿＿＿

(2) When I left my room, my desk was covered with papers. (with)
→ I left my room ＿＿＿＿＿＿＿＿＿＿＿＿＿＿＿＿＿＿.

5 **次の英文を読んで，後の問いに答えなさい。**

①When did the modern gendered meanings of pink and blue become more truly uniform and rigid? By the 1950s, many began to think that pink was a girl's color. However, ②(was / universal / that / rigid / neither / idea / nor); boys could still wear pink dress shirts and girls wore ③many colors (　　) (　　) pink.

(1) 下線部①の英語を日本語に訳しなさい。

(　　　　　　　　　　　　　　　　　　　　)

(2) 下線部②が「その考えは普遍的でも厳密なものでもなかった」という意味になるように，( )内の語を並べかえなさい。

____

(3) 下線部③が「ピンク以外の多くの色」という意味になるように，( )に適切な語を入れなさい。

many colors ________ ________ pink

6 **次の英文を読んで，後の問いに答えなさい。**

①Pink became a more and more dominant color (girls / peaking / six / popularity / with / under / for / its) after 2000. However, there are signs of change these years. Playful reinterpretations of the "traditional" girl's look such as baby girl punk outfits in pink and black and other colors—purple, turquoise, green—are sharing rack space with more conservative styles.

②Even more telling, older boys and men are reclaiming pink. Pink dress shirts and ties have enjoyed a revival, ③(　　) began around 2004. The colors of my son's college Ultimate team are pink and black; until they actually ordered team uniforms in 2008, they wore women's pink T-shirts!

(1) 下線部①が「ピンクが6歳未満の女の子の色としてますます支配的になり，2000年以降にその人気がピークを迎えた」という意味になるように，( )内の語を並べかえなさい。

Pink became a more and more dominant color ________________

____________________________ after 2000.

(2) 下線部②の英語を日本語に訳しなさい。

(　　　　　　　　　　　　　　　　　　　　)

(3) 下線部③に入れるのに適切な語を下から選び，記号で答えなさい。

ア those　　イ which　　ウ who　　エ so　　________

(4) 次の質問に英語で答えなさい。

What are the colors of the author's son's team?

____

定期テスト予想問題　解答

pp.62~63

1 (1) have, with　(2) handed down　(3) addition

2 (1) (She walked on the city street) with her hiking boots on(.)
(2) (He was waiting for) me with his phone in his hand(.)
(3) The more I learned about the actor, the more interested (I became in him.)
(4) He fell asleep with his computer running(.)

3 (1) 彼らは本を机に置いたままでそのテストを受けた。
(2) あなたがチケットを早く買えば買うほど，いい席がとれるだろう。
(3) その当時は何もかもがまったく違っていた。

4 (1) The older you get, the better you understand what your parents say.
(2) (I left my room) with my desk covered with papers(.)

5 (1) 現代のピンクと青の性差を表す意味合いはいつ，より正確に均一で厳密なものになったのか。
(2) that idea was neither universal nor rigid　(3) other than

6 (1) (Pink became a more and more dominant color) for girls under six with its popularity peaking (after 2000.)　(2) さらに言うならば，もっと年上の男の子や男性はピンクをまた求めるようになってきている。　(3) イ
(4) (They are) Pink and black.

解説

2 (1)「～を履いたまま」を付帯状況の with で表す。
(2)「電話を片手に」の部分を付帯状況の with で表す。
(3)「～すればするほど…する」は <the ＋比較級～ , the ＋比較級…> で表す。
(4)「コンピューターをつけたまま」の部分を付帯状況の with で表す。

3 (1) with their books on their desks は <with ＋名詞＋前置詞句 > の形で，付帯状況を示す。「～が…の (状態の) ままで」という意味。　(2) <the ＋副詞の比較級～ , the ＋形容詞の比較級＋名詞…>「～すればするほど…する」の形。
(3) back then は「その当時は」という意味。

4 (1) <the ＋比較級～ , the ＋比較級…> の形に書きかえる。
(2) 元の文の主節を，付帯状況を表す <with ＋名詞＋過去分詞 > に書きかえる。

5 (1) uniform は「均一な」という意味の形容詞。　(2)「A も B も～ない」は neither *A* nor *B* で表す。　(3)「B 以外の A」は *A* other than *B*。

6 (1)「その人気がピークを迎えた」の部分を <with ＋名詞＋現在分詞 > で表す。
(2) even more telling は「さらに言うならば」。　(3) 主格の関係代名詞が入り，a revival を修飾する。前に「,(コンマ)」があるので非限定用法。
(4) 質問は「筆者の息子のチームの色は何色ですか」という意味。

Further Reading 1 The True Story of the Bear behind Winnie-the-Pooh

単語・熟語チェック

1 ~ 2

platform	名 ホーム，プラットホーム	I was waiting on the wrong **platform**. 私は間違ったホームで電車を待っていた。
care for *A*	熟 Aの世話をする	We **care for** our infant dogs. 私たちは生まれたばかりの犬たちの世話をしている。
vet	名 獣医	Helen wants to be a **vet** in the future. ヘレンは将来獣医になりたがっている。
whistle	名 汽笛	I heard a train **whistle** in the distance. 遠くに列車の汽笛が聞こえた。

3 ~ 5

rub	動 ～をこする	Don't **rub** your eyes so hard. そんなに目を強くこすっちゃだめだよ。
what in the world ～	熟 一体全体何が[を，に]～	**What in the world** are you doing here? 一体全体，君はここで何をしているんだ？
feed	動 ～に餌をやる	It's time to **feed** my dogs. 犬たちに餌を与える時間だ。
condensed milk	名 コンデンスミルク	I put a lot of **condensed milk** on the bread. 私はたくさんのコンデンスミルクをパンにかけた。
mascot	名 マスコット	This is our baseball team **mascot**. これは私たちの野球チームのマスコットです。
by the time S+V	熟 SがVする時までに	Please finish this **by the time** I come back. 私が帰ってくるまでにこれを終わらせてください。
military	形 軍隊の	My grandfather was a **military** man at that time. 私の祖父はその時軍人だった。
shorten	動 ～を縮める	I want to **shorten** this shirt. 私はこのシャツを短くしたい。
battle	名 戦闘	He hurt his leg in the **battle**. 彼はその戦闘で脚をケガした。
no matter where S+V	熟 Sがどこに[へ]Vしようと	**No matter where** you are, I am always with you. あなたがどこにいようと，私はあなたと共にあります。

6 ~ 10

grab	㊍ ～をつかむ	He **grabbed** that dictionary with his right hand. 彼は右手でその辞書をつかんだ。
tent	㊔ テント	This **tent** can hold ten people. このテントには 10 人入れます。
pole	㊔ 棒，柱	The cat climbed up the **pole** quickly. その猫はあっという間に柱を登った。
a good [bad] sailor	㊞ 船酔いに強い[弱い]人	Fortunately, all of us were **good sailors**. 幸運にも，私たち全員が船酔いに強かった。
sailor	㊔ 船乗り	The **sailor** can swim very well. その船乗りはとても上手に泳ぐことができる。
seasick	㊊ 船に酔った	We got **seasick** in the middle of ocean. 私たちは大海原の中で船に酔ってしまった。
march	㊍ 行進する	Our band will **march** along this street tomorrow. 私たちの楽団は明日この通りを行進する。

11 ~ 13

battlefield	㊔ 戦場	There were a lot of bodies on the **battlefield**. 戦場にはたくさんの遺体があった。
contact	㊍ ～と連絡を取る	Please **contact** me when you have time. お時間がある時に私に連絡してください。
brand-new	㊊ 真新しい，できたての	You are wearing **brand-new** shoes! 新しい靴を履いているね！
terrace	㊔ テラス	This room opens onto a garden **terrace**. この部屋は庭のテラスにそのまま出られる。
zookeeper	㊔ (動物園の)飼育員	The **zookeeper** held two baby tigers in his arms. その飼育員は腕に２頭の虎の赤ちゃんを抱いていた。
relieved	㊊ 安心している	I was **relieved** to hear that. それを聞いて私は安心した。
escort	㊍ ～を案内する，～に付き添う	I **escorted** the old man to the station. 私はそのお年寄りに駅まで付き添った。
take off *A* / take *A* off	㊞ A を外す，脱ぐ	Please **take off** your shoes here. ここで靴を脱いでください。
sniff	㊍ ～の匂いをかぐ	The dog was **sniffing** my hand. その犬は私の手の匂いをかいでいた。
cub	㊔ (熊や狼などの)子	The wolf **cubs** were born this spring. その狼の子たちはこの春に産まれた。
lap	㊍ ～をピチャピチャ飲む	The cat **lapped** some milk, and then went to sleep. その猫はミルクをピチャピチャ飲むと寝てしまった。

14 ～ 16

become [be] familiar with *A*	熟 Aに慣れてくる［慣れている］	I want to **become familiar with** the culture of this country. 私はこの国の文化に慣れ親しみたい。
become [be] friendly with *A*	熟 Aと仲良くなる［仲が良い］	When did you **become friendly with** Tom? トムとはいつ仲良くなったの？
familiar	形 親しい，親密な	We were getting **familiar** with each other. 私たちはお互いに親しくなっていった。
gentle	形 優しい，穏やかな	The singer's voice is very **gentle**. その歌手の声はとても優しい。

17 ～ 19

all the way home	熟 家に着くまでずっと	In my car, my daughter was sleeping **all the way home**. 私の車の中で，娘は家に着くまでずっと眠っていた。
bedtime	名 就寝時間	What time is your **bedtime**? 就寝時間は何時ですか？
teddy	名 テディー・ベア	The girl had a **teddy** in her arm. 少女は手にテディー・ベアを抱いていた。
snuggle	動 心地よく横たわる，体を丸める	The boy **snuggled** under his thick blanket. 少年は厚い毛布の中で丸まった。
once upon a time	熟 昔々，その昔	**Once upon a time**, people in that country traveled by horse. その昔，その国の人々は馬を使って旅をしていた。
grow into *A*	熟 （発展して）Aになる	Your idea might **grow into** a business. あなたのアイデアは商売になるかもしれない。
day-to-day	形 毎日の	He didn't like his **day-to-day** work. 彼は日々の仕事が好きではなかった。
normal	形 普通の，標準の	I don't think this price is **normal**. この値段は普通じゃないと思う。
kindly	副 優しく	She spoke **kindly** to her son. 彼女は優しく息子に話しかけた。
scratch	動 ～（の体）をかく	I will **scratch** your back. 背中をかいてあげるよ。
spoon-feed	動 ～にスプーンで食べさせる	The father **spoon-fed** his baby some apple. 父親は赤ちゃんにスプーンでリンゴを食べさせた。

1〜2

ポイント ハリーは駅で何を購入したか。

1 ① When Harry looked out / of the train window, / he couldn't believe / what he saw: /
ハリーが外を見た時 / 列車の窓の / 彼は信じられなかった / 彼の見たものが /

a bear / at the station!// ② The train's stop would be short, / but Harry hurried / onto
1頭の熊 / 駅に // 列車の停車時間は短かった / しかしハリーは急いだ /

the platform / and sat / near the bear.// ③ "What are you doing / here, / little bear?"//
ホームへと / そして座った / その熊の近くに // 「君は何をしているんだい / ここで / 子熊ちゃん」 //

④ "She's for sale.// ⑤ Her mother has been killed," / said the man / holding her lead.//
「彼女は売りに出されています // 彼女の母親は殺されてしまった」と / その男性は言った / 彼女のリードを持っている //

2 ⑥ Harry could care for a bear; / he was a vet / working in the army.// ⑦ "How
ハリーは熊の世話をすることができた / 彼は獣医だった / 陸軍で働いている // 「いくら

much?" / Harry asked.//
ですか」と / ハリーは尋ねた //

⑧ "Twenty dollars."//
「20 ドルです」 //

⑨ The train whistle blew, / and Harry made a decision.// ⑩ He paid the man /
列車の汽笛が鳴った / そしてハリーは決心をした // 彼はその男性に支払いをした /

and carried her / onto the train.//
そして彼女を運んだ / 列車に //

単語チェック

□ **platform**	名 (プラット)ホーム	□ **whistle**	名 汽笛
□ **vet**	名 獣医		

本文内容チェック 「駅で売られていた子熊を買ったハリー」

1 ハリーは列車の窓から駅のホームに子熊がいるのを見つけた。その熊は売り物で，母親を亡くしていた。

2 ハリーは 20 ドルでその熊を買い，列車に乗せた。

読解のカギ

① **(When Harry** looked out of **the train window), he couldn't believe (what he saw): a bear** at the station**!**

S: he　V: couldn't believe　O: what he saw　(what he saw = a bear ← at the station)

➡ look out of *A* は「A の外を見る」という意味を表す。

➡ what は関係代名詞で，the thing which[that] と同じ意味。<what + S + V> で「S が〜すること」という意味になる。名詞節として believe の目的語になっている。

➡「:(コロン)」の後ろは，what he saw の具体的内容を述べている。

➡ at the station は a bear を修飾する前置詞句である。

② **The train's stop would be short, but Harry hurried onto the platform and sat near the bear.**
S　V_1　V_2

➡ ここでの stop は名詞で，「停車時間」という意味で用いられている。
➡ would は will の過去形である。過去の時点から見た未来のことを言っている。
➡ hurried は hurry「急いで行く」の過去形。続く onto は，列車の車内から駅のホームへ出たことを表している。

③ **"What are you doing here, little bear?"**
➡ you はホームにいた熊に対して用いられている。
➡ little は愛情を込めた呼びかけに用いる。子どもに対してよく使われる。ここではホームにいた熊が子熊であるとわかる。

④ **"She's for sale.**
➡ She's は She is の短縮形である。She は前述の bear を受けている。熊がメスであるとわかる。
➡ for sale は「売りに出されて」という意味を表す。

⑤ **Her mother has been killed," said the man holding her lead.**
現在完了形　V　S

➡ has been killed は受動態の現在完了形(<has[have] been ＋過去分詞>)である。<完了・結果>の用法で，「殺されてしまった」などと訳せる。
➡ 前文④から続く直接話法の文になっている。ここでは <S ＋ say, "～."> の <S ＋ say> が文末に置かれている。この形の文では，倒置が起きて動詞が主語の前に置かれることがあり，said が the man の前に置かれている。
➡ holding は現在分詞で，holding her lead が the man を後ろから修飾している。

⑥ **Harry could care for a bear; he was a vet working in the army.**

➡ care for *A* は「A の世話をする」という意味を表す。
➡ 「;(セミコロン)」は前後の文の論理的なつながりを表す。ここでは後の文が前の文の理由になっている。
➡ working は現在分詞で，working in the army が a vet を後ろから修飾している。

⑦ **"How much?" Harry asked.**
➡ 直接話法の文である。Harry asked, "How much?" とすることもできる。

⑨ **The train whistle blew, and Harry made a decision.**
➡ make a decision は「決心する，決断する」という意味を表す。

3～5

ポイント ハリーに引き取られた後，ウィニペグはどのような生活を送ったか。

3 ① The little bear rubbed her back / against the army captain's legs.// ② The captain patted her back / and asked, / "Harry, / what in the *world* were you thinking?"//
その子熊は背中を擦りつけた / 陸軍大尉の脚に // 大尉は彼女の背中をなでた / そして尋ねた / 「ハリー / 君は一体全体何を考えていたんだ」と //

③ "That I had to save her," / answered Harry.// ④ "I'll feed her condensed milk.// ⑤ She can stay / with me / in the camp.// ⑥ Winnipeg can be our mascot."//
「彼女を救わなければならないということ」と / ハリーは答えた // 「私は彼女にコンデンスミルクを飲ませるつもりだ // 彼女は寝泊りできる / 私と一緒に / 野営地で // ウィニペグは私たちのマスコットになれる」 //

⑦ "You've already named her?" / asked the captain.//
「君はもう彼女に名前を付けたのか」と / 大尉は尋ねた //

⑧ "Yes, sir!// ⑨ After the town / where our company is based."//
「はい！ // 町にちなんで / 私たちの中隊の基地が置かれている //

⑩ "Well, / Winnipeg," / the captain said, / "welcome / to the army."//
「では / ウィニペグ」と / 大尉は言った / 「ようこそ / 陸軍へ」 //

4 ⑪ By the time they reached the military training camp / at Valcartier, / in Quebec, / *Winnipeg* had been shortened / to *Winnie*.//
彼らが軍事訓練場に着いた時までに / ヴァルカルティエにある / ケベックの / 「ウィニペグ」は短縮されていた / 「ウィニー」に //

5 ⑫ Harry's job was caring for horses / that would be needed / for battle.//
ハリーの仕事は馬の世話をすることだった / 必要とされるであろう / 戦闘に //

⑬ Winnie's job was being Harry's shadow.// ⑭ No matter where Winnie went / during the day, / she slept / under Harry's camp bed / every night.//
ウィニーの仕事は影のようにハリーについて回ることだった // ウィニーがどこへ行こうとも / 昼の間に / 彼女は眠った / ハリーの折り畳み式ベッドの下で / 毎晩 //

単語チェック

□ **rub**	動 ～をこする	□ **military**	形 軍隊の
□ **feed**	動 ～に餌をやる	□ **shorten**	動 ～を縮める
□ **mascot**	名 マスコット	□ **battle**	名 戦闘

本文内容チェック 「陸軍に迎え入れられ，ハリーについて回ったウィニペグ」

3 ハリーは陸軍大尉に，子熊のウィニペグと野営地で一緒に寝泊まりするつもりであり，彼女は彼らのマスコットになれると伝えた。大尉は彼女を歓迎した。

4 軍事訓練場に着いた時には，ウィニペグの名前はウィニーと略されていた。

5 ハリーの仕事は馬の世話をすることで，ウィニーの仕事はハリーについて回ることだった。彼女は夜には必ずハリーのベッドの下で眠った。

読解のカギ

② **The captain patted her back and asked, "Harry, what in the *world* were you thinking?"**

➡ 直接話法の文で,「" "」に囲まれた部分が「尋ねた内容」である。

➡ what in the world ～は「一体全体何が[を,に]～」という意味を表す。疑問詞のwhatの意味を強めた表現である。worldが斜体になっているのは,発話される時にそこが強調されるからである。

③ **"That I had to save her," answered Harry.**

That: 接続詞 / answered: V / Harry: S

➡ 直接話法の文である。倒置が起き,動詞が主語の前に置かれている。

➡ Thatは接続詞で,前にI was thinkingが省略されている。

➡ have to *do* は「～しなければならない」という意味を表す。

⑦ **"You've already named her?" asked the captain.**

asked: V / the captain: S

➡ 直接話法の文である。倒置が起き,動詞が主語の前に置かれている。

⑨ **After the town (where our company is based)."**

➡ afterは「～にちなんで」という意味の前置詞として用いられている。

➡ whereは関係副詞で,これが導く節が先行詞のthe townを修飾している。where節は場所や位置を表す語句を修飾し,「～が…する(場所)」という意味を表す。

⑪ **(By the time they reached the military training camp at Valcartier, in Quebec), *Winnipeg* had been shortened to *Winnie*.**

they: (S') / reached: (V') / the military training camp: (O')

➡ <by the time + S + V>は,「Sが～する時までに」という意味を表す。

➡ had been shortenedは受動態の過去完了形<had been +過去分詞>である。

➡ shorten *A* to *B* は「AをBに短縮する」という意味を表す。

⑫ **Harry's job was caring for horses (that would be needed for battle).**

Harry's job: S / was: V / caring: C(動名詞)

➡ care for *A* は「Aの世話をする」という意味を表す。ここでは動名詞になっている。

➡ thatは主格の関係代名詞で,that would ... battleが先行詞のhorsesを修飾している。

⑭ **(No matter where Winnie went during the day), she slept under Harry's camp bed every night.**

Winnie: (S') / went: (V')

➡ <no matter where+S+V>は「Sがどこに[へ]～しようと」という意味を表す。

6〜10

ポイント ハリーたちは戦況の悪化の影響で，どうしなければならなかったか。

6 ① One morning, / Winnie grabbed the tent pole.// ② The tent walls shook.//
ある朝 / ウィニーはテントの支柱をつかんだ // テントの壁は揺れた //

③ "Winnie, / no!" / Harry shouted.// ④ After that, / Harry let Winnie climb small
「ウィニー / だめだ！」と / ハリーは叫んだ // それ以降 / ハリーはウィニーを小さな木に登らせた

trees.// ⑤ But he always held her lead / so she couldn't climb too high.//
// しかし彼は常に彼女のリードを持っていた / 彼女があまりにも高くまで登らないように //

7 ⑥ A month passed.// ⑦ Then / the captain received bad news.// ⑧ "The war /
1か月が過ぎた // その頃 / 大尉は悪い知らせを受けた // 「戦況が /

across the Atlantic Ocean / is getting worse.// ⑨ More soldiers and horses are
大西洋の向こう側の / 悪化している // より多くの兵士と馬が必要とされている

needed.// ⑩ We must leave Canada and go to England.// ⑪ The ships will leave /
// 我々はカナダを離れてイングランドへ行かなければならない // 船は出発する予定だ /

in a few days."//
数日後に」 //

8 ⑫ Harry couldn't leave Winnie!// ⑬ "Sir, / she must come / with us."// ⑭ The
ハリーはウィニーを置いていけなかった！ // 「上官 / 彼女は来るべきです / 私たちと一緒に」 //

other soldiers agreed.// ⑮ When the horses and soldiers boarded, / Winnie did, too.//
ほかの兵士たちは同意した// 馬と兵士たちが乗船した時 / ウィニーもそうした //

9 ⑯ Winnie was a good sailor.// ⑰ Harry wasn't.// ⑱ He lay seasick / in the ship's
ウィニーは船酔いに強かった // ハリーは違った // 彼は船酔いで寝ていた / 船の医務

hospital.// ⑲ While he was sick, / Winnie played / with the other soldiers, / but she
室で // 彼が病気の間 / ウィニーは遊んだ / ほかの兵士たちと / しかし彼女は

ran straight / to Harry / as soon as he was better.//
真っ直ぐ走って行った / ハリーのもとへ / 彼が良くなるとすぐに //

10 ⑳ In England, / Harry, Winnie, and the horses travelled / to a new military
イングランドで / ハリーとウィニーと馬たちは移動した / 軍の新たな野営地

camp.// ㉑ For seven weeks, / Winnie watched soldiers practise marching.//
まで // 7週間の間 / ウィニーは兵士たちが行進の練習をするのを見た //

単語チェック

□ **grab**	動 ～をつかむ	□ **sailor**	名 船乗り
□ **tent**	名 テント	□ **seasick**	形 船に酔った
□ **pole**	名 棒，柱	□ **march**	動 行進する

本文内容チェック **「カナダからイングランドへ向かったウィニーとハリーたち」**

6 ハリーはウィニーを小さな木に登らせるようになった。

7 1か月が過ぎた頃，大西洋での戦況が悪化し，彼らはあと数日でカナダからイングランドへ船で出発しなければならなくなった。

8 ウィニーはハリーやほかの兵士たちと一緒に船に乗り込んだ。

9 ハリーは船酔いで寝込んだが，彼が良くなるとウィニーはすぐに走ってきた。

10 イングランドで，彼らは軍の新たな野営地まで移動をした。

読解のカギ

④ **After that, Harry let Winnie climb small trees.**

S　V　O　C(原形不定詞)

➡ that は前文①②③の内容を指している。

➡ <let + O + C(原形不定詞)> は「O に～させる」という意味を表す。

⑤ **But he always held her lead (so she couldn't climb too high).**

➡ <so (that) + S + can *do*> は「S が～できるように」という意味で，「目的」を表す。ここでは that は省略されている。また，couldn't とあり否定文なので，「～できないように」という意味になる。

⑮ **(When the horses and soldiers boarded), Winnie did, too.**

➡ did は，繰り返しを避けるため，boarded の代わりに用いられている。

⑰ **Harry wasn't.**

➡ wasn't の後には前文⑯にある a good sailor が省略されている。続く文で船酔いしたとあることからも，ハリーが船に乗るのが苦手であるとわかる。

⑱ **He lay seasick in the ship's hospital.**

S　V　C(形容詞)

➡ lay は lie「横たわる」の過去形。<lie +形容詞> で「～の状態で横たわる」という意味を表す。

➡ ship's hospital は船の中の「医務室」のことである。

⑲ **({While he was sick}, Winnie played with the other soldiers), but she ran straight to Harry as soon as he was better.**

➡ straight は「真っ直ぐに」という意味の副詞である。

➡ <as soon as + S + V> は「S が～するとすぐに」という意味を表す。

㉑ **For seven weeks, Winnie watched soldiers practise marching.**

S　V　O　C(原形不定詞)

➡ 知覚動詞の watch は <watch + O + C(原形不定詞)> の形で「O が～するのを見る」という意味を表す。

➡ practise は「練習する」という意味で，名詞 practice の動詞形である。practise *do*ing で「～することを練習する」という意味を表す。イギリス英語ではこのようにつづられるが，アメリカ英語では動詞も practice とつづる。

11～13

ポイント フランスへ行かなければならなくなったハリーは，ウィニーをどうしたか。

11 ① One day / the captain said, / "The war is even worse.// ② We must go / to France / and care for horses / that get wounded."//
ある日 / 大尉は言った / 「戦況はさらに悪化している // 我々は行かなければならない / フランスへ / そして馬の世話をし（なければならない） / けがをした」と //

12 ③ On a battlefield, / Winnie could get hurt, / even killed.// ④ Harry didn't want to leave Winnie, / but he couldn't take her / to France.// ⑤ He thought / long and hard.// ⑥ Finally, / Harry contacted the London Zoo.// ⑦ "Winnie, / the zoo has a brand-new place / called the Mappin Terraces, / which is built / just for bears.// ⑧ Zookeepers know *exactly* how to care for a bear," / said Harry.//
戦場では / ウィニーはけがをするかもしれない / さらには殺される（かもしれない）// ハリーは ウィニーを置いていきたくなかった / しかし彼は彼女を連れていけなかった / フランスへ // 彼は考えた / 長い時間じっくりと // 最終的に / ハリーはロンドン動物園に連絡をした // 「ウィニー / その動物園には真新しい場所がある / マッピン・テラスと呼ばれる / 建てられた / 熊のためだけに // 飼育員たちは熊の正しい世話の仕方をわかっている」と / ハリーは言った //

13 ⑨ The ride / to the zoo / was long.// ⑩ Harry was relieved / when he and Winnie got out / at the zoo.// ⑪ A zookeeper escorted Harry and Winnie / to the terraces.// ⑫ Harry took off Winnie's collar and lead.// ⑬ She climbed over a rock.// ⑭ She sniffed two brown cubs.// ⑮ She lapped condensed milk / when the zookeeper offered it.// ⑯ Harry was satisfied.// ⑰ "Winnie, / I'll visit / from where I can.// ⑱ When the war ends, / we'll go home / to Winnipeg."// ⑲ Harry hugged Winnie good-bye.//
道のりは / 動物園への / 長かった // ハリーはほっとしていた / 彼とウィニーが降りた時 / 動物園で // 1人の飼育員がハリーとウィニーを案内した / テラスへと // ハリーはウィニーの首輪とリードを外した // 彼女は岩を乗り越えた // 彼女は2頭の茶色い子熊の匂いを嗅いだ // 彼女はコンデンスミルクをピチャピチャと飲んだ / 飼育員がそれを差し出すと // ハリーは満足した // 「ウィニー / 私は訪れるつもりだ / 可能な場所から // 戦争が終わったら / 私たちは家に帰ろう / ウィニペグの」 // ハリーはウィニーにさよならのハグをした //

単語チェック

□ **battlefield**	名 戦場	□ **relieved**	形 安心している
□ **contact**	動 ～と連絡を取る	□ **escort**	動 ～を案内する
□ **brand-new**	形 真新しい，できたての	□ **sniff**	動 ～の匂いをかぐ
□ **terrace**	名 テラス	□ **cub**	名 (熊や狼などの)子
□ **zookeeper**	名 (動物園の)飼育員	□ **lap**	動 ～をピチャピチャ飲む

本文内容チェック 「ウィニーを動物園に預ける決断をしたハリー」

11 フランスへ行き，けがをした馬の面倒を見なければならないと大尉が言った。

12 ハリーは戦場へウィニーを連れていくことはできないと考え，ロンドン動物園に連絡をした。そこには熊のための施設があり，熊の世話に詳しい飼育員がいることをハリーはウィニーに伝えた。

13 動物園に到着すると，ハリーはウィニーの様子に満足した。ハリーは「戦争が終わったらウィニペグに帰ろう」と言い，ウィニーにハグをして別れた。

読解のカギ

① **One day the captain said, "The war is even worse.**

➡ worse は bad の比較級。even は比較級を修飾して「さらに」という意味を表す。

② **We must go to France and care for horses (that get wounded)."**

➡ care for *A* は「A の世話をする」という意味を表す。

➡ that は主格の関係代名詞で, that get wounded が先行詞の horses を修飾している。

➡ <get +形容詞>は「〜(の状態)になる」という意味を表す。wounded は「けがをした」という意味の形容詞である。

③ **On a battlefield, Winnie could get hurt, even killed.**

過去分詞　過去分詞

➡ could は < 可能性 > を表し，「〜するかもしれない」という意味になる。

➡ <get +過去分詞>は「〜される」という受動態の意味を表す。ここでは hurt と killed の 2 つの過去分詞が続いている。

➡ even は「さらには」という意味で，killed を修飾している。

⑦ **"Winnie, the zoo has a brand-new place (called the Mappin Terraces), (which is built just for bears).**

過去分詞

➡ 過去分詞の called が導く句が，a brand-new place を後ろから修飾している。

➡ which は主格の関係代名詞で，前に「,(コンマ)」があるので非限定用法である。which is built just for bears が先行詞の the Mappin Terraces に説明を加えている。

⑰ **"Winnie, I'll visit from (where I can).**

➡ <where + S + V>は「S が〜する場所」という意味の名詞節で，前置詞 from の目的語になっている。<the place where + S + V>の the place が省略された形である。

⑱ **When the war ends, we'll go home to Winnipeg."**

➡ we「私たち」は，ハリーとウィニーのことを表している。

⑲ **Harry hugged Winnie good-bye.**

➡ hug *A* good-bye は「A にさよならのハグをする」という意味を表す。

14〜16

ポイント 戦争が終わった後のハリーとウィニーはどうなったか。

14 ① Winnie soon became so familiar and friendly / with other cubs.// ② "We've never met a bear / as gentle as Winnie," / the zookeepers said.// ③ They trusted her so much / that they sometimes let children ride / on her back.//

ウィニーはすぐに慣れて仲良くなった / ほかの子熊たちと // 「私たちは今まで熊に出会ったことがない / ウィニーと同じくらい優しい」と / 飼育員たちは言った // 彼らは彼女をとても信頼していたので / 彼らは時に子どもたちに乗らせた / 彼女の背中の上に //

15 ④ Harry visited Winnie / when he could, / but the war lasted / four years.// ⑤ In 1919, / just before Harry returned / to Winnipeg, / he made another hard decision.// ⑥ He decided / that Winnie would stay / at the London Zoo / permanently.// ⑦ Harry was sad, / but he knew / Winnie would be happiest / in the home / she knew best.//

ハリーはウィニーを訪ねた / 可能な時に / しかし戦争は続いた / 4年間 // 1919年に / ハリーが戻る直前の / ウィニペグへ / 彼はもう1つのつらい決断をした // 彼は決めた / ウィニーが残ることを / ロンドン動物園に / 永久に // ハリーは悲しかった / しかし彼はわかっていた / ウィニーは一番幸せだろうと / 家の中で / 彼女が最もよく知っている //

16 ⑧ One day, / when Winnie was nearly 11 years old, / a little boy visited her.// ⑨ "Oh, / Bear!" / cried the boy, / whose name was Christopher Robin.// ⑩ He hugged Winnie / and fed her milk.//

ある日 / ウィニーがもうすぐで11歳になる頃に / 小さな男の子が彼女を訪ねてきた // 「わあ / 熊！」と / その男の子は叫んだ / その子の名前はクリストファー・ロビンだった // 彼はウィニーにハグをした / そして彼女にミルクを飲ませた //

単語チェック

- □ **familiar** 形 親しい，親密な
- □ **gentle** 形 優しい，穏やかな

本文内容チェック 「ウィニーを残してウィニペグへ戻ることに決めたハリー」

14 ウィニーはほかの子熊とすぐに仲良くなった。彼女はとても優しかったので，飼育員が彼女の背中に子どもを乗せることもあった。

15 戦争が終わりウィニペグへ戻る前に，ハリーはウィニーをロンドン動物園に残す決心をした。彼はそれが彼女の一番の幸せだと考えた。

16 ある日，ウィニーのもとにクリストファー・ロビンという名の男の子が訪ねてきた。

読解のカギ

① **Winnie soon became so familiar and friendly with other cubs.**

➡ become familiar with *A* は「Aに慣れてくる」，become friendly with *A* は「Aと仲良くなる」という意味を表す。and を用いてこれらが1つにまとめられている。

② **"We've never met a bear as gentle as Winnie," the zookeepers said.**
現在完了形

➡ 現在完了形の経験用法の否定文で「一度も～したことがない」という意味。
➡ as ～ as ... は「…と同じくらい～」という意味を表す。

③ **They trusted her so much (that they sometimes let children ride on her back).**
S V O (S') (V') (O') (C')

➡ so ～ that ... は「とても～なので…」という意味で，ここでは「～」に副詞の much が入り，「とても(たくさん)彼女を信頼していたので…」という意味になっている。
➡ <let + O + C(原形不定詞)> は「O に～させる」という意味を表す。

④ **Harry visited Winnie (when he could), but the war lasted four years.**
➡ could の後ろには visit が省略されている。
➡ last は「続く」という意味の動詞で，<last (for) +期間を表す語句 > の形で「～の間続く」という意味を表す。

⑤ **In 1919, just before Harry returned to Winnipeg, he made another hard decision.**
➡ just before ～は「～の直前に」という意味を表す。
➡ make a decision は「決断をする」という意味を表す。

⑥ **He decided (that Winnie would stay at the London Zoo permanently).**
➡ <decide + that + S + V> は「S が～することを決める」という意味を表す。that 節内の would は未来を表す will の過去形である。

⑦ **Harry was sad, but he knew (Winnie would be happiest in the home {she knew best}).**
(that) (which[that])

➡ knew の後ろには接続詞の that が省略されている。
➡ home の後ろには目的格の関係代名詞 which [that] が省略されている。(which[that]) she knew best が先行詞の the home を修飾している。

⑨ **"Oh, Bear!" cried the boy, (whose name was Christopher Robin).**
V S

➡ 直接話法の文である。倒置が起き，動詞が主語の前に置かれている。
➡ whose は所有格の関係代名詞で，前に「,(コンマ)」があるので非限定用法である。whose name was Christopher Robin が先行詞の the boy に説明を加えている。

⑩ **He hugged Winnie and fed her milk.**
S V O V O_1 O_2

➡ fed は feed「～に餌をやる」の過去形である。feed は <S + V + O_1 + O_2>(第 4 文型)で「O_1 に O_2(餌など)をあげる」という意味を表す。

17～19

ポイント ウィニーと出会った後，クリストファー・ロビンはどうしたか。

17 ① The boy's father, / a well-known author, / watched his son laugh / and play /
その男の子の父親は / よく知られた作家である / 息子が笑うのを見ていた / そして遊ぶのを /
with the bear.// ② All the way home, / Christopher Robin talked / about Winnie.//
その熊と // 家へ帰る途中ずっと / クリストファー・ロビンは話した / ウィニーについて //

18 ③ At bedtime, / Christopher Robin and his teddy snuggled / under the covers.//
寝る時間に / クリストファー・ロビンと彼のテディー・ベアは心地よく寝そべった / 布団の下で //
④ "Would you and Edward Bear like to hear a story?" / asked the boy's father.//
「お前と熊のエドワードはお話を聞きたいかい？」と / 男の子の父親は尋ねた //
⑤ "Yes," / said Christopher Robin, / "but Edward has changed his name / to Winnie-the-Pooh."//
「うん」と / クリストファー・ロビンは言った / 「でもエドワードは名前を変えたんだ / ウィニー・ザ・プーに」//
⑥ "Once upon a time," / said his father, / "a bear named Winnie-the-Pooh lived / in a forest."// ⑦ More stories followed, / until, one day, they grew / into a book.//
「昔々」と / 彼の父親は言った / 「ウィニー・ザ・プーという名前の熊が住んでいた / 森に」 // さらに多くの話が続いた / ある日それらがなるまで / 1冊の本に //

19 ⑧ After that, / the *real* Winnie became even more famous.// ⑨ Although more people came / to see her, / Winnie's day-to-day life remained normal.// ⑩ The zookeepers treated her kindly, / friendly visitors scratched her back, / and gentle children spoon-fed her milk.// ⑪ For Winnie, / *this* was the best way / to care for a bear.//
その後 / 「本物の」ウィニーはよりいっそう有名になった // より多くの人が来たが / 彼女を見に / ウィニーの毎日の生活は普通のままだった // 飼育員たちは彼女に優しく接した / 好意的な訪問客たちは彼女の背中をかいた / そして優しい子どもたちは彼女にスプーンでミルクをあげた // ウィニーにとっては / 「これ」が一番の方法だった / 熊の世話をするための //

単語チェック

□ **bedtime**	名 就寝時間	□ **normal**	形 普通の，標準の
□ **teddy**	名 テディー・ベア	□ **kindly**	副 優しく
□ **snuggle**	動 心地よく横たわる	□ **scratch**	動 ～(の体)をかく
□ **day-to-day**	形 毎日の	□ **spoon-feed**	動 ～にスプーンで食べさせる

本文内容チェック 「自身がモデルになった本の出版で有名になったウィニー」

17 クリストファー・ロビンの父は有名な作家だった。

18 クリストファーは自分のテディー・ベアの名前をウィニー・ザ・プーに変えた。彼の父は，その名前の熊の物語を彼に聞かせた。それが続き，1冊の本になった。

19 それ以来ウィニーはもっと有名になったが，彼女の毎日はいつも通りのままだった。

読解のカギ

① **The boy's father, a well-known author, watched his son laugh and play with the bear.**

S = The boy's father (= a well-known author) / V watched / O his son / C_1 laugh / C_2 play

➡ <watch + O + C(原形不定詞)> は「O が～するのを見る」という意味を表す。ここでは laugh と play という 2 つの C が and を挟んで並列されている。

④ **"Would you and Edward Bear like to hear a story?" asked the boy's father.**

V asked / S the boy's father

➡ <Would + S + like to *do*?> は「(S は)～したいですか」という意味を表す。
➡ Edward Bear は前文③の his teddy のことを言っている。
➡ 直接話法の文である。倒置が起き，動詞が主語の前に置かれている。

⑥ **"Once upon a time," said his father, "a bear named Winnie-the-Pooh lived in a forest."**

V said / S his father / a bear ← named Winnie-the-Pooh 過去分詞の後置修飾

➡ once upon a time は「昔々, その昔」という意味で, 昔話の冒頭の決まり文句である。
➡ 直接話法の文である。倒置が起き，動詞が主語の前に置かれている。
➡ 過去分詞の named が導く句が，a bear を後ろから修飾している。

⑦ **More stories followed, (until, one day, they grew into a book).**

➡ grow into *A* は「(発展して)A になる」という意味を表す。「話がたくさん集まって本になった」ということ。

⑧ **After that, the *real* Winnie became even more famous.**

➡ 斜体で強調された real は，テディー・ベアのウィニーではなく，ロンドン動物園にいた「本物の」ウィニーであることを表している。
➡ even は比較級を強調して「いっそう」という意味を表す。

⑩ **The zookeepers treated her kindly, friendly visitors scratched her back, and gentle children spoon-fed her milk.**

文① S The zookeepers / V treated / O her
文② S friendly visitors / V scratched / O her back
文③ S gentle children / V spoon-fed / O_1 her / O_2 milk

➡ 3 つの文が，*A*, *B*, and *C* の形でつなげられている。
➡ spoon-fed は spoon-feed「～にスプーンで食べさせる」の過去形。<S + V + O_1 + O_2>(第 4 文型)で「O_1 に O_2 をスプーンで食べさせる」という意味を表す。

⑪ **For Winnie, *this* was the best way to care for a bear.**

the best way ← to care for a bear to 不定詞の形容詞的用法

➡ this は前文⑩の内容を指している。強調するために斜体になっている。
➡ to care for a bear は to 不定詞の形容詞的用法で，the best way を修飾している。

Comprehension ！ヒント

A Choose the correct answer. (正しい答えを選びなさい。)

1 ハリーが熊をウィニペグと名付ける由来となったものについて考える。
→ 教p.46, ℓℓ.13〜15

2 ハリーとウィニーがイングランドへ移動した時の，両者の様子について考える。
→ 教p.47, ℓℓ.17〜19

3 ハリーがウィニーをロンドン動物園に預けることになった理由について考える。
→ 教p.47, ℓℓ.22〜26

4 ハリーが，ウィニーは動物園にずっととどまるべきだと判断した理由について考える。
→ 教p.48, ℓℓ.5〜7

B Answer T (true) or F (false). (正誤を答えなさい。)

1. 第1パラグラフに，ハリーが駅で目撃した子熊を連れた男性についての記述がある。
→ 教p.46, ℓℓ.1〜4
2. 第2・第5パラグラフに，ハリーの職務についての記述がある。
→ 教p.46, ℓ.5, 19
3. 第6パラグラフに，テントの支柱に登るウィニーをハリーが見た時の様子についての記述がある。
→ 教p.47, ℓℓ.1〜3
4. 第7・第8パラグラフに，ハリーがウィニーをイングランドに連れていくと決めた時のほかの兵士たちの反応についての記述がある。
→ 教p.47, ℓℓ.11〜12, 14〜15
5. 第12パラグラフにマッピン・テラスがどういうものかについての記述がある。
→ 教p.47, ℓℓ.26〜27
6. 第14パラグラフに，動物園でのウィニーとほかの熊との様子についての記述がある。
→ 教p.48, ℓ.1
7. 第18パラグラフに，クリストファー・ロビンの父親が作ったお話についての記述がある。
→ 教p.48, ℓℓ.23〜26
8. 第19パラグラフに，「ウィニー・ザ・プー」の本が出版された後の本物の熊のウィニーについての記述がある。
→ 教p.48, ℓℓ.27〜34

定期テスト予想問題

解答 ➡ p.82

1 次の英文を読んで，後の問いに答えなさい。

The little bear rubbed her back against the army captain's legs. The captain patted her back and asked, "Harry, ①(in / thinking / you / world / what / were / the)?"

"That I had to save her," answered Harry. "I'll feed her condensed milk. She can stay with me in the camp. Winnipeg can be our mascot."

"You've already named her?" asked the captain.

"Yes, sir! ②After the town where our company is based."

"Well, Winnipeg," the captain said, "welcome to the army."

By the time they reached the military training camp at Valcartier, in Quebec, Winnipeg had been shortened to Winnie.

Harry's job was caring for horses that would be needed for battle. Winnie's job was being Harry's shadow. ③No matter where Winnie went during the day, she slept under Harry's camp bed every night.

(1) 下線部①が「君は一体全体何を考えていたんだ」という意味になるように，( ) 内の語を並べかえなさい。

____?

(2) 下線部②の英語を日本語に訳しなさい。

(　　　　　　　　　　　　　　　　　　　　　　　　　　)

(3) 下線部③を1語で言いかえなさい。　____________

2 次の英文を読んで，後の問いに答えなさい。

At bedtime, Christopher Robin and his teddy snuggled under the covers. "Would you and Edward Bear like to hear a story?" asked the boy's father.

"Yes," said Christopher Robin, "but Edward has ①(change) his name to Winnie-the-Pooh."

"②Once (　　) a (　　)," said his father, "a bear ③(name) Winnie-the-Pooh lived in a forest." ④More stories followed, until, one day, they grew into a book.

(1) 下線部①と③の ( ) 内の語を適切な形に書きかえなさい。

① ____________　③ ____________

(2) 下線部②が「昔々」という意味になるように，( ) に適切な語を入れなさい。

Once ____________ a ____________

(3) 下線部④の英語を日本語に訳しなさい。

(　　　　　　　　　　　　　　　　　　　　　　　　　　)

定期テスト予想問題　解答 p.81

1 ⑴ what in the world were you thinking(?)
⑵ 私たちの中隊の基地が置かれている町にちなんで。
⑶ Wherever

2 ⑴ ① changed　③ named
⑵ upon, time
⑶ ある日それらが1冊の本になるまで，さらに多くの話が続いた。

解説

1 ⑴「一体全体何を～」は what in the world ～で表す。
⑵ ここでの after は「～にちなんで」という意味で用いられている。where は the town を先行詞とする関係副詞。「～が…する町」という意味になる。base は「～の基地を(…に)置く」という意味の他動詞で，ここでは受動態になっている。
⑶ <no matter where + S + V> は「Sがどこに[へ]～しようと」という意味で，wherever と言いかえられる。

2 ⑴ ① 直前の has と共に，<has ＋過去分詞> の現在完了形になると考える。
③ name は「～を…と名付ける」という意味の動詞。過去分詞にして a bear を後ろから修飾する形にすると，「ウィニー・ザ・プーと名付けられた熊」という意味になり，文意が通る。
⑵「昔々」は once upon a time で表す。
⑶ until は「～まで」という意味の接続詞。grow into *A* は「(発展して)A になる」という意味。

Lesson 4 Life in a Jar

単語・熟語チェック

jar	㊔ 瓶	I made the cookies in that **jar**. その瓶の中のクッキーは私が作った。

Scene ①

unfamiliar	㊖ なじみの薄い	The singer sang an **unfamiliar** song. その歌手はなじみの薄い歌を歌った。
stand up to [against] *A*	㊮ Aに立ち向かう	They **stood up to** their enemies. 彼らは敵に立ち向かった。
Jewish	㊖ ユダヤ人の	Anne Frank was a **Jewish** girl. アンネ・フランクはユダヤ人の少女だった。
ghetto	㊔ ゲットー，ユダヤ人強制居住地区	The Jew was forced to live in the **ghetto**. そのユダヤ人はゲットーでの生活を強いられた。
Polish	㊖ ポーランド人の	This film was shot by a **Polish** director. この映画はポーランド人の監督によって撮られた。
mostly	㊫ ほとんど	There were a lot of volunteers at the event, **mostly** students. そのイベントには多くのボランティアがいて，ほとんどが学生だった。
destination	㊔ 目的地	The bus's **destination** is on the sign at the front. バスの行き先は前の表示に書いてある。

Scene ②

part with *A*	㊮ Aを手放す	I can't imagine **parting with** my dog. 自分の犬を手放すなんて私には想像できない。
A is separated from *B*	㊮ AがBから引き離される	The woman **was separated from** her husband by war. 戦争でその女性は夫から引き離された。
unfortunate	㊖ 不運な	Kate felt pity for those **unfortunate** people. ケイトはその不運な人たちを哀れんだ。
fortunate	㊖ 幸運な	The **fortunate** boy shook hands with his favorite singer. その幸運な男の子は大好きな歌手と握手をした。
coffin	㊔ 棺	The dead woman was buried in a wooden **coffin**. その亡くなった女性は木棺に入れられて埋葬された。
religious	㊖ 宗教の	That music comes from a **religious** ceremony. その音楽は宗教の儀式に由来している。

be willing to *do*	熟 ～するのをいとわない	They **were willing to** pay a lot of money for a good house. 彼らはいい家に大金を払うのをいとわなかった。
willing	形 自発的な	Jake is a **willing** learner. ジェイクは自発的に学ぶ人だ。
risk	動 ～を危険にさらす	He **risked** his life when he went skydiving. 彼はスカイダイビングをし，自分の命を危険にさらした。
prayer	名 祈り	The family said a **prayer** beside the old woman. 家族はその年老いた女性の横で祈りをささげた。
heritage	名 伝統，文化的遺産	This book introduces our country and its rich **heritage**. この本は私たちの国と，その豊かな文化的遺産を紹介している。
reunite	動 ～を再会させる	The two brothers were **reunited** after 20 years. その２人の兄弟は 20 年後に再会した。

Scene ❸

search	動 ～(の中)を捜索する	His house was **searched** by the police, but nothing was discovered. 彼の家は警察によって捜索されたが，何も見つからなかった。
throw *A* out of *B*	熟 A を B から投げ出す	He **threw** the garbage **out of** his car window. 彼は車の窓からそのごみを投げ捨てた。
severely	副 厳しく，ひどく	The girl was **severely** scolded by her father. その女の子は父親に厳しく叱られた。
underwear	名 下着	I bought some warm **underwear** for my grandparents. 私は祖父母に暖かい下着を買った。
torture	動 ～を拷問にかける	Soldiers **tortured** the man to get him to talk. 軍人たちは自白させようとその男性を拷問にかけた。
badly	副 ひどく	The man was **badly** injured last night. その男性は昨夜，重傷を負った。
helper	名 援助者	The hostess held the party with many **helpers**. その女主人は多くの援助者と共にそのパーティーを催した。
A is sentenced to death	熟 A は死刑の判決を受ける	He **was sentenced to death** for the killing. 彼はその殺人について死刑判決を受けた。
sentence	動 ～に判決を宣告する	The criminal was **sentenced** to a year in prison. その犯罪者は１年の禁固刑を言い渡された。
execution	名 処刑	That woman faces **execution** for killing five people. その女性には５人を殺害した罪での処刑が待っている。
bribe	動 ～に賄賂を渡す	He **bribed** the officer to fix his parking ticket. 彼は駐車違反を見逃してもらうために警察官に賄賂を渡した。
just in time	熟 (ちょうど)間に合って	I was **just in time** for the last bus. 私は最終バスにちょうど間に合った。
have a narrow escape	熟 間一髪で助かる	He **had a narrow escape** when a car drove into his house. 家に車が突っ込んできた時，彼は間一髪で助かった。

narrow	形 ぎりぎりの	Our team won a **narrow** victory. 我々のチームはぎりぎりの勝利を収めた。
escape	名 脱出，逃亡	The trapped animals had no hope of **escape**. その捕らえられた動物たちに脱出の望みはなかった。
retrieve	動 ～を取り戻す	I **retrieved** my umbrella, which I had left on the train. 私は電車に忘れた傘を取り戻した。

Scene ❹

provide	動 ～を提供する	They **provided** dinner for children. 彼らは子どもたちのために夕食を提供した。
gas	動 ～を毒ガスで殺す	A lot of people were **gassed** in the war. 多くの人々が戦時中に毒ガスで殺された。
schoolgirl	名 女子生徒	The **schoolgirls** decided to form a softball team. その女子生徒たちはソフトボールのチームを作ることにした。
happen to *do*	熟 偶然～する	I **happened to** get an excellent seat for lunch. 私は昼食の時，偶然すばらしい席に座れた。
find out about *A*	熟 Aについて見つけ出す	I have **found out about** good restaurants in this area. 私はこの地域のいいレストランについては見つけ出してある。
humanitarian	形 人道的な	These are **humanitarian** issues that are happening right now. これらは今現在起きている人道的な問題だ。
irritate	動 ～をいらいらさせる	The dog's barking at night **irritates** people. 夜中にその犬がほえることが人々をいらいらさせる。
greatly	副 大いに	They enjoyed that party **greatly**. 彼らはそのパーティーを大いに楽しんだ。
opposite	名 反対の物[事]	She looked happy, but felt the **opposite** inside. 彼女は幸せそうに見えたが，内心では反対に感じていた。
regret	動 ～を後悔する	I **regret** that I didn't take the job offer. 私はその仕事の依頼を受けなかったことを後悔している。

Scene ①

ポイント イリーナの団体は何をすることを決意したか。

1 ① Irena Sendler may be an unfamiliar name / to many people, / but she was
イリーナ・センドラーはなじみの薄い名前だろう / 多くの人にとって / しかし彼女は

a hero / who stood up to the Nazis / and saved the lives / of about 2,500 Jewish
英雄だった / ナチスに立ち向かった / そして命を救った / 約2,500人のユダヤ人の

children / during World War II.//
子どもたちの / 第2次世界大戦中に //

2 ② By 1942 / the Germans had put / about 450,000 Jews / into the Ghetto, / an
1942年までに / ドイツ人は入れていた / 約45万人のユダヤ人を / ゲットーの中に /

area / of about 3.4 square kilometers, / in Warsaw.// ③ Irena was a Polish social
区域である / 約3.4平方キロメートルの / ワルシャワの // イリーナはポーランド人の社会福祉事業員だった

worker / in the city.// ④ In nurse uniforms, / she and her colleagues, / mostly
/ その市の // 看護師の制服を着て / 彼女と彼女の同僚たちは / ほとんどが

women, / went into the Ghetto / with food, / clothes, / and medicine / to help the
女性 / ゲットーの中に入った / 食料を持って / 服 / そして薬 / 人々を助ける

people.// ⑤ It soon became clear, / however, / that the final destination / of many
ため // すぐに明らかになった / しかしながら / 最後の行き先は / 多くの

of the Jews / in the Ghetto / was the death camps.// ⑥ Irena's group decided to
ユダヤ人たちの / ゲットーの中の / 死の収容所であるということが // イリーナの団体は救うことを決めた

save / as many children as possible.//
/ できるだけ多くの子どもたちを //

単語チェック

□ **unfamiliar**	形 なじみの薄い	□ **Polish**	形 ポーランド人の
□ **Jewish**	形 ユダヤ人の	□ **mostly**	副 ほとんど
□ **ghetto**	名 ゲットー	□ **destination**	名 目的地

本文内容チェック 「窮地のユダヤ人の子どもたちを救う決意をしたイリーナたち」

1 イリーナは，あまり知られていないかもしれないが，第2次世界大戦中にナチスに立ち向かい，約2,500人のユダヤ人の子どもの命を救った人物である。

2 ドイツ人によってユダヤ人が死の収容所に送られていることを知ったイリーナと同僚たちは，できるだけ多くのユダヤ人の子どもを救うことを決めた。

読解のカギ

① **Irena Sendler may be an unfamiliar name to many people, but she was a hero (who stood up to the Nazis and saved the lives of about 2,500 Jewish children during World War II).**

➡ unfamiliarはfamiliar「よく知られた」に否定を表す接頭辞のun-が付いた語で，「な

じみの薄い」という意味を表す。否定を表す接頭辞 un- の付いた単語には，ほかに unhappy「不幸な」，unfortunate「不運な」，uncertain「確信がない」などがある。

➡ who は主格の関係代名詞で，先行詞の a hero を後ろから修飾している。

➡ 関係代名詞節の中には, and でつながれた stood ... と saved ... の 2 つの述部がある。

② **By 1942 the Germans had put about 450,000 Jews into the Ghetto, an area of about 3.4 square kilometers, in Warsaw.**

➡ ここでの前置詞 by は「〜までに」という意味で，動作が完了している期限を表す場合に用いられる。継続を表す until「〜まで(ずっと)」との意味の違いに注意。

➡ had put は過去完了形で，ここでは過去のある時点(1942 年)までの <完了> を表している。

➡ the Ghetto について「,(コンマ)」の後ろの部分が説明をしている。

➡ square kilometers は面積の単位で「平方キロメートル」を表す。

③ **Irena was a Polish social worker in the city.**

➡ Polish は「ポーランド(人・語)の」という意味の形容詞である。国名の「ポーランド」は Poland と表す。

➡ social worker の social は「社会の」という意味の形容詞である。social worker で,「社会福祉事業員」という意味になる。

➡ the city は前文②の Warsaw を指している。

④ **(In nurse uniforms), she and her colleagues, mostly women, went into the Ghetto with food, clothes, and medicine to help the people.**

to 不定詞の副詞的用法

➡ mostly women は「ほとんどが女性であったが」という意味で，her colleagues に情報を加えている。mostly の前に <関係代名詞＋ be 動詞> の who were が省略されていると考えられる。

⑤ **It soon became clear, however, (that the final destination of many of the Jews in the Ghetto was the death camps).**

形式主語 ← 真の主語

➡ it は後ろにある真の主語の that 節を指す形式主語である。

➡ however は「しかしながら」という意味を表す副詞。文頭／文中／文末で, However, ... / ..., however, ... / ..., however. と「,(コンマ)」を入れて用いる。

⑥ **Irena's group decided to save as many children as possible.**

➡ decide to *do* は「〜することを決める」という意味を表す。

➡ as *A* as possible は「できるだけ A」という意味を表す。*A* には <形容詞＋名詞> のほかに形容詞，副詞が単体で入る。

Scene ②

ポイント イリーナたちはユダヤ人の子どもたちを助けるためにどのような活動をしたか。

3 ① They realized / that telling parents / to part with their children / was a terrible task.// ② In later life / Irena remembered the sad faces / of Jewish mothers / having to be separated / from their children.// ③ "We saw terrible scenes.// ④ Sometimes fathers agreed, / but mothers didn't.// ⑤ We had to leave / those unfortunate families / without taking their children / from them.// ⑥ I'd go back there / the next day / and often found / that everyone had been taken / to the death camps."//

彼女たちは気づいた / 親たちに言うことは / 彼らの子どもと離れるように / ひどくいやな任務だと // 後の人生で / イリーナは悲しそうな顔を思い出した / ユダヤ人の母親たちの / 引き離されなければならない / 彼女たちの子どもから // 「私たちはひどい光景を見た // 時に父親たちは同意した / しかし母親たちは(同意)しなかった // 私たちは去らなければならなかった / それらの不運な家族たちのもとを / 彼らの子どもたちを連れて行くことなく / 彼らのもとから // 私はそこに戻ったものだった / 次の日に / そしてよく気づいた / 全員が連行されてしまっていたことに / 死の収容所に」 //

4 ⑦ The fortunate children were taken out / in potato bags / or coffins.// ⑧ Others were buried / in goods.// ⑨ Separated from their parents / and given new names, / those children were taken / to families / and religious groups / willing to help / and risk their own lives.// ⑩ Older children were taught / Christian prayers / so that their Jewish heritage would not be noticed.//

幸運な子どもたちは連れ出された / ジャガイモの袋に入れて / または棺(に) // そのほかは埋めて隠された / 商品の中に // 親たちから引き離され / そして新しい名前を与えられ / それらの子どもたちは連れて行かれた / 家族へ / そして宗教団体(へ) / 援助することをいとわない / そして自らの命を危険にさらす(ことを) // 年長の子どもたちは教えられた / キリスト教の祈りを / 彼らのユダヤ人の伝統が気づかれないように //

5 ⑪ Not wanting to lose / their family records, / Irena kept lists / of the names / of all the children / she had saved.// ⑫ She was hoping / that one day she could reunite them / with their families.//

失いたくなかったので / 彼らの家族の記録を / イリーナはリストを保管した / 名前の / すべての子どもたちの / 彼女が救った // 彼女は望んでいた / 彼女がいつか彼らを再会させられることを / 彼らの家族たちと //

単語チェック

□ **unfortunate**	形 不運な	□ **risk**	動 ～を危険にさらす
□ **fortunate**	形 幸運な	□ **prayer**	名 祈り
□ **coffin**	名 棺	□ **heritage**	名 伝統，文化的遺産
□ **religious**	形 宗教の	□ **reunite**	動 ～を再会させる
□ **willing**	形 自発的な		

本文内容チェック **「ユダヤ人の子どもたちを救うためのイリーナたちの活動」**

3 親から子どもを引き離す任務はとてもつらく，離れることを拒んだ親子が次の日には死の収容所に連行されているということがよくあった。

4 救出された子どもは新しい名前を与えられ，援助者のもとでキリスト教の祈りを教えられ，ユダヤ人であることに気づかれないようにした。

5 イリーナは子どもたちの家族の記録を残すため，その名前のリストを保管し，いつか家族と再会させてあげられることを望んだ。

読解のカギ

② **In later life Irena remembered the sad faces of Jewish mothers having to be separated from their children.**

➡ having to be は have to *do*「～しなければならない」の動詞 have が現在分詞になったもので，続く語句と共に Jewish mothers を後ろから修飾している。

➡ be separated from *A* は「A から引き離される」という意味を表す。

⑥ **I'd go back there the next day and often found (that everyone had been taken to the death camps)."**

➡ I'd は I would の省略形で，would は「～したものだった」と過去の習慣を表す。

➡ had been taken は過去完了形の受動態(had been *done*)である。ここでは結果用法で，「連行されてしまっていた」という意味を表している。 文法詳細 p.98

⑨ **(Separated from their parents and given new names), those children were taken to families and religious groups willing to help and risk their own lives.**

➡ Separated と given は過去分詞で，受動態の分詞構文を作っている。2 つの分詞構文が and を挟んで並べられている。ここでは「～引き離されて，そして～を与えられて(，その後…)」と，出来事の順序を表している。 文法詳細 p.96

⑩ **Older children were taught Christian prayers so that their Jewish heritage would not be noticed.**

➡ so は接続詞で，that を伴い「…するために」という意味で <目的> を表す。ここでは that 節が否定文なので「…しないように」という意味になる。

➡ heritage は「伝統，文化的遺産」という意味で，ここではユダヤ人伝統のお祈りの仕方などのことを指している。

⑪ **(Not wanting to lose their family records), Irena kept lists of the names of all the children (she had saved).**

(who(m)[that])

➡ Not wanting に続く句は否定形の分詞構文である。ここでは「～したくなかったので」という意味で，<理由> を表している。 文法詳細 p.96

➡ she の前には目的格の関係代名詞 who(m)[that] が省略されている。

Scene 3

ポイント ドイツの警察に摘発されたイリーナたちはどうしたか。

6 ① One night / in 1943, / Irena's house was searched / by the German police.//
ある夜 /1943年の/ イリーナの家は中を捜索された / ドイツの警察に //

② She wanted to throw the lists / out of the window / but couldn't.// ③ The whole
彼女はそのリストを投げたかった / 窓の外に / しかしできなかった // 家全体が

house was surrounded / by Germans, / so she threw them / to her colleague / and
囲まれていた / ドイツ人たちに / そのため彼女はそれらを投げた / 同僚に向かって /そして

opened the door.// ④ There were 11 soldiers, / who severely damaged the house.//
ドアを開けた // 11人の兵士がいた / 彼らは家をひどく損傷させた //

⑤ The lists of names were saved / because her colleague had hidden them / in her
名前のリストは守られた / なぜなら彼女の同僚がそれらを隠していたので / 彼女

own underwear.//
自身の下着の中に //

7 ⑥ The Nazis took Irena / to a prison / and tortured her.// ⑦ Although she
ナチスはイリーナを連行した / 監獄に / そして彼女を拷問にかけた // 彼女はひどく

was badly beaten and injured, / she refused / to tell them / about the helpers / or
殴られ痛めつけられたにもかかわらず / 彼女は拒んだ / 彼らに話すのを / 援助者について /または

the children.// ⑧ As a result, / she was sentenced to death.//
子どもたち(について) // その結果 / 彼女は死刑の判決を受けた //

8 ⑨ On the very day / of her execution, / however, / her colleague bribed guards /
まさにその日に / 彼女の処刑の / しかし / 彼女の同僚は守衛たちに賄賂を渡した /

just in time.// ⑩ She had a narrow escape / and met her friends.// ⑪ Having
ぎりぎりのところで // 彼女は間一髪で助かった / そして彼女の友人たちと会った //

retrieved her lists / of names, / she buried them / in jars / under an apple tree / in
彼女のリストを取り戻した後 / 名前の / 彼女はそれらを埋めた / 瓶に入れて / リンゴの木の下に /

a friend's garden.//
友人の庭の //

単語チェック

□ **search**	動 ~(の中)を捜索する	□ **sentence**	動 ~に判決を宣告する
□ **severely**	副 厳しく，ひどく	□ **execution**	名 処刑
□ **underwear**	名 下着	□ **bribe**	動 ~に賄賂を渡す
□ **torture**	動 ~を拷問にかける	□ **narrow**	形 ぎりぎりの
□ **badly**	副 ひどく	□ **escape**	名 脱出，逃亡
□ **helper**	名 援助者	□ **retrieve**	動 ~を取り戻す

本文内容チェック 「警察に連行されてもリストを守り通したイリーナ」

6 イリーナは家をドイツの警察に襲撃されたが，リストは同僚に託して守った。
7 ナチスに連行され拷問されたイリーナだったが，援助者や子どもたちについて話すことを拒み，死刑判決を受けた。

8 彼女はぎりぎりのところで同僚たちの助けで逃げのび，リストを取り戻し，瓶に入れ，友人の庭に埋めた。

読解のカギ

④ **There were 11 soldiers, (who severely damaged the house).**

➡ who は前に「,(コンマ)」があるので，非限定用法の主格の関係代名詞である。先行詞の 11 soldiers について補足的に説明している。
➡ severely は「ひどく」という意味で，程度の大きさを表す副詞である。

⑤ **The lists of names were saved (because her colleague had hidden them in her own underwear).**

➡ had hidden は過去完了形で，過去のある時点よりも前に起こった出来事を表している。ここでは主節の were saved の時点から見て，because に続く節の出来事がそれよりも前に起こっていたことを表している。
➡ hidden は hide「～を隠す」の過去分詞である。過去形は hid となる。

⑦ **(Although she was badly beaten and injured), she refused to tell them about the helpers or the children.**

➡ helpers は「援助者」という意味で，彼女の救出活動を支援した人たちを指す。

⑧ **(As a result), she was sentenced to death.**

➡ sentence *A* to *B* は「A に B の判決を下す」という意味を表す。ここでは受動態で，*A* is [was] sentenced to *B* となっている。

⑨ **(On the very day of her execution, however), her colleague bribed guards just in time.**

➡ very は「まさに」という意味の形容詞である。
➡ (just) in time は「(ちょうど)間に合って」という意味の熟語で，ここでは「死刑になるぎりぎりのところで」ということを表している。

⑩ **She had a narrow escape and met her friends.**

➡ have a narrow escape は「間一髪で助かる」という意味を表す。

⑪ **(Having retrieved her lists of names), she buried them in jars under an apple tree in a friend's garden.**

➡ Having retrieved に続く句は完了形の分詞構文で，「～を取り戻した後」という意味を表している。 文法詳細 p.96
➡ buried は bury[béri]「～を埋める」の過去形。u の発音に注意する。

Scene ④

ポイント イリーナたちの活動は世界でどのように受け止められたか。

9 ① The lists provided / about 2,500 names, / and after the war / she tried to reunite the children / with their families.// ② Most of the parents, / however, / had been gassed / in the death camps.//

そのリストにはあった / 約2,500の名前が / そしてその戦争の後 / 彼女は子どもたちを再会させようとした / 彼らの家族と // 親たちの大部分は / しかしながら / ガスで殺されていた / 死の収容所で //

10 ③ Her life / and work were not known / for a long time.// ④ However, / a group of American schoolgirls / in Kansas / happened to find out / about her, / and in 2000 / they wrote a play / called *Life in a Jar*.// ⑤ It was performed more than 200 times / in the US / and also in many other countries.//

彼女の人生 / そして仕事は知られていなかった / 長い間 // しかしながら / アメリカの女子生徒グループが / カンザスの / 偶然見つけ出した / 彼女について / そして 2000年に / 彼女らは劇を書いた / 『瓶の中の命』と名付けられた // それは200回を超えて公演された / アメリカで / そして多くのほかの国でも //

11 ⑥ Although her humanitarian efforts had been recognized / in many ways / since, / Irena was not very happy.// ⑦ She said, / "We are not some kind of heroes.// ⑧ That term irritates me greatly.// ⑨ The opposite is true; / I continue to regret / that I did so little.// ⑩ This regret will follow me / to my death."//

彼女の人道的な努力は認知されていたにもかかわらず / 多くの形で / それ以来 / イリーナはあまりうれしくなかった // 彼女は言った / 「私たちはある種の英雄ではない // その表現は私を大いにいら立たせる // 正反対のことが真実である / 私は後悔し続けている / ほとんど何もしなかったことを // この後悔は私につきまとうだろう / 私の死ぬ時まで」と //

単語チェック

□ **provide**	動 ～を提供する	□ **irritate**	動 ～をいらいらさせる
□ **gas**	動 ～を毒ガスで殺す	□ **greatly**	副 大いに
□ **schoolgirl**	名 女子生徒	□ **opposite**	名 反対の物[事]
□ **humanitarian**	形 人道的な	□ **regret**	動 ～を後悔する

本文内容チェック 「世界中で活動を知られるようになったイリーナの思い」

9 戦争の後，イリーナはリストの子どもたちを家族と再会させようとしたが，大半の親は収容所でガスにより殺されていた。

10 イリーナのことを知ったアメリカの女子生徒グループによって彼女についての劇，『瓶の中の命』が書かれ，それはアメリカとその他の国々でも公演された。

11 イリーナの努力は世間に認知されていたが，彼女は自分たちのことを英雄と表現されるのを喜ばず，ほとんど何もできなかったと後悔していた。

読解のカギ

② **Most of the parents, however, had been gassed in the death camps.**

➡ most of *A* は「A の大部分」という意味を表す。

➡ had been gassed は <had been *done*> の形で表す過去完了形の受動態。ここでは過去のある時点ですでに「ガスで殺されていた」という <完了> の意味を表している。

➡ gassed は動詞 gas「～をガスで殺す」の過去分詞で，受動態の be gassed は「ガスで殺される」という意味になる。

④ **However, a group of American schoolgirls in Kansas happened to find out about her, and in 2000 they wrote a play (called *Life in a Jar*).**

➡ happen to *do* は「偶然～する」という意味を表す。

➡ called は call *A B*「A を B と名付ける」の過去分詞で，a play を修飾している。

⑤ **It was performed more than 200 times in the US and also in many other countries.**

➡ more than *A* は「A よりも多い」という意味を表す。日本語の「～以上」と違い，「A」は含まれないことに注意する。

⑥ **(Although her humanitarian efforts had been recognized in many ways since), Irena was not very happy.**

➡ had been recognized の過去完了形は主節の過去時制の時点での<完了・結果>を表す。

➡ since は副詞で，「(前述の内容を受けて)それ以来」という意味を表す。

⑦ **She said, "We are not some kind of heroes.**

➡ some kind of *A* は「ある種の A」という意味を表す。

⑧ **That term irritates me greatly.**

➡ term は「表現」という意味を表す。That term は前文⑦の heroes「英雄たち」という表現を指している。

⑨ **(The opposite is true); (I continue to regret that I did so little).**

➡ opposite は「正反対のこと」という意味で，前文⑦の heroes に対して「正反対」だと言っている。

➡「;(セミコロン)」は 2 つの文を，接続詞を使わずにつなぐ働きをしている。

➡ little は副詞で，a が付いていない little は「ほとんど～ない」という否定的な意味を表す。so が付くとさらに否定的な意味合いが強まる。

⑩ **This regret will follow me to my death."**

➡ This regret は，前文⑨の内容を指している。

➡ follow は「～につきまとう」という意味を表す。

TRY1 Overview ヒント

You are writing a story review. Complete the chart.
(あなたは物語のレビューを書いています。話の流れを完成させなさい。)

Prologue → 第1～3パラグラフ
Body → 第4～9パラグラフ
Epilogue → 第10～11パラグラフ

ⓐ 戦争の後，イリーナは子どもたちの家族を捜そうとしたが，彼女の努力は報われないことが多かった。
ⓑ ナチスはイリーナを捕らえ，彼女は死刑の判決を受けた。
ⓒ 多くの子どもがジャガイモの袋や棺に入り，ほかの家族や団体の元へ連れ出された。
ⓓ イリーナは逃げ出すことができ，瓶に入れた名簿を木の下に埋めた。
ⓔ イリーナ・センドラーの名前は長い間，多くの人に知られていなかった。
ⓕ イリーナはいつか子どもたちを家族と再会させたいと思っていたため，彼らのリストを作った。

TRY2 Main Idea ヒント

Mark the main idea M, the sentence that is too broad B, and the sentence that is too narrow N.(話の本旨になるものにはMを，広範すぎる文にはBを，限定的すぎる文にはNの印を書きなさい。)

1 人は戦争の最中に最善を尽くすべきだ。
2 イリーナは戦時中に多くの子どもたちの命を救った。
3 幸運な子どもたちは商品の中に埋めて隠され，救出された。

TRY3 Details ヒント

Choose the best answer. (適切な答えを選びなさい。)

1 ゲットーにいたユダヤ人たちが送られた場所を考える。 → 教p.60，ℓℓ.7～9
2 イリーナは子どもたちの名前をどうしたいと思っていたかを考える。 → 教p.60，ℓℓ.21～22
3 イリーナは自分の家が包囲された時，何をすることだけを考えたのかを考える。 → 教p.60，ℓℓ.24～29
4 イリーナは，ゲットーにいた多くの親たちが死の収容所でどうなったと知ったのかを考える。 → 教p.61，ℓℓ.6～7

TRY4 Recognizing Tone ヒント

Choose the most suitable answer. (最も適切な答えを選びなさい。)

1 イリーナがユダヤ人たちの最後の行き先を知った時にどうしたかを考える。 → 教p.60，ℓℓ.7～9
2 子どもが連れて行かれた時の母親たちの様子について考える。 → 教p.60，ℓℓ.11～12
3 家をドイツ人に囲まれた時のイリーナの行動について考える。 → 教p.60，ℓℓ.25～27
4 英雄として扱われることに対するイリーナの思いについて考える。 → 教p.61，ℓℓ.13～14

TRY5 Deeper Understanding ヒント

Discuss the following with your partner. (次のことについてパートナーと話し合いなさい。)

1 例 A: She saw so many people who were killed that she regretted that she could not save them.

B: I thought the same thing. She surely did all she could, so she shouldn't regret it.

A: Right. Though she did not believe she was a hero, I think she was.

2 例 A: I become very sad every time I hear these kinds of stories.

B: People were killed just because of their race. That's truly horrible.

A: It is a relief that many people think that was a big mistake.

B: We must never make the same mistake again.

TRY6 Retelling ヒント

例 Scene 1 Irena Sendler was a hero who stood up against the Nazis and saved about 2,500 Jewish children's lives during World War II. During the war, about 450,000 Jews were put into the Ghetto in Warsaw. Irena was a Polish social worker there. She and her colleagues went into the Ghetto with supplies in nurse uniforms. They soon realized that the Jews were to be sent to the death camps eventually. They decided to save the children there.

Scene 2 Telling parents to part with their children was a terrible task for Irena and her colleagues. They took children out of the Ghetto in potato bags or coffins and gave them new names. The children were taken to families and religious groups that supported Irena's efforts. Irena kept lists of the names of all the children to reunite them with their families someday.

Scene 3 One night, the German police searched Irena's house. Her colleague hid the lists of names in her underwear, and didn't let the police find them. Irena was put into a prison and tortured by the Nazis, but she refused to tell them any information. Therefore, she was sentenced to death. Just before her execution was to take place, her colleague bribed guards so that she could escape. After she got back her lists, she buried them in jars under an apple tree in a friend's garden.

Scene 4 The lists had about 2,500 names. After the war, although she tried to reunite the children with their families, most of the parents had been killed in the death camps. After a long time, American schoolgirls in Kansas who happened to know about her wrote a play, *Life in a Jar*, in 2000. After that, her efforts were recognized, but Irena was not very happy. She said that she did so little and that regret would follow her to her death.

Language Function

1 *done*～, not *doing*～, having *done*～　さまざまな分詞構文

分詞構文には，現在分詞を使ったもののほかに，次のような種類がある。

① **受動態**の分詞構文：**過去分詞**を使う。「**～されるので，～される時に，～されながら**」などの意味を表す。過去分詞の前に being を付けることもある。

② **否定形**の分詞構文：**否定語**を**分詞の前**に置き，**<not/never など＋分詞～>** で表す。「**～しないので，～しない時に**」などの意味を表す。

③ **完了形**の分詞構文：**<having ＋過去分詞～>** で表し，「**～したので，～したけれども，～した後**」などの意味を表す。分詞構文で表される内容が，**主節の時制より前**のことである場合に，**完了形**の分詞構文になる。

受動態の分詞構文

1. **Raised** in a loving family, she grew up to be friendly to everyone.
(=Since she was raised in a loving family, ...)
(愛情に満ちた家族の中で育てられたので，彼女は大人になって誰に対しても親切になった。)

➡ 過去分詞の raised を使った受動態の分詞構文である。ここでは「～なので」と，<理由> を表す意味になっている。

➡ Being raised in a loving family, ... とすることも可能である。

2. **Separated** from their parents and **given** new names, those children were taken to families and religious groups.
(両親から引き離され，そして新しい名前を与えられて，その子どもたちは家族や宗教団体へと連れて行かれた。)

➡ 過去分詞の separated と given を使った受動態の分詞構文。２つの分詞構文が and を挟んで並べられている。ここでは「～されて…」と，出来事の順序を表している。

➡ Being separated from their parents and given new names, ... とすることも可能である。

否定形の分詞構文

3. **Not wanting** to lose their family records, Irena kept lists of the names of all the children she saved.
(彼らの家族の記録を失いたくなかったので，イリーナは彼女が救ったすべての子どもたちの名前のリストを保管した。)

➡ 分詞構文の意味を否定する場合は，分詞の前に Not を置く。ここでの分詞構文は <理由> を表して「～したくなかったので」という意味になる。

完了形の分詞構文

4. **Having retrieved** her lists of names, she buried them in jars under an apple tree.
(名前が掲載された彼女のリストを取り戻した後，彼女はそれらを瓶に入れ，リンゴの木の下に埋めた。)

➡ Having は完了形を作る have の現在分詞である。

➡ 分詞構文の表す内容が，主節の buried の時制よりも前の出来事なので，完了形の分詞構文が使われている。

➡ ここでの分詞構文は <時> を表して「〜を取り戻した後」という意味になる。

➡ After she had retrieved her lists of names, ... という文を言いかえたものと考えることができる。

+α

<Never having [Having never] +過去分詞>

Never having [Having never] seen him before, I had to ask who he was.
(一度も会ったことがなかったので，私は彼が誰なのか尋ねなければならなかった。)

➡ 分詞構文で完了形の経験用法を否定するには，never を having の前か後ろに置く。

Qヒント Describe each picture with the given words and the structure above.
(それぞれの写真を与えられた語句と，上の構文を使って説明しなさい。)

A 与えられた英語には「彼女はどうしたらよいのだろうかと思った」とあり，写真には山積みの本を持った人物が写っている。「たくさんの宿題を出されて」などの意味を，分詞構文を使って表す。「出されて」なので，受動態で表す。

B 与えられた英語には「彼らは地図を見た」とあり，写真には地図を見ながら場所を確認している様子の人物たちが写っている。「森でどこにいるのかわからなくて」などの意味を，分詞構文を使って表す。

2 have [has, had] been *done* 完了形の受動態

完了形の受動態は **have [has, had] been *done*** の形で「**〜されてしまっている(完了・結果)，〜されたことがある(経験)，ずっと〜されている(継続)**」などの意味を表す。

完了形(継続用法)の受動態

1. This car **has been used** for 10 years, but it looks new.
(この車は 10年間使用され続けているが，新しく見える。)

➡ 現在完了形の継続用法の受動態である。

従属節の中の完了形の受動態

2. I noticed that the door **had been locked** already.
過去時制　主節の過去時制より前の出来事
(そのドアがすでに施錠されてしまっていたことに私は気づいた。)

➡ had been locked は過去完了形の完了用法の受動態である。

➡ 従属節(that 節)の中の出来事が，主節の時制(過去)よりも前に起こったことを表すために，過去完了形が使われている。

3. I often found that everyone **had been taken** to the death camps.
過去時制　主節の過去時制より前の出来事
(私はよく，全員が死の収容所へ連れて行かれてしまっているのに気づいた。)

➡ had been taken は過去完了形の結果用法の受動態である。
➡ 従属節(that 節)の中の出来事が，主節の時制(過去)よりも前に起こったことを表すために，過去完了形が使われている。

＋α

未来完了形の受動態

Your order **will have been sent** to you by next Sunday.
(あなたの注文品は次の日曜日までにあなたのところへ送られているでしょう。)

➡ 未来完了形の受動態は will have been *done* で表し，「〜されているだろう」という意味を表す。

助動詞＋完了形の受動態

All the tasks **should have been finished** last weekend.
(すべての仕事は先週末に終えられるべきだった。)

➡ 完了形の受動態は，助動詞と共にも用いて，過去のことに関する <推量>, <可能性>, <後悔> などを表す。
➡ should have been *done* はここでは「〜されるべきだった(のにされなかった)」という <後悔> を含んだ意味を表している。

I thought I **might have been given** a last chance.
(私は最後のチャンスを与えられたのかもしれないと思った。)

➡ might have been *done* は「〜されたのかもしれない」という過去の <推量> の意味を表している。

Qヒント Describe each picture with the given words and the structure above.
(それぞれの写真を与えられた語句と，上の構文を使って説明しなさい。)

A 与えられた英語には「〜ということに気づいた」とあり，写真には閉店を表す看板が写っている。「レストランが閉まっていたことに気づいた」などの意味を，完了形の受動態を使って表す。主節の時制が過去であることに注意する。

B 与えられた英語には「〜なので，私はそれを食べたくない」とあり，写真には焦げたトーストが写っている。「トーストが焦げてしまっているので，私はそれを食べたくない」などの意味を，完了形を使って表す。「焦げている」は受動態で，be burned と表すことができる。

Speaking ヒント

Warm-up dialogue: Softening opinions

空所の前のせりふで「それ(=戦争)はずっと昔のことですよね」とあり，空所の後ではそれを否定する意見を言っている。自分の意見を話す時，主張が強くなりすぎないようにするような表現が入ると考えられる。

A: なんて平和な日でしょう！

B: ええ，本当に。私の祖母が子どもの頃，戦争のせいでつらい時期を過ごしたことを想像するのは難しいです。

A: でも，それはずっと昔のことですよね。

B: ＿＿＿＿＿＿，世界では現在でも，多くの戦争や紛争が起こっていますよ。

Small presentation

❶

質問の訳

1. 図Aでは，世界のどの地域で戦争や紛争が見られますか。
2. 図Bから，どのような傾向がわかりますか。

❷

mini-presentation で使える表現：

there are wars and conflicts going on in ～ (～で戦争や紛争が起きている)

～ is bad for ...(～は…にとって悪いものである)

have a hard time during ～ (～の最中に大変な思いをする)

according to Figure A [B](図A [B] によると)

Figure A [B] indicates that ... .(図A [B] は…ということを示しています)

My message is that ... .(私の伝えたいことは，…ということです)

Writing ヒント

イリーナ　：ロスナーさん，内密にお話しさせていただいてもいいですか。＿＿＿＿＿＿

＿＿＿＿＿＿＿＿＿＿＿＿＿＿＿＿

ロスナー氏：私の子どもたちを？　なぜ？

イリーナ　：＿＿＿＿＿＿＿＿＿＿＿＿＿＿＿＿

＿＿＿＿＿＿＿＿＿＿＿＿＿＿＿＿

ロスナー氏：どのようにしてそれを行うのですか。誰が彼らの面倒を見るのですか。

イリーナ　：＿＿＿＿＿＿＿＿＿＿＿＿＿＿＿＿

ロスナー氏：私たちはもう一度彼らに会うことができるのですか。

イリーナ　：＿＿＿＿＿＿＿＿＿＿＿＿＿＿＿＿

＿＿＿＿＿＿＿＿＿＿＿＿＿＿＿＿

ロスナー氏：では，彼らを連れて行ってください。私たちはこのことをこれ以上考えるのに耐えられません。

定期テスト予想問題

解答 ➡ p.102

1 日本語の意味に合うように，____に適切な語を入れなさい。

(1) 私はそのコンビニで彼に偶然会った。
I __________ __________ see him at the convenience store.

(2) ニュースでは彼に死刑の判決が下るだろうと言っていた。
The news said he would be __________ to __________.

(3) 屋根に続くそのドアはずっと鍵がかけられている。
The door to the roof __________ always __________ locked.

2 日本語に合うように，(　)内の語句を並べかえなさい。

(1) 群衆に囲まれて，その役者はいらいらしているように見えた。
(the crowd / the actor / irritated / surrounded / looked / by / ,).
____.

(2) その会議に使う書類はすでに印刷されている。
(for / printed / the meeting / have / the documents / used / already been).
____.

(3) みんなに愛されていたので，その歌手のコンサートチケットはすぐに売れた。
(by / concert / the singer's / tickets / everyone / sold quickly / loved / ,).
____.

3 次の英語を日本語に訳しなさい。

(1) Having eaten breakfast, I began to get ready to go to school.
(　　　　　　　　　　　　　　　　　　　　)

(2) Never enjoying math, I always did math homework last.
(　　　　　　　　　　　　　　　　　　　　)

(3) The students have already been told about the woman's story.
(　　　　　　　　　　　　　　　　　　　　)

4 次の英文を(　)内の指示に従って書きかえなさい。

(1) After he had finished his work, he went out for dinner.　(分詞構文を使って)
→ ____.

(2) The student committee has organized the festival.　(下線部を主語にして)
→ The festival ____________________ the student committee.

(3) Because I don't know his phone number, I can't call him.　(分詞構文を使って)
→ ______________________________, I can't call him.

(4) Because I had lost my keys, I couldn't get into my house.　(分詞構文を使って)
→ ______________________________ into my house.

5 次の英文を読んで，後の問いに答えなさい。

They realized that telling parents to part with their children was ①a terrible task. In later life Irena remembered the sad faces of Jewish mothers ②(have) to be separated from their children. "We saw terrible scenes. ③Sometimes fathers agreed, but mothers didn't. We had to leave those unfortunate families without taking their children from them. I'd go back ④there the next day and often found that everyone ⑤(take) to the death camps."

(1) 下線部①の a terrible task とはどのようなことか，日本語で答えなさい。
( )

(2) 下線部②の( )内の語を適切な形に書きかえなさい。
____

(3) 下線部③の文に省略された語を補う時，適切な語を入れなさい。
Sometimes fathers agreed, but mothers didn't ________.

(4) 下線部④はどこを指すのか，日本語で簡潔に答えなさい。
( )

(5) 下線部⑤の( )内の動詞を「連れて行かれてしまっていた」という意味になるように，3語で書きかえなさい。
________ ________ ________

6 次の英文を読んで，後の問いに答えなさい。

①The fortunate children were taken out in potato bags or coffins. Others were buried in goods. ②(Separate) from their parents and ③(give) new names, those children were taken to ④families and religious groups willing to help and risk their own lives. Older children were taught Christian prayers ⑤so that their Jewish heritage would not be noticed.

(1) 下線部①のほかに，どのように運び出された子どもたちがいたか，日本語で答えなさい。
( )

(2) 下線部②と③の( )内の語を適切な形に書きかえなさい。
② ________ ③ ________

(3) 下線部④のほかに，子どもたちはどのようなところに引き取られたか，日本語で答えなさい。
( )

(4) 下線部⑤の英語を日本語に訳しなさい。
( )

定期テスト予想問題　解答 pp.100~101

1 (1) happened to　(2) sentenced, death　(3) has, been

2 (1) Surrounded by the crowd, the actor looked irritated(.)
(2) The documents used for the meeting have already been printed(.)
(3) Loved by everyone, the singer's concert tickets sold quickly(.)

3 (1) 朝食を食べ(た後)，私は学校へ行く準備を始めた。
(2) 数学を楽しんでいなかったので，私は数学の宿題をいつも最後にした。
(3) その生徒たちはその女性についての話をすでに伝えられている。

4 (1) Having finished his work, he went out for dinner(.)
(2) (The festival) has been organized by (the student committee.)
(3) Not knowing his phone number (, I can't call him.)
(4) Having lost my keys, I couldn't get (into my house.)

5 (1) 例 親たちに子どもたちを手放すように伝えること。　(2) having
(3) agree　(4) 例 不運な家族のところ　(5) had been taken

6 (1) 商品の中に埋められることによって　(2) ② Separated　③ given
(3) (手助けや自身の命を危険にさらすことをいとわない)宗教団体
(4) 彼らのユダヤ人の伝統が気づかれないように

解説

2 (1)(3)「～されて」は受動態の分詞構文で表す。　(2)「すでに～されている」は have already been *done* の完了形の受動態の形にする。

3 (1) having *done* の完了形の分詞構文は，主節の時制よりも前の出来事を表す場合に使われる。　(2) 否定語が分詞の前に置かれた否定形の分詞構文。

4 (1)(4) After または Because に続く節は主節の時制よりも前のことを表しているので，完了形の分詞構文にする。　(2) 完了形の文なので，the festival を主語にする場合は完了形の受動態の形にする。　(3) 否定文を分詞構文にする場合，否定語は分詞の前に置く。

5 (1) 下線部が含まれる that 節の中は第 2 文型なので，S=C の関係になる。下線部が C で，telling parents ... children の部分が S。　(2) have を現在分詞にし，Jewish mothers を後ろから修飾する形にする。　(3) 繰り返しを避けるために前に出た動詞が省略されている。　(5)「～されてしまっていた」は完了形の受動態で表す。

6 (1) すぐ後の Others は「それ以外の人たち(の一部)」を指す。つまり，下線部①の事例の「ほかの子どもたち」について述べられている。
(2) 受動態の分詞構文になると考え，過去分詞にする。
(3) religious は「宗教の」という意味の形容詞。　(4) so that ～ not ... は「～が…しないように」という <目的> の意味を表す。

Lesson 5 Predictably Irrational

単語・熟語チェック

predictably	㊄ 予想通りに	Tim was **predictably** late for our appointment. ティムは予想通り私たちの約束に遅れて来た。
irrational	㊊ 不合理な	I think customers are often **irrational**. 顧客というのはしばしば不合理だと私は思う。

1

behavioral	㊊ 行動の[に関する]	My father is a professor of **behavioral** science. 私の父は行動科学の教授です。
economist	㊔ 経済学者	That **economist** has written for several magazines. その経済学者はいくつかの雑誌に寄稿している。
browse	㊆ ～を閲覧する	He often spends time **browsing** the internet. 彼はしょっちゅうインターネットを見て時間を過ごしている。
stumble	㊆ つまずく	She **stumbled** and learned new things. 彼女はつまずきながら新しいものを学んだ。
stumble on [across] *A*	熟 Aを偶然見つける	He **stumbled on** this used book store. 彼は偶然この古本屋を見つけた。
advertisement	㊔ 広告	Look at this **advertisement** for cheap cameras! この安いカメラの広告を見て！
subscription	㊔ 定期購読(料[権])	My father used to have a **subscription** for this art magazine. 私の父はこのアート雑誌をかつて定期購読していた。
reasonable	㊊ 手頃な	I don't think this service is **reasonable**. 私はこのサービスは手頃じゃないと思う。
option	㊔ 選択可能なもの	The doctor gave the patient several **options** for treatment. 医者は患者にいくつかの治療の選択肢を示した。

2 ～ 3

relative	㊊ 比較上の，相対的な	You may think this is expensive, but it's all **relative**. これは高価だと思うかもしれないが，相対的に見たらというだけだ。
relative to *A*	熟 Aと比較して	**Relative to** my friends, I don't sleep much. 友だちと比べると私は多く寝ない。
as follows	熟 次の通りで	Examples are **as follows**. 例は次の通りです。

advantage	名 利点	One **advantage** of living by a station is convenience. 駅のすぐ近くで生活することの1つの利点は便利さである。
presence	名 いる[ある]こと，存在	This machine detects the **presence** of a particular gas. この機械は特定のガスの存在を検知する。
decoy	名 おとり	If you use this **decoy**, you can catch the bird. もしこのおとりを使えば，その鳥を捕まえられるよ。
in other words	熟 つまり，言いかえると	He speaks little. **In other words**, he is a careful person. 彼は少ししか話さない。言いかえると，彼は慎重な人だ。
suppose	動 ～と想定する	**Suppose** that you were a rich man, what would you buy? お金持ちだとしたら，あなたは何を買う？

4 ～ 5

respond	動 反応する，答える	I asked her if she remembered me, but she didn't **respond**. 私のことを覚えているか彼女に聞いたが，彼女は反応しなかった。
after all	熟 結局のところ	I missed my train, but **after all**, I got to my office on time. 私は電車に遅れたが，結局のところ仕事場に時間通りに着いた。
on the contrary	熟 それどころか，むしろ	He isn't short. **On the contrary**, he is the tallest in his class. 彼は背が低くない。それどころか，クラスで一番背が高い。
contrary	名 逆，正反対(のもの[こと])	He proved that the **contrary** is true. 彼は反対のことが事実だと証明した。
possibly	副 (疑問文で)いったい	Who can **possibly** beat that team? いったい誰があのチームを負かすことができるだろう。
differently	副 異なって	You and I think **differently**. あなたと私は異なった考え方をするね。
relativity	名 相対性	These conditions are influenced by **relativity**. これらの状態は相対性に影響されている。
for free	熟 無料で	You can get this book **for free**. この本を無料で手に入れることができますよ。
end up *doing*	熟 結局～することになる	I **ended up sleeping** in the snow. 私は結局，雪の中で眠ることになった。
emotional	形 感情的な	She provides **emotional** support for her family. 彼女は家族に感情的な支えを提供する。
button	名 ボタン，スイッチ	Just push this **button** to open the door. このボタンを押せばドアが開きます。
excitement	名 興奮	The baseball player shouted with **excitement**. その野球選手は興奮して叫んだ。

6 ~ 7

quality	名 質，品質	The **quality** of this work is very high. この作品の質はとても高い。
ordinary	形 普通の，一般的な	He writes this blog about his **ordinary** life. 彼はこのブログで彼の普通の生活について書いている。
per	前 ～につき	Most people eat three meals **per** day. ほとんどの人が，１日に３食食べる。
a good deal of *A*	熟 多くの A，大量の A	This project requires **a good deal of** time. このプロジェクトは多くの時間が必要だ。
rationality	名 合理性	You need much more **rationality** to play this game. このゲームをするにはもっと合理性が必要だよ。
decrease	動 減少する	The number of members **decreased** to five. メンバーは５人までに減った。

8 ~ 9

go on	熟 起こる，発生する	What's **going on** here! ここで何が起きているんだ！
theory	名 理論	At first, the **theory** was not understood. 当初，その理論は理解されなかった。
in relative terms	熟 相対的に見れば	We should discuss this point **in relative terms**. 私たちは相対的にこの要点について議論するべきだ。
cost-benefit	名 費用対効果	The professor did a **cost-benefit** analysis of the project. その教授はプロジェクトの費用対効果の分析をした。
analysis	名 分析	You should make a more careful **analysis** of this case. この事例についてはもっと注意深い分析をするべきだよ。
simply	副 単に(～だけ)	Don't buy things **simply** because the prices are low. ただ安いという理由で物を買ってはいけない。
emotion	名 感情	He doesn't show us his **emotions**. 彼は私たちに感情を見せてくれない。
irrationality	名 不合理性	This is an example of human **irrationality** about risk. これはリスクについての人間の不合理性の例である。
change *A* for the better	熟 A を好転させる	That event **changed** my life **for the better**. あの出来事が私の人生を好転させた。

1

ポイント ダン・アリエリーは経済雑誌でどのような広告を見つけたか。

1 ① I am Dan Ariely, / a behavioral economist, / who studies economic decision making.// ② One day / while browsing the internet, / I stumbled on the following advertisement / in an economic magazine.// ③ I read these offers.// ④ The first offer— / an internet subscription / for $59— / seemed reasonable.// ⑤ The second option— / a $125 print subscription— / seemed a bit expensive, / but still reasonable.// ⑥ Then / I read the third option: / a print and internet subscription / for $125.// ⑦ I read it twice / before my eyes ran back / to the first and second options.//

私はダン・アリエリーである / 行動経済学者の / 経済的な意思決定について研究している // ある日 / インターネットを眺めていて / 私は次のような広告を偶然見かけた / ある経済誌で // 私はこのような提供価格を読んだ // 1つ目の提供価格は / インターネットでの定期購読 / 59ドルで / 手頃に思えた // 2つ目の選択肢は / 125ドルの印刷物での定期購読 / 少し高いように思えた / しかしそれでも手頃のように // それから / 私は3つ目の選択肢を読んだ / 印刷物とインターネットでの定期購読 / 125ドルで // 私はそれを2回読んだ / 目が急いで戻る前に / 1つ目と2つ目の選択肢に //

単語チェック

□ **behavioral**	形 行動の[に関する]	□ **advertisement**	名 広告
□ **economist**	名 経済学者	□ **subscription**	名 定期購読(料[権])
□ **browse**	動 ～を閲覧する	□ **reasonable**	形 手頃な
□ **stumble**	動 つまずく	□ **option**	名 選択可能なもの

本文内容チェック **「雑誌に載っていた，定期購読の媒体ごとの価格設定」**

1 私は経済的な意思決定を研究している経済学者である。ある日目にした雑誌の定期購読の広告に，インターネット版で59ドル，印刷版で125ドル，印刷兼インターネット版で125ドルとの価格設定が書かれていた。

読解のカギ

① **I am Dan Ariely, a behavioral economist, (who studies economic decision making).**

➡「,(コンマ)」で挟まれた a behavioral economist は，直前の Dan Ariely の具体的な説明である。

➡ who は主格の関係代名詞で，前に「,(コンマ)」があるので非限定用法である。先行詞の a behavioral economist に説明を加えている。

➡ decision making は，make a decision「決定を下す」を名詞化したものである。名詞の decision が動名詞の making を修飾している。

② One day (while browsing the internet), I stumbled on the following advertisement (in an economic magazine).
(I was)

➡ while *do*ing は「〜していて，〜しながら」という意味を表す。while と *do*ing の間には <主語＋ be 動詞> が省略されている。この主語は主節の主語と一致する。
➡ stumble on *A* は「A を偶然見つける」という意味を表す。
➡ following は「次のような」という意味で，後の④⑤⑥の内容を指している。

③ I read these offers.
S V O

➡ these offers は，以降の④⑤⑥の文にある offers のことを指している。

④ The first offer— an internet subscription (for $59)—seemed reasonable.
S = V C

➡「—(ダッシュ)」で挟まれた an internet subscription for $59 は The first offer の具体的内容である。for は <対価> を表す意味で用いられている。
➡ seem は <S + seem + C> の形で，「S は C のように思える」という意味を表す。ここでの C は形容詞の reasonable である。

⑤ The second option—a $125 print subscription—seemed a bit expensive, but still reasonable.
S = V C C

➡ ④の文と同じ構造になっている。
➡ 文の補語は a bit expensive と reasonable の 2 つである。
➡ but still は「しかしそれでも」という意味を表す。

⑥ Then I read the third option: a print and internet subscription (for $125).
S V O =

➡「:(コロン)」の後の a print and internet subscription for $125 は，直前の the third option の具体的内容である。

⑦ I read it twice (before my eyes ran back to the first and second options).
S V O (S') (V')

➡ it は前文⑥の a print and internet subscription for $125 という内容を指している。
➡ run back to *A* は「A に急いで戻る」という意味。ここでは eyes「目」が主語なので，「A を急いで見直す」というような意味になる。
➡ the first and second options は前文④と⑤の内容を指している。

2〜3

ポイント 定期購読の各プランの価格設定に対し，学生たちはどのような選択をしたか。

2 ① The decision / between the internet-only and print-only options / would take a bit of thinking.// ② However, / relative to the print-only option, / the print-and-internet option looks clearly better.// ③ When I gave these options / to 100 college students, / they chose / as follows://

決めることは / インターネットのみと印刷物のみの選択肢の間で / 少し考える必要があるだろう // しかし / 印刷物のみの選択肢と比べると / 印刷物とインターネットの選択肢の方が明らかに優れて見える // 私がこれらの選択肢を与えた時 / 100人の大学生に / 彼らは選択した / 以下のように //

④ (1) Internet-only subscription / for $59— / 16 students//
インターネットのみの定期購読 / 59ドルで / 学生16名 //

⑤ (2) Print-only subscription / for $125— / 0 students//
印刷物のみの定期購読 / 125ドルで / 学生0名 //

⑥ (3) Print-and-internet subscription / for $125— / 84 students//
印刷物兼インターネットの定期購読 / 125ドルで / 学生84名 //

3 ⑦ They all saw the advantage / in the print-and-internet offer / over the print-only offer.// ⑧ Were they influenced / by the presence / of the print-only option, / which I call the “decoy”?// ⑨ In other words, / suppose / that I removed the decoy / so that the choices would be the ones seen as follows:// ⑩ (1) internet-only subscription / for $59 / and (2) print-and-internet subscription / for $125.//

彼ら全員に利点が見えた / 印刷物兼インターネットの価格の方に / 印刷物のみの価格よりも // 彼らは影響を受けたのか / 存在に / 印刷物のみの選択肢の / 私が「おとり」と呼ぶ // つまり / 想定してください / 私がそのおとりを取り除いたと / 選択肢が以下のように見えるものになるように // (1) インターネットのみの定期購読 / 59ドルで / そして(2)印刷物兼インターネットの定期購読 / 125ドルで //

単語チェック

□ **relative**	形 比較上の，相対的な	□ **decoy**	名 おとり
□ **advantage**	名 利点	□ **suppose**	動 〜と想定する
□ **presence**	名 いる[ある]こと，存在		

本文内容チェック 「印刷物版＋ネット版の定期購読を選択する多くの学生たち」

2 100人の学生に定期購読の各選択肢を見せたところ，インターネット版のみ(59ドル)を16名，印刷物版のみ(125ドル)を0名，印刷物版＋インターネット版(125ドル)を84名の学生が選んだ。

3 学生たちは「おとり」である「印刷物のみ(125ドル)」の選択肢に影響を受けたのだろうか。この選択肢を取り除き，「インターネット版のみ(59ドル)」と「印刷物版＋インターネット版(125ドル)」だけにすると想定しよう。

読解のカギ

① The decision between the internet-only and print-only options would take a bit of thinking.

S / V / O

➡ would は「～するだろう」という <推量> の意味を表す助動詞である。

➡ take は「～を要する」という意味で用いられている。

② However, (relative to the print-only option), the print-and-internet option looks clearly better.

S / V / C

➡ relative to *A* は「A と比較して」という意味を表す。

➡ look は <S + look + C> の形で「S は C のように見える」という意味を表す。

⑦ They all saw the advantage (in the print-and-internet offer) (over the print-only offer).

S / V / O

➡ all は代名詞で，They とは同格の関係である。「彼ら全員」という意味になる。

➡ in と over は advantage と共に用いて，advantage in *A*「A にある利点」，advantage over *A*「A よりも優れた点」という意味になる。

⑧ Were they influenced by the presence of the print-only option, (which I call the "decoy")?

➡ the presence of *A* は「A の存在」という意味を表す。

➡ which は目的格の関係代名詞で，前に「,(コンマ)」があるので非限定用法である。先行詞の the print-only option に説明を加えている。

⑨ (In other words), suppose (that I removed the decoy {so that the choices would be the ones seen as follows}):

➡ in other words は「つまり，言いかえると」という意味を表す。前文⑧で述べた「おとりに影響を受けた」というのはどういうことか，これから説明しようとしている。

➡ <suppose + that 節> は「～と想定する」という意味を表す。ここでは命令文で，「～と想定してみてください」と呼びかけている。

➡ <so that S + V> は「S が～するように」という意味で，<目的> を表す表現である。

➡ ones は choices を受けている代名詞である。

➡ 過去分詞の seen が導く句が the ones を後ろから修飾している。

4～5

ポイント 「おとり」の選択肢を除いた結果，学生たちはどのような選択をしたか。

4 ① Would the students respond / as before?// ② After all, / the option / I took out /
学生たちは反応するだろうか /前と同じように// 結局 / 選択肢は / 私が取り除いた /

was one / that no one chose, / so it should make no difference.// ③ Right?// ④ On
ものだった/ 誰も選ばなかった / なのでそれは何の違いももたらさないはずだ // そうだろう？ //

the contrary, / this time, / 68 students chose the internet-only option / for $59.//
それどころか / 今回は / 学生 68 名がインターネットのみの選択肢を選んだ / 59ドルで //

⑤ Only 32 chose the combination subscription / for $125.// ⑥ What could have
たった 32 人しか抱き合わせの定期購読を選ばなかった / 125ドルで // 彼らの考えを変えた

possibly changed their minds?// ⑦ It was the decoy / that made them choose
可能性があるのはいったい何なのだろうか // おとりだったのだ / 彼らに異なった選択をさせた

differently.// ⑧ This is not only irrational / but predictably irrational decision
のは // これはただ不合理なだけでなく / 予想通りに不合理な意思決定である

making / caused by relativity.//
/ 相対性によって生じる //

5 ⑨ Here is another example / of irrational decision making.// ⑩ Suppose / you go
もうひとつ例を挙げよう / 不合理な意思決定の // 想定してください / あなたが

to buy socks.// ⑪ You find two pairs of socks / you want.// ⑫ You also notice that, /
靴下を買いに行くと // あなたは２足の靴下を見つける / あなたのほしい // さらに，あなたは気づく /

with a different kind, / if you buy two pairs of socks, / you get a third pair / for free.//
違う種類のもので / ２足の靴下を買えば / ３足目がもらえる / 無料で //

⑬ You end up buying socks / of the different kind, / the one you didn't choose /
あなたは靴下を買うことになる / その違う種類の / あなたが選ばなかったものである /

first.// ⑭ Zero is an emotional hot button— / a source / of irrational excitement.//
最初に// ゼロは感情的に強い反応を起こさせるものだ / 源である / 不合理な興奮の //

⑮ Why does "FREE!" make us so happy?//
なぜ「無料!」は私たちをそんなにも喜ばせるのか//

単語チェック

□ **respond**	動 反応する，答える	□ **relativity**	名 相対性
□ **contrary**	名 逆(のもの[こと])	□ **emotional**	形 感情的な
□ **possibly**	副 (疑問文で)いったい	□ **button**	名 ボタン，スイッチ
□ **differently**	副 異なって	□ **excitement**	名 興奮

本文内容チェック 「おとりの選択肢の有無によって変わった選択結果」

4 印刷物版のみ(125 ドル)の選択肢を取り除いた結果，インターネット版のみ(59 ドル)を選んだ学生は68人で，抱き合わせ購読(125 ドル)を選んだのはわずか32人だった。これは予想通りに不合理な意思決定である。

5 同様の例として，靴下を買いに行くところを想像してほしい。あなたはほしい靴下を2足見つけるが，別の種類で2足買えば3足目が無料でもらえることに気づくとしよう。あなたはそうして，最初に選ばなかった別の種類の靴下を買うことになる。

読解のカギ

② **After all, the option (I took out) was one (that no one chose), so it should make no difference.**
(which[that])

➡ option の後ろには目的格の関係代名詞 which[that] が省略されている。
➡ that は目的格の関係代名詞で，that no one chose が先行詞の one を修飾している。先行詞の one は option の代わりに用いられている。
➡ should は「～するはずだ」という <推量> の意味を表す。

⑥ **What could have possibly changed their minds?**
➡ <助動詞＋現在完了形> の疑問詞疑問文である。助動詞 could は <可能性> を表し，could have *done* で過去の可能性を表す。 文法詳細 p.120
➡ possibly は疑問文を強調して「いったい」という意味を表す。

⑦ **It was the decoy (that made them choose differently).**
(V')　(O')　(C')

➡ it is ～ that ... の形の強調構文になっている。It was と過去形なので，「…したのは～だった」という意味になる。「～」に入る名詞を強調している。 文法詳細 p.119
➡ <make + O + C(原形不定詞)> で「O に C させる」という意味になる。

⑩ **Suppose (you go to buy socks).**
➡ Suppose の後ろには接続詞の that が省略されている。

⑪ **You find two pairs of socks (you want).**
S　V　O　(which[that])
➡ socks の後ろには目的格の関係代名詞 which[that] が省略されている。

⑫ **You also notice (that, with a different kind, if you buy two pairs of socks, you get a third pair for free).**
➡ <notice + that 節> は「～ということに気づく」という意味を表す。
➡ for free は「無料で」という意味を表す。

⑬ **You end up buying socks of the different kind, the one (you didn't choose first).**
(which[that])
➡ end up *do*ing は「結局～することになる」という意味を表す。
➡ the one の後ろには目的格の関係代名詞 which[that] が省略されている。
➡ one は kind の代わりに用いられている。

6 ~ 7

ポイント 「無料」ということばの影響について実験を行い，どのような結果になったか。

6 ① To find the reasons, / I set up a table / at a large building / and offered two
理由を探るために / 私はテーブルを設置した / ある大きな建物で / そして2種類の

kinds of chocolates— / high-quality and ordinary ones.// ② There was a large sign, /
チョコレートを提供した / 高品質なものと一般的なもの // 大きな看板があった /

"One kind of chocolate / per customer."// ③ We also set the price / of the high-
「1種類のチョコレート / 各お客様につき // 我々はさらに価格を設定した / 高品質の

quality chocolates / at 15 cents, / which was cheaper / than the regular price, / and
チョコレートの / 15セントに / 安価である / 通常価格より /そして

the ordinary ones / at one cent.// ④ Our customers acted / with a good deal of
一般的なものを / 1セントに // 我々のお客さんたちは行動した / かなりの合理性を

rationality: / they compared the price and quality / of the chocolates, / and about
もって / 彼らは価格と品質を比較した / チョコレートの / そして約

73% / of them / chose the high-quality chocolates / and 27% chose the ordinary
73%が / 彼らのうちの / 高品質なチョコレートを選んだ / そして27%が一般的なものを選んだ

ones.//
//

7 ⑤ Next / we decided to see / how "FREE!" might change the situation, / so we
次に / 我々は見ることに決めた / 「無料！」がどのように状況を変えかねないかを / そのため，

offered the high-quality chocolates / for 14 cents / and the ordinary ones / for free.//
我々は高品質なチョコレートを提供した / 14セントで / そして一般的なものを / 無料で //

⑥ We had only lowered the price / of both kinds of chocolate / by one cent.//
我々は価格を下げただけだった / 両方の種類のチョコレートの / 1セントだけ //

⑦ However, / what a difference "FREE!" made!// ⑧ Some 69% / of customers / chose
しかし / なんという違いを「無料!」は生み出したことか! // 約69%が / お客さんの /

the "FREE!" chocolates, / while those choosing the other decreased / to 31%.//
「無料！」のチョコレートを選んだ / もう片方を選んだ人たちが減った一方で / 31%に //

単語チェック

□ **quality**	名 質，品質	□ **rationality**	名 合理性
□ **ordinary**	形 普通の，一般的な	□ **decrease**	動 減少する
□ **per**	前 ～につき		

本文内容チェック 「『無料』のことばが引き起こした選択の変化」

6 高級チョコレートを通常価格より安い15セント，一般的なチョコレレートを1セントの価格で，1人につき1種類の条件で客に提供した。その結果，客の約73%が高級チョコレートを選び，27%が一般的なものを選んだ。

7 次に，両方を1ドルずつ値下げし，高級チョコレートを14セント，一般的なチョコレートを無料にすると，客の約 69%が無料のチョコレートを選んだ一方で，高級チョコレートを選んだ人は 31%にまで下がった。

読解のカギ

③ **We also set the price of the high-quality chocolates at 15 cents, (which was cheaper than the regular price), and the ordinary ones at one cent.**
S V O … O

➡ which は非限定用法の主格の関係代名詞で，先行詞の 15 cents に説明を加えている。
➡ ones は chocolates の代わりに用いられている。

④ **Our customers acted (with a good deal of rationality): they compared the price and quality of the chocolates, and about 73% of them chose the high-quality chocolates and 27% chose the ordinary ones.**
S V … S V O … S V O … S V O

➡ a good deal of *A* は「多くの A」という意味を表す。
➡「:(コロン)」以降で，acted「行動した」の具体的な内容を説明している。

⑤ **Next we decided to see (how "FREE!" might change the situation), so we offered the high-quality chocolates for 14 cents and the ordinary ones for free.**
S V O (S') (V') (O') S V O … O

➡ decide to *do* は「〜することを決める」という意味を表す。
➡ how が導く名詞節が「どのように〜か」という意味で see の目的語になっている。

⑦ **However, what a difference "FREE!" made!**
O S V

➡ <what ＋名詞＋ S ＋ V>「S はなんという〜を…するか」という意味の感嘆文である。

⑧ **Some 69% of customers chose the "FREE!" chocolates, (while those choosing the other decreased to 31%).**
S V O (S') (V')

➡ Some は「約，およそ」という意味で 69% を修飾している。
➡ those は「人たち」の意味を表し，<those ＋ who ＋ be 動詞 〜> で「〜である人たち」の意味になる。ここでは <who ＋ be 動詞> の who were が省略されている。
➡ the other は the "FREE!" chocolates に対する「もう片方」，つまり「高級チョコレートの方」のことである。

8〜9

ポイント 私たちがより良い意思決定を行うには何を理解する必要があるか。

8 ① What was going on / here?// ② According to economic theory, / lowering
一体何が起きていたのか / ここでは // 経済理論によれば /価格を下げた

the price should not lead / to any change / since nothing had changed / in relative
ことはつながらない / 何の変化にも / なぜなら何も変わっていなかったからだ / 相対的に

terms.// ③ Yet people grabbed the ordinary chocolates, / not because of a cost-
見れば // それでも人々は一般的なチョコレートに飛びついた / 費用対効果の分析

benefit analysis, / but simply because of an emotional decision / caused by "FREE!"//
からではなく / 単に感情的な意思決定から / 「無料!」により引き起こされる //

9 ④ The examples above describe hidden forces, / such as relativity and emotions, /
以上の例は隠された力を物語っている / 相対性や感情といった /

that shape our decisions.// ⑤ We are not only irrational, / but predictably
私たちの決定を形作る // 私たちはただ不合理なだけでなく / 予想通りに不合理

irrational; / our irrationality happens / the same way, / again and again.//
でもある / 私たちの不合理性は起こる / 同じように / 何度も何度も //

⑥ Understanding how we are predictably irrational / provides a starting point / for
私たちがどのように予想通りに不合理なのかを理解することは / 出発点を提供する /

improving our decision making / and changing the way / we live / for the better.//
私たちの意思決定を改善することの / そして方法を変えることの / 私たちが生きる / より良い方へ //

⑦ The next time you go to buy a pair of socks, / try not to buy ones you do not
次にあなたが靴下を買いに行く時は / ほしいと思っていないものを買わないように

want!//
してください! //

単語チェック

□ **theory**	名 理論	□ **simply**	副 単に(〜だけ)
□ **cost-benefit**	名 費用対効果	□ **emotion**	名 感情
□ **analysis**	名 分析	□ **irrationality**	名 不合理性

本文内容チェック **「私たちが行ってしまう予想通りに不合理な決定」**

8 チョコレートの実験では，相対的に見れば値下げは何の変化にもつながらないはずなのに，客は感情的な決定を下し，「無料」のことばに飛びついた。

9 これらの例が示す私たちの予想通りの不合理性を理解することで，私たちはより良い意思決定を行うことができる。

読解のカギ

② **(According to economic theory), lowering the price should not lead to any change (since nothing had changed in relative terms).**

(lowering the price = S, should not lead = V)

➡ lowering は lower「～を下げる」の動名詞である。目的語と共に文の主語になっている。
➡ lead to *A* は「A につながる，A に至る」という意味を表す。
➡ since は接続詞で，「～なので」という意味を表す。
➡ in relative terms は「相対的に見れば」という意味を表す。

③ **Yet people grabbed the ordinary chocolates, (not because of a cost-benefit analysis, but simply because of an emotional decision caused by "FREE!")**

➡ yet は「それでも」という意味の副詞である。前文②を受けての <譲歩> を表す。
➡ chocolates 以降は，not ～ but ...「～ではなく…」の構造になっている。
➡ caused は過去分詞で，これが導く句が an emotional decision を修飾している。

④ **The examples above describe hidden forces, (such as relativity and emotions), (that shape our decisions).**

➡ above は「以上の，上記の」という意味で，名詞を後ろから修飾する。
➡ such as *A* and *B* は「A や B などの」という意味で，直前の hidden forces の具体例を示している。
➡ that は主格の関係代名詞で，先行詞の hidden forces を修飾している。

⑤ **We are not only irrational, but predictably irrational; our irrationality happens the same way, again and again.**
➡ not only *A*, but (also) *B* は「A だけでなく B も」という意味を表す。
➡「;(セミコロン)」は前後の文に関連性があることを表す。

⑥ **Understanding (how we are predictably irrational) provides a starting point for (improving our decision making) and (changing {the way we live} for the better).**
(S: Understanding (how we are predictably irrational)　V: provides　O: a starting point)
➡ 動名詞の Understanding が導く句が文の主語である。
➡ change *A* for the better は「A を好転させる」という意味を表す。
➡ <the way + S + V> は「S が～する方法，やり方」という意味を表す。

⑦ **(The next time you go to buy a pair of socks), try not to buy ones (you do not want)!**
(ones の後に (which[that]))
➡ <the next time + S + V> は「次に S が～する時は」という意味の副詞節である。
➡ ones は socks の代わりに用いられている。
➡ ones の後ろには目的格の関係代名詞 which[that] が省略されている。

TRY1 Overview ヒント

You are writing a passage review. Complete the outline.
(あなたは文章の一節のレビューを書いています。概要を完成させなさい。)

Introduction	→ 第1パラグラフ
Body: First Example	→ 第2～4パラグラフ
Body: Second Example	→ 第5～8パラグラフ
Conclusion	→ 第9パラグラフ

ⓐ 客たちは費用対効果の分析を行わず，「無料！」のチョコレートを選んだ。
ⓑ 印刷物のみの選択肢がなくなると，それが学生たちの選択に変化を起こした。
ⓒ 約73%の客が高品質のチョコレートを選び，27%が一般的なものを選んだ。
ⓓ ゼロは感情的に強い反応を起こさせるもの，つまり不合理な興奮の源である。
ⓔ この実験は，経済的意思決定に影響を及ぼす相対性の効果を示している。
ⓕ「無料！」ということばが変化をもたらし，69%の客が「無料！」のチョコレートを選んだ。
ⓖ 3つの選択肢のうち，印刷物のみの選択肢と比べて，印刷物兼インターネットの選択肢は明らかに優れて見えた。

TRY2 Main Idea ヒント

Mark the main idea M, the sentence that is too broad B, and the sentence that is too narrow N.(話の本旨になるものにはMを，広範すぎる文にはBを，限定的すぎる文にはNの印を書きなさい。)

1 ゼロは不合理な決定の源である。
2 私たちはしばしば，隠れた力のせいで不合理な決定を下す。
3 私たちの思考がどのように働くかを理解することは難しい。

TRY3 Details ヒント

Choose the three correct statements. (正しい記述を3つ選びなさい。)

ⓐ 経済雑誌に載っていた広告についてどう書かれているか。 → 教p.70, ℓℓ.2～3
ⓑ ダンは経済雑誌の3つの選択肢についてどのように考えたか。 → 教p.70, ℓℓ.8～10
ⓒ 3つの選択肢からインターネット版のみを選んだ学生はどのくらいいたか。 → 教p.70, ℓℓ.12～14
ⓓ おとりの選択肢の実験で，ダンは何に気づいたか。 → 教p.70, ℓℓ.21～24
ⓔ「2つ買えば1つ無料」の効果はどのようなものか。 → 教p.70, ℓℓ.26～30
ⓕ ダンはチョコレートを使ってどのような実験をしたか。 → 教p.70, ℓℓ.32～36
ⓖ 私たちの意思決定は何に影響を受けているのか。 → 教p.71, ℓℓ.11～12
ⓗ 私たちはどうすることで意思決定を改善できるのか。 → 教p.71, ℓℓ.13～15

TRY4 Facts and Opinions ヒント

Write FACT for a factual statement and OPINION for an opinion.
(事実に基づく記述にはFACT，個人的見解にはOPINIONと書きなさい。)

1 125ドルでの印刷物版の定期購読という2つ目の選択肢は，少し高く思えた。

2 印刷物兼インターネット版の選択肢は，印刷物版のみの選択肢よりも明らかにいいものに見えた。

3 ゼロは感情的に強い反応を起こさせるものだ。

4 経済的な理論によれば，価格を下げることは何の変化にもつながらないはずだ。

TRY5 Deeper Understanding ヒント

Discuss the following with your partner. (次のことについてパートナーと話し合いなさい。)

1 例 A: I heard that real estate agents use decoys when showing apartments to customers.

B: What do you mean?

A: They put an apartment which doesn't look good as a decoy into the options for customers.

B: Wow. So, the rest of them look better.

2 例 A: I once saw a flyer from a pizza shop that said "Buy one Get one FREE" and I ordered one without thinking.

B: I've seen that, too. It sounds like a very good deal.

A: Exactly. But in the end, we didn't finish the two pizzas.

TRY6 Retelling ヒント

例 Introduction

I am Dan Ariely. I study economic decision making. When I was browsing the internet, I came across an advertisement in an economic magazine. It included these three offers. The first one was an internet subscription for $59. The second one was a $125 print subscription. The third one was a print and internet subscription for $125.

Body ①

It would take a bit of thinking to choose between the first and second offers, but, relative to the second one, the third one clearly looks better. When I gave these options to 100 college students, 84 students chose the third one; they saw the advantage in it. They might have been influenced by the presence of the print-only option, which I called the decoy. Then I removed the decoy as follows: (1) internet-only subscription for $59 and (2) print-and-internet subscription for $125. This time, 68 students chose the internet-only option. The decoy made them choose differently. Their decisions were predictably irrational and caused by relativity.

Body ②

Let's look at another example of irrational decision making. Suppose you are going to buy two pairs of socks. You also notice that if you buy two pairs of a different kind of sock, you get a third pair for free. You buy the different kind, which you didn't initially want. Zero is an emotional hot button. To find out the reason, I offered high-quality and ordinary chocolates with a sign which said "One kind of chocolate per customer" at a large building. The high-quality ones were 15 cents, which was cheaper than the regular price, and the ordinary ones were one cent. As a result, about 73% of the customers chose the high-quality ones. Next, to see how the word "FREE!" might change the situation, we lowered the price of the high-quality chocolate to 14 cents, and offered the ordinary one for free. We just lowered the price of each by one cent, but this time, about 69% of the customers chose the free ordinary ones.

Conclusion

These examples show that relativity and emotions shape our decisions. We can be predictably irrational very often. To improve our decision making, we should understand that fact.

Language Function

1 it is *A* that [who, which] S + V　itを用いた強調構文

(代)名詞(句・節)または**副詞(句・節)**を**強調**した文にする場合は，強調したい語句を**<it is *A* that [who / which]>**の ***A* の位置**に入れて表現する。元の文の残りの語句は，そのまま that や who，which の後ろに置く。

1. It was Naoko that [who] ______ took a math exam yesterday.

(昨日，数学の試験を受けたのはナオコだった。)

➡ 強調したい語句が <it is *A* that ...> の *A* の位置に置かれている。元の文で took の主語になっている Naoko を強調するために前に出し，残りが that [who] の後に続いている。*A* が「人」の場合は that または who を用いる。

2. It was a math exam that [which] Naoko took ______ yesterday.

(昨日，ナオコが受けたのは数学の試験だった。)

➡ 強調したい語句が <it is *A* that ...> の *A* の位置に置かれている。元の文で took の目的語になっている a math exam を強調するために前に出し，残りが that [which] の後に続いている。*A* が「人以外」の場合は that または which を用いる。

3. It was yesterday that Naoko took a math exam ______.

(ナオコが数学の試験を受けたのは昨日だった。)

➡ 強調したい語句が <it is *A* that ...> の *A* の位置に置かれている。副詞の yesterday を強調するために前に出し，残りが that の後に続いている。*A* が副詞(句)の場合は that を用いる。

4. It was the decoy that [which] ______ made them choose differently.

(彼らに異なった選択をさせたのはおとりだった。)

➡ 強調したい語句が <it is *A* that ...> の *A* の位置に置かれている。元の文で made の主語になっている the decoy を強調するために前に出し，残りが that [which] の後に続いている。

Qヒント Describe each picture with the given words by focusing on the circled person.
(それぞれの写真を，与えられた語句を使い，丸で囲まれた人物に焦点を当てて説明しなさい。)

A John を強調して，「映画館で寝たのはジョンだった」などの意味の文にする。

B Jim を強調して，「マリコと握手をしているのはジムだ」などの意味の文にする。

2 could [must, might, should, etc.] have *done*　助動詞＋ have ＋過去分詞

could, must, might, should などの助動詞の後に完了形が続く形は，**過去のことに関する現在の <推量>** や **<後悔>** などを表す。

以下の例文 1.～4. は，それぞれ Kana didn't call me last week. に続く文である。

1. She **could have been** sick in bed. (彼女は病気で寝ていたのかもしれない。)
   (=It was possible that she was sick in bed then.)

➡ could have *done* は「～したかもしれない」という意味で，過去のことについての <可能性> を表す。

2. She **must have been** very busy. (彼女はとても忙しかったに違いない。)
   (=It was quite likely that she was too busy to call me then.)

➡ must have *done* は「～したに違いない」という意味で，過去のことについての <確信> を表す。

3. She **might have forgotten** about it. (彼女はそれについて忘れたのかもしれない。)
   (=I'm not sure, but perhaps she just forgot about it.)

➡ might have *done* は「～したのかもしれない」という意味で，過去のことについての <推量> を表す。

➡ may have *done* もほぼ同じ意味を表すが，might の方が may より可能性がやや低い。

4. She **should have called** me later. (彼女は私に後で電話をするべきだった。)
   (=There was a good reason for her to call me later, but she didn't.)

➡ should have *done* は「～するべきだった(のにしなかった)」という意味で，過去のことについての <非難> を表す。主語が 1 人称の場合，<後悔> の意味を表すことが多い。

5. What **could have** possibly **changed** their minds?
   (彼らの考えを変えた可能性があるのはいったい何なのだろうか。)

➡ could have *done* は「～したかもしれない」という意味で，過去のことについての <可能性> を表す。

Qヒント Describe each picture with the given words and the structure above.
(それぞれの写真を，与えられた語句と上の構文を使って説明しなさい。)

A「私は傘を持ってくるべきだった」などの意味の文にする。「～するべきだった」は should have *done* で表す。

B「彼女は鍵をなくしたに違いない」などの意味の文にする。「～したに違いない」は must have *done* で表す。

Speaking ヒント

Warm-up dialogue: Making sure

空所を含む発言は,「ユミってかわいいと思わない?」に対する応答である。空所の直前に you like her とあるので,相手が彼女のことが好きであると確認をする意味の文になると考えられる。

A: ケン,ユミってかわいいと思わない?
B: ああ,君はユミが好き＿＿＿＿＿＿。
A: 僕が思うに…,修学旅行で遊園地に行った時にユミと僕は一緒にジェットコースターに乗ったんだ。それ以来,僕はいつも彼女のことばかり考えている。
B: タクミ,それはもしかしたら吊り橋効果かも…。

Sharing your experience

❶

Aで使える表現:
unconsciously act the same as someone in front of you
(無意識に目の前の人と同じ行動をとる)
feel comfortable with *A* (Aといるのが心地よく感じる)
Bで使える表現:
don't feel comfortable *do*ing (〜するのは気が引ける)
return a favor (お返しをする)

❷

選択肢の訳

ⓐ「無料!」の効果
ⓑ ミラーリング(相手の動作をまねること)
ⓒ 返報性の原理(人に何かしてもらったら,お返しをしなければならないと思ってしまうこと)

Writing ヒント

質問の訳

・もしあなたが,高品質のチョコレートを15セント,一般的なものを1セントで提供されたら,どちらを選びますか。

・もしあなたが,高品質のチョコレートを14セント,一般的なものを無料で提供されたら,どちらを選びますか。

使える表現:
I would choose 〜 because ...
(私は〜を選ぶでしょう,なぜなら…だから)
seem to be 〜
(〜であるように思える)

定期テスト予想問題

解答 ➡ p.124

1 日本語の意味に合うように，____に適切な語を入れなさい。

(1) 彼らはお金持ちだ。言いかえると，彼らは違う世界に住んでいるのだ。
They are rich. ________ ________ ________, they live in a different world.

(2) 私はネットニュースで偶然この記事を見つけた。
I ________ on this article in the online news.

(3) 彼は家にとどまっていなかったし，それどころか，あちこち遊び歩いた。
He didn't stay home; ________ ________ ________, he played around everywhere.

(4) 結局のところ，彼が間違っていたことがわかった。
________ all, we found out that he was wrong.

2 日本語に合うように，( ) 内の語句を並べかえなさい。

(1) 私をいらいらさせるのは，彼の大きな声だ。
(his loud voice / makes / irritated / it / that / me / is).
________________________________.

(2) 彼らは決勝戦でライバルチームに勝った可能性がある。
(beaten / they / have / rival team / could / their) in the final game.
____________________________ in the final game.

(3) この試験を作ったのは木下先生だった。
(Mr. Kinoshita / was / exam / made / who / this / it).
________________________________.

3 次の英文を，( ) 内の指示にしたがって書きかえなさい。

(1) Meg and I had dinner together <u>last night</u>. (下線部を強調して)
→ It was ____________________________.

(2) I'm sure that you left your umbrella on the train. (must を使って)
→ You ____________________________.

4 次の英語を日本語に訳しなさい。

(1) She should have studied more for the test.
(   )

(2) It is water that people in this area need the most.
(   )

(3) The concert tickets might have sold out before noon.
(   )

5 次の英文を読んで，後の問いに答えなさい。

①(another / making / is / example / decision / here / irrational / of). Suppose you go to buy socks. You find two pairs of socks you want. You also notice that, with a different kind, ②if you buy two pairs of socks, you get a third pair for free. You ③(　　) (　　) buying socks of the different kind, the one you didn't choose first. ④Zero is an emotional hot button—a source of irrational excitement. Why does "FREE!" make us so happy?

(1) 下線部①が「もうひとつ不合理な意思決定の例を挙げよう」という意味になるように，(　)内の語を並べかえなさい。

______________________________.

(2) 下線部②の英語を日本語に訳しなさい。

(　　　　　　　　　　　　　　　　　　　　)

(3) 下線部③が「結局～を買うことになる」という意味になるように，(　)に適切な語を入れなさい。

__________ __________ buying

(4) 下線部④が言いかえている1語を本文中から抜き出しなさい。 __________

6 次の英文を読んで，後の問いに答えなさい。

The examples above describe ①hidden forces, such as relativity and emotions, that shape our decisions. We are not only irrational, but predictably irrational; our irrationality happens the same way, again and again. Understanding how we are predictably irrational provides a starting point for improving our decision making and ②(way / better / for / we / changing / live / the / the). ③The next time you go to buy a pair of socks, try not to buy ones you do not want!

(1) 下線部①が具体的に何を指すのか，日本語で答えなさい。

(　　　　　　　　　　)

(2) 下線部②が「私たちの生き方を好転させること」という意味になるように，(　)内の語を並べかえなさい。

______________________________.

(3) 下線部③の英語を日本語に訳しなさい。

(　　　　　　　　　　　　　　　　　　　　)

(4) 次の中から，本文の内容に合うものを1つ選びなさい。

ア. Relativity is the only thing that shapes our decisions.

イ. Our irrational decision making is not predictable.

ウ. We make the same irrational decisions over and over.

エ. We should understand our own emotions to live better. (　　)

定期テスト予想問題 解答 pp.122~123

1 (1) In other words (2) stumbled (3) on the contrary (4) After

2 (1) It is his loud voice that makes me irritated(.)
(2) They could have beaten their rival team (in the final game.)
(3) It was Mr. Kinoshita who made this exam(.)

3 (1) (It was) last night (that) Meg and I had dinner together(.)
(2) (You) must have left your umbrella on the train(.)

4 (1) 彼女はそのテストのためにもっと勉強するべきだった。
(2) その地域の人たちが最も必要としているのは水だ。
(3) そのコンサートのチケットは正午前には売り切れたのかもしれない。

5 (1) Here is another example of irrational decision making(.)
(2) ２足の靴下を買えば無料で３足目がもらえる
(3) end up (4) free [FREE]

6 (1) 相対性と感情
(2) changing the way we live for the better
(3) 次にあなたが靴下を買いに行く時は，ほしいと思っていないものを買わないようにしてください！ (4) ウ

解説

2 (1) <it is *A* that ...> の構文を使い，「彼の大きな声」を強調する文にする。
(2)「～した可能性がある」は could have *done* で表す。
(3) <it is *A* that ...> の構文を使い，「木下先生」を強調する文にする。

3 (1) 強調する last night を前に出し，残りを that の後に続ける。that は省略可能。
(2) <be sure ＋ that 節> は「～ということを確信している」。「～したに違いない」という意味の must have *done* で言いかえる。

4 (1) should have *done* は「～するべきだった」という <後悔> の意味を表す。
(2) <it is *A* that ...> は「…なのは A だ」という意味を表す。
(3) might have *done* は「～したかもしれない」という過去の <推量> を表す。

5 (1) 相手に何かを提示する時は Here is ～で表す。
(2) 直説法の if 節に主節が続いている。pair は「(靴下などの) 1 足」を表す。
(3)「結局～することになる」は end up *do*ing で表す。
(4) zero は「ゼロ，最低の状態」，つまり free「無料」と同様の意味。

6 (1) 直後の such as の後が下線部の具体例になっている。
(2)「*A* を好転させる」は change *A* for the better で表す。
(3) <the next time ＋ S ＋ V> は「次に S が～する時は」という意味。
(4) ウ.「私たちは同じ不合理な決断を何度も繰り返す」が，本文２文目の our irrationality happens the same way, again and again の部分と一致する。

Lesson 6 A Long Way Home

単語・熟語チェック

1 ~ 2

exhausted	形 疲れ果てた	I was **exhausted** from walking around. 私は歩き回ったせいで**疲れ果てて**いた。
fall asleep	熟 眠りに落ちる，寝入る	I **fell asleep** at around 11 p.m. last night. 私は昨晩は11時頃に**眠りに落ちた**。
asleep	形 眠って	Jack was **asleep** on the chair. ジャックは椅子で**眠って**いた。
bench	名 ベンチ	There are five **benches** in the park. その公園には5台**ベンチ**がある。
assume	動 ～だと思い込む	I **assumed** he would come back soon. 私は彼がすぐに戻って来る**と思って**いた。
in (a) panic	熟 動揺して	I was **in a panic** and shouted. 私は**動揺して**大声を出した。
call for *A*	熟 (声を上げて) A を求める	We should **call for** help right now. 私たちはすぐに助け**を呼ば**なきゃ。
beg	動 物乞いをする	The man was **begging** at the station. その男は駅で**物乞いをして**いた。

3

get placed into [in] *A*	熟 A に入れられる	The bird **got placed into** the wood box. その鳥は木の箱に**入れられた**。
orphanage	名 児童養護施設，孤児院	They grew up in an **orphanage**. 彼らは**児童養護施設**で育った。
staff	名 職員，従業員	We need many more **staff** for the event. 私たちはそのイベントのためにもっと多くの**スタッフ**が必要だ。
hometown	名 故郷	My **hometown** is along a big river. 私の**故郷**は大きな川に沿っている。
pronounce	動 ～を発音する	Gordon can **pronounce** Japanese words very well. ゴードンは日本語をとても上手に**発音**できる。
hopeless	形 絶望的な	The club's economic situation is **hopeless**. そのクラブの経済的状況は**絶望的**だ。
Australian	形 オーストラリア(人)の	This is a famous **Australian** sightseeing spot. ここは有名な**オーストラリアの**観光地だ。
adopt	動 ～を養子にする	The rock star **adopted** five children. そのロックスターは5人の子どもを**養子にした**。

have no choice but to *do*	熟 ～する以外に選択肢がない	I **had no choice but to** leave the place. 私にはその場所を立ち去るしか選択肢はなかった。

4

despite	前 ～にもかかわらず	**Despite** the bad weather, a lot of people got together. 悪天候にもかかわらず，多くの人が集まった。
happiness	名 幸福	This dog brought **happiness** into our lives. この犬が私たちの人生に幸福をもたらした。
origin	名 生まれ，出身	His **origin** is not known. 彼の生まれはわかっていない。
hold onto [on to] *A*	熟 Aを手放さない	**Hold onto** your hope! 君の希望を手放すなよ！
identity	名 アイデンティティ，自己同一性	Why do the people have an **identity** problem? なぜその人たちはアイデンティティの問題を抱えているのだろうか。
detail	名 細部	Do you remember the **details** of the story? その話の細部を覚えていますか。
adoptive	形 養子関係の	They are **adoptive** parents of two children. 彼らは２人の子どもを養子にしている夫妻である。
sensible	形 分別がある	The boy is very **sensible** for his age. その男の子は年齢の割にはとても分別がある。

5

useless	形 役に立たない	This box is **useless** for holding water. この箱は水を保管するのには役立たない。
invention	名 発明(品)	Paper is one of the four great **inventions**. 紙は四大発明のうちの１つである。
be of some [great, little] use (to *A*)	熟 何かの役に立つ[大いに役に立つ，ほとんど役に立たない]	I believe this book will **be of great use to** you. この本はあなたにとってとても役に立つと思います。
vaguely	副 ぼんやりと	I **vaguely** saw a ship far away. はるか遠くに船がぼんやりと見えた。
spelling	名 つづり	The **spelling** of this word is wrong. この単語のつづりは間違っている。
numerous	形 多数の	I tried **numerous** times. 私は数えきれないほど何度も挑戦した。
make sense (out) of *A*	熟 Aの意味を理解する	I cannot **make sense of** this sentence. 私にはこの文の意味がわからない。

6

confident	形 自信にあふれた	I feel **confident** about my work. 私は自分の仕事には自信を持っている。
visual	形 視覚の，視覚による	This kind of bird has strong **visual** ability. この種の鳥は優れた視力を持っている。

verify	動 ～を確かめる	**Verify** if this sentence is correct. この文が正しいかを確かめなさい。
relevant	形 関連した	Your question is not **relevant** to this subject. あなたの質問はこの主題とは関連がないですね。
web	名 情報通信網，ウェブ	I use this **web** tool very often. 私はこのウェブツールをとても頻繁に使う。
application	名 アプリケーション	How many **applications** do you use every day? 毎日いくつのアプリケーションを使いますか。
angle	名 角度	You can see the tower better from this **angle**. この角度からならもっとよくその塔が見えますよ。
explore	動 ～を探索する	We **explored** hidden places in Africa. 私たちはアフリカの秘境を探検した。
online	形 オンラインの	I bought a book at this **online** shop. 私はこのオンラインショップで本を1冊買いました。
be determined to *do*	熟 ～することを決意している	I **was determined to** be a teacher at the age of 21. 私は21歳の時に教師になることを決意した。
determined	形 かたく決意した	No one can change his **determined** decision. 誰も彼のかたい決心は変えられないよ。
core	名 中心(部)，核	He ate even the **core** of the apple, too. 彼はリンゴの芯も食べてしまった。

7 ～ 8

flick	動 ～をはじく，フリックする	John **flicked** the screen quickly. ジョンは画面を素早くフリックした。
idly	副 あてもなく	I walked **idly** around the city. 私は町をあてもなく歩いた。
in [with] frustration	熟 いらいらして	She left the room **in frustration**. 彼女はいらいらして部屋を去った。
frustration	名 欲求不満	His words increased my **frustration**. 彼のことばが私の欲求不満を膨らませた。
trace	動 ～をたどる	We **traced** the river and found a spring. 私たちはその川をたどり，泉を見つけた。
ask around about *A*	熟 Aについて聞いて回る	Why are you **asking around about** Mr. Smith? どうしてスミスさんのことを聞いて回っているんですか。
stare	動 じっと見る	I **stared** out the window of the bus at the houses. 私はバスの窓からその家々をじっと見つめた。
mispronounce	動 ～の発音を間違う	People often **mispronounce** my name. 人々はよく私の名前の発音を間違える。
get back *A* / get *A* back	熟 Aを取り戻す	I want to **get** my money **back**. 私はお金を取り戻したい。

1～2

ポイント 兄と駅に行ったサルーの身に何が起きたか。

1 ① Saroo, / a five-year-old Indian boy, / arrived / at a train station / with his older
サルーは / 5歳のインド人の少年である / 着いた / 駅に / 彼の兄と

brother, / Guddu.// ② Guddu said / to him, / "Just stay / here / until I come back."//
一緒に / グドゥという // グドゥは言った / 彼に / 「ちゃんと動かずにいなさい / ここに / 私が戻ってくるまで」と //

③ Saroo was so exhausted / that he fell asleep / on a bench.// ④ When he woke up, /
サルーはとても疲れきっていたので / 彼は眠りに落ちた / ベンチの上で // 彼が起きた時 /

he saw a train / in front of him / and jumped on it, / thinking Guddu was there.//
彼には電車が見えた / 目の前に / そしてそれに飛び乗った / グドゥがそこにいると思い //

⑤ On the train, / he fell asleep again, / assuming Guddu would come and get him /
電車の中で / 彼は再び眠りに落ちた / グドゥが迎えに来るだろうと思い込んで /

soon.//
すぐに //

2 ⑥ When Saroo woke up, / he found / the train was moving.// ⑦ He looked for
サルーが目を覚ますと / 彼は気づいた / 電車が動いていることに // 彼はグドゥを

Guddu / in a panic, / but he was alone / on the train.// ⑧ It kept moving / for more
探した / 慌てふためいて / しかし彼はひとりだった / 電車の中で // それは進み続けた /

than 12 hours / until it stopped / at a big city / called Kolkata.// ⑨ Not only was he
12時間以上 / それが停車するまで / 大きな都市に / コルカタと呼ばれる // 彼は自分ひとりだっただけでなく

alone, / he saw a crowd / of people / speaking an unfamiliar language.// ⑩ He called
/ 群衆を見た / 人々の / なじみのない言語を話している // 彼は助け

for help, / but no one paid him any attention / because there were a lot of children /
を求めた / しかし誰も彼に注意を払わなかった / なぜなら多くの子どもがいたからだ /

begging around the station.//
駅の周りで物乞いをしている //

単語チェック

□ **exhausted**	形 疲れ果てた	□ **assume**	動 ～だと思い込む
□ **asleep**	形 眠って	□ **beg**	動 物乞いをする
□ **bench**	名 ベンチ		

本文内容チェック 「間違った電車に飛び乗り，兄とはぐれたサルー」

1 5歳のサルーは兄と駅に行き，兄を待ちながらベンチで寝ていた。彼が起きた時，目の前の電車に兄が乗っていると思って飛び乗り，再び眠ってしまった。

2 彼は目覚め，慌てて兄を探したが，見つからなかった。電車はコルカタの駅まで動き続けた。彼は助けを求めたが，物乞いの多いそこでは誰も相手にしてくれなかった。

読解のカギ

③ **Saroo was** so **exhausted** that **he** fell asleep **on a bench.**

➡ so ～ that ... は「とても～なので，…である」という意味を表す。
➡ fall asleep は「眠りに落ちる，寝入る」という意味を表す。

④ **(When he woke up), he saw a train in front of him and jumped on it, (thinking Guddu was there).**
➡ thinking の導く句は分詞構文。「～と思い」という意味を表す。

⑤ **On the train, he fell asleep again, (assuming Guddu would come and get him soon).**
➡ assuming の導く句は分詞構文。「～と思い込んで」という意味を表す。
➡ come and *do* は「～しに来る」。come and get で「迎えに来る」という意味になる。

⑥ **(When Saroo woke up), he found (the train was moving).**
➡ <find ＋ that 節> は「～ということに気づく」という意味を表す。ここでは that が省略されている。

⑧ **It kept moving for more than 12 hours (until it stopped at a big city called Kolkata).**
➡ It と it は前文⑦の the train を指している。
➡ keep *do*ing は「～し続ける」という意味を表す。
➡ called が導く過去分詞句は「～と呼ばれる」という意味で，a big city を後ろから修飾している。

⑨ **Not only was he alone, he saw a crowd of people speaking an unfamiliar language.**
(was = V, he = S, alone = C)
➡ Not only という否定語を含む語句が，強調のために文頭に置かれている。そのため倒置が起こり，疑問文の語順になっている。倒置しない文は，He was not only alone である。 文法詳細 p.142
➡ speaking が導く現在分詞句は，a crowd of people を後ろから修飾している，または <see ＋ O ＋ C(現在分詞)>「O が～しているのを見る」の補語(C)であると見ることもできる。

⑩ **He called for help, but no one paid him any attention (because there were a lot of children begging around the station).**
➡ call for *A* は「(声を上げて)A を求める」という意味を表す。
➡ pay *A* attention は「A に注意を払う」という意味を表す。
➡ begging が導く現在分詞句は「駅の周りで物乞いをしている」という意味で，a lot of children を後ろから修飾している。

3

ポイント 児童養護施設に入れられたサルーの身に何が起きたか。

3 ① Saroo got placed / into an orphanage, / where the staff tried to find his hometown.// ② Since he was only five years old / and couldn't pronounce the name / of his hometown, / his case was hopeless.// ③ One day, / the staff told him / that an Australian family wanted to adopt him.// ④ He wanted to go back / to his home, / but he had no choice / but to accept that offer.//

サルーは入れられた / 児童養護施設に / そこでは職員が彼の故郷を探そうとした // 彼はたったの5歳だったので / そして名前を発音できなかったので / 彼の故郷の / 彼の状況は絶望的だった // ある日 / 職員が彼に言った / あるオーストラリア人の家族が彼を養子にしたがっていると // 彼は戻りたいと思っていた / 彼の家に / しかし彼には選択肢がなかった / その申し出を受け入れる以外に //

単語チェック

□ **orphanage**	名 児童養護施設	□ **hopeless**	形 絶望的な
□ **staff**	名 職員，従業員	□ **Australian**	形 オーストラリア(人)の
□ **hometown**	名 故郷	□ **adopt**	動 ～を養子にする
□ **pronounce**	動 ～を発音する		

本文内容チェック **「児童養護施設に入り，養子になるしか選択肢がなかったサルー」**

3 サルーは児童養護施設に入れられた。彼は故郷の名前を発音できなかったので，状況は絶望的だった。彼を養子にしたいというオーストラリア人家族が現れ，彼は家に戻りたがっていたが，それを受け入れるしかなかった。

読解のカギ

① **Saroo** (S) **got** (V) **placed** (C) **into an orphanage**, (**where the staff** (S') **tried** (V') **to find his hometown** (O')).

➡ get placed into *A* は「A に入れられる」という意味を表す。placed は place「～を配置する，置く」の過去分詞で，<get ＋過去分詞>「～される」の構造になっている。

➡ where は非限定用法の関係副詞。この用法では関係副詞の前に「,(コンマ)」を置く。非限定用法の where は，先行詞(ここでは an orphanage)に情報を付け足す働きを持ち，「～, (そして)そこで…」と訳す。 文法詳細 p.144

➡ the staff は児童養護施設の「職員」を指している。単数形で，職員全体を集合的に表す。

➡ try to *do* は「～しようとする，試みる」という意味を表す。

問1. 並べかえなさい。

エマと私は別々のグループに入れられた。

(placed / separate / I / groups / Emma / into / and / got).

______________________________.

問2. 並べかえなさい。

彼女はケベックに引っ越し，そこで新しい仕事を始めた。

(to / she / where / a new job / moved / she / started / Quebec / ,).

_____ .

② (Since <u>he</u> <u>was</u> <u>only five years old</u> and <u>couldn't pronounce</u> <u>the name of his</u>
　　　　(S')　(V')　　　(C')　　　　　　　　　(V')　　　　　　(O') ⌐————┐

<u>hometown</u>), <u>his case</u> <u>was</u> <u>hopeless</u>.
　　　　　　　　S　　 V　　 C

➡ since は「〜なので」という意味の接続詞である。

➡ couldn't pronounce の主語は he である。

➡ case は「状況，場合」，hopeless は「絶望的な」という意味を表す。「状況が絶望的」
とは，サルーが故郷の名前を発音できないので探すことができなかったということ
を言っている。

問3. _____ を埋めなさい。

状況は悪いが，絶望的ではない。

The situation is bad, but not _____ .

③ (One day), <u>the staff</u> <u>told</u> <u>him</u> (<u>that an Australian family wanted to adopt</u>
　　　　　　　　S　　 V　 O₁　　　　　　　　O₂

<u>him</u>).

➡ <tell + O + that 節> は「O に〜ということを言う」という意味を表す。

④ **He wanted to go back to his home, but he had no choice but to accept that offer.**

➡ go back to A は「A に帰る，戻る」という意味を表す。

➡ have no choice but to do は「〜する以外に選択肢がない」という意味を表す。この
but は「〜以外，〜を除いて」という意味で用いられている。

➡ that offer とは，前文③で述べているオーストラリア人家族の「サルーを養子にした
い」という申し出のことである。

問4. _____ を埋めなさい。

私たちにはここで待つ以外に選択肢はない。

We _____ _____ _____ _____ to wait here.

問の解答　**問1.** Emma and I got placed into separate groups(.)　**問2.** She moved to Quebec, where she
started a new job(.)　**問 3.** hopeless　**問 4.** have no choice but

4

ポイント サルーの養母は，サルーにどのように接していたか。

4 ① Despite the happiness / his new life brought, / Saroo missed his family / in India.// ② He also wondered / about his origins.// ③ He believed / his memories / about India / would help him hold onto his identity.// ④ Since he couldn't read and write / back then, / he often recalled them / in his mind / in order not to forget any detail.// ⑤ Sue, / Saroo's adoptive mother, / was an understanding person.// ⑥ She noticed / Saroo was a lovely sensible child / when he came, / so she knew / he had been loved / by his birth mother.// ⑦ She believed / that his memories / of his past / were very important / to him.// ⑧ So, / to help Saroo keep his memories, / she wrote down / what he told her / in diaries.//

幸福にもかかわらず / 彼の新しい生活がもたらした / サルーは家族が恋しかった / インドの // 彼は思い悩んでもいた / 彼の生まれについて // 彼は信じていた / 彼の記憶が / インドに関する / 彼がアイデンティティを保つ助けをすると // 彼は読み書きができなかったので / その当時は / 彼はよくそれらのことを思い出した / 心の中で / どんな細かい点も忘れないように // スーは / サルーの養母である / 理解のある人物だった // 彼女は気づいていた / サルーは愛らしくて分別のある子どもだと / 彼が来た時 / なので彼女はわかっていた / 彼が愛されていたと / 彼の生みの母親によって // 彼女は思った / 彼の記憶は / 彼の過去の / とても大切なものであると / 彼にとって // なので / サルーが記憶をとどめておく手助けするために / 彼女は書き留めた / 彼が彼女に話したことを / 日記帳に //

単語チェック

□ **despite**	前 ～にもかかわらず	□ **detail**	名 細部
□ **happiness**	名 幸福	□ **adoptive**	形 養子関係の
□ **origin**	名 生まれ，出身	□ **sensible**	形 分別がある
□ **identity**	名 アイデンティティ		

本文内容チェック **「養子になった後も元の家族のことを忘れたくなかったサルー」**

4 新生活は幸福でも，サルーはインドの家族を忘れないようにしていた。彼の養母は彼の記憶をとどめておくために，日記帳に彼が話したことを書き留めた。

読解のカギ

① **(Despite the happiness {his new life brought}), Saroo missed his family in India.**

(which[that])

➡ despite は「～にもかかわらず」という意味を表す。前置詞なので後ろには名詞(句)が続く。

➡ happiness の後ろには目的格の関係代名詞 which [that] が省略されている。(which [that]) his new life brought が先行詞の the happiness を修飾している。

➡ new life とは，養子にもらわれた先での新しい生活のことである。

② **He also wondered about his origins.**

➡ wonder about *A* は「A について思い悩む，思いを巡らす」という意味を表す。

➡ origin は「生まれ，出身」という意味を表す。この意味では複数形で用いられることが多い。

③ **He believed ((that) his memories about India would help him hold onto his identity).**

(S') his memories about India / (V') would help / (O') him / (C') hold

➡ believed の後ろには接続詞の that が省略されている。

➡ <help ＋ O ＋ C(原形不定詞)> は「O が〜する助けをする」。hold onto *A* は「A を手放さない」という意味を表す。

④ **(Since he couldn't read and write back then), he often recalled them in his mind in order not to forget any detail.**

➡ read and write は「(文字を)読み書きする」という意味を表す。

➡ them は前文③の his memories about India を指している。

➡ in order not to *do* は <目的> を表す in order to *do* の否定形で，「〜しないように」という意味を表す。

⑤ **Sue, Saroo's adoptive mother, was an understanding person.**

Sue ＝ Saroo's adoptive mother

➡「,(コンマ)」で挟まれた Saroo's adoptive mother は Sue の具体的説明である。

➡ understanding は「理解のある，物わかりの良い」という意味の形容詞である。

⑥ **She noticed ((that) Saroo was a lovely sensible child) (when he came), so she knew ((that) he had been loved by his birth mother).**

had been loved：過去完了形

➡ noticed と knew の後ろには，それぞれ接続詞の that が省略されている。

➡ had been loved は <had been ＋過去分詞> の形で，受動態の過去完了形である。knew の表す過去の時点より，さらに前のことであると示している。

⑧ **So, to help Saroo keep his memories, she wrote down (what he told her) in diaries.**

to help Saroo keep his memories：to 不定詞の副詞的用法 / S：she / V：wrote down / O：what he told her

➡ to help が導く句は to 不定詞の副詞的用法である。to 不定詞句内は，<help ＋ O ＋ C(原形不定詞)>「O が〜する助けをする」の形で，C に当たるのは keep である。

➡ what は先行詞を含む関係代名詞である。the thing(s) which と言いかえられる。「〜が…すること」という意味になり，ここでは wrote down の目的語になる名詞節を導いている。

5

ポイント インターネットを使って故郷を探したサルーはどのような成果を得たか。

5 ① Saroo's memories / about India / seemed to be useless / in finding his hometown.// ② By the time he entered college, / however, / the internet had become common, / and he thought / this invention could be of some use.// ③ He started to use the internet / to search for two names / which he vaguely remembered: / "Ginestlay," / his hometown, / and "Berampur," / the station / where he was separated / from his brother.// ④ Since he was not sure / about the names, / he typed in various spellings / of them.// ⑤ He got numerous results / but couldn't make any sense of them.//

サルーの記憶は / インドに関する / 役に立たないように思えた / 彼の故郷を探すのには // 彼が大学に入る頃までには / しかし / インターネットが普及していた / そして彼は考えた / この発明が何かの役に立つかもしれないと // 彼はインターネットを使い始めた / 2つの名前を探すために / 彼がぼんやりと覚えていた / 「ギネストレイ」/ 彼の故郷である / そして「ベランプール」/ 駅である / 彼がはぐれた / 兄から // 彼は確信がなかったので / それらの名前について / 彼はさまざまなつづりを打ち込んだ / それらの // 彼は非常にたくさんの成果を得た / しかしまったくそれらを理解できなかった //

単語チェック

□ **useless**	形 役に立たない	□ **spelling**	名 つづり
□ **invention**	名 発明(品)	□ **numerous**	形 多数の
□ **vaguely**	副 ぼんやりと		

本文内容チェック 「インターネットを使って故郷を探し始めたサルー」

5 サルーはインターネットを使い，ぼんやりと覚えていた故郷の「ギネストレイ」，兄と別れた駅の「ベランプール」という名前を調べた。彼は多くの成果を得られたが，それらをまったく理解することができなかった。

読解のカギ

① **Saroo's memories about India** seemed to **be useless** (in finding his hometown).

➡ seem to *do* は「～するように思える」という意味を表す。
➡ finding は動名詞である。導く句が前置詞 in の目的語になっている。

② (By the time **he entered college**), **however, the internet** had become (過去完了形) **common**, and **he thought** (that) (this invention **could** be of some use).

➡ <by the time + S + V> は「S が～する時までには」という意味で，副詞節である。
➡ had become は <had +過去分詞> の形で，過去完了形である。entered の表す過去の時点ですでに起こっていたことを表している。
➡ and は the internet ... と he thought ... の 2 文を結んでいる。
➡ thought の後ろには接続詞の that が省略されている。
➡ this invention は the internet のことを言っている。
➡ be of some use は「何かの役に立つ」という意味を表す。

③ **He started to use the internet (to search for two names {which he vaguely remembered}): "Ginestlay," his hometown, and "Berampur," the station (where he was separated from his brother).**

to 不定詞の副詞的用法

"Ginestlay" = his hometown, "Berampur" = the station

➡ start to *do* は「～し始める」という意味を表す。
➡ to search ... は to 不定詞の副詞的用法で，「探すために」という意味を表す。
➡ search for *A* は「A を探す」という意味を表す。
➡ which は目的格の関係代名詞で，which he vaguely remembered が先行詞の two names を修飾している。
➡「:(コロン)」以降は，two names which he vaguely remembered を具体的に説明している。
➡ where は関係副詞で，これに導かれる節が，先行詞の the station を修飾している。
➡ be separated from *A* は「A とはぐれる」という意味を表す。

④ **(Since he was not sure about the names), he typed in various spellings of them.**

➡ since は「～なので」という意味の接続詞である。
➡ be sure about *A* は「A について確信している」という意味を表す。ここでは not があり否定文なので，「A について確信がない」という意味である。
➡ the names は前文③の Ginestlay と Berampur のことである。
➡ them は the names を指している。

⑤ **He got numerous results but (he) couldn't make any sense of them.**

➡ couldn't の前には he が省略されている。
➡ make sense of *A* は「A の意味を理解する」という意味を表す。couldn't make any sense of *A* で「A の意味がまったく理解できなかった」という意味になる。A に当たる them は results を指している。インターネットで調べたものの，インドのことばの読み書きができないサルーには理解できない結果だったということである。

6

ポイント サルーは，記憶にあった駅の近くの建造物などについて調べるために何をしたか。

6 ① Saroo was confident / in his visual memories, / though, / such as a large water
サルーは自信があった / 彼の映像記憶に / けれども / 大きな給水塔といった

tower / he remembered / near the station.// ② He wanted to see the places / that
/ 彼が覚えていた / 駅の近くの // 彼は場所を見たかった /

came up / in his searches / to verify / if they were relevant / to him.// ③ One day, /
出てきた / 検索する中で / 確かめるために / それらが関係あるかどうかを / 彼と // ある日 /

he found a web application / which showed cities and landscapes / from various
彼はウェブ・アプリケーションを見つけた / 都市や景観を見せてくれる / さまざまな

angles.// ④ It was exactly what he needed.// ⑤ He started / to spend every night /
角度から // それは彼がまさに必要としていたものだった // 彼は始めた / 毎夜過ごすことを /

exploring the online map.// ⑥ It seemed endless work, / but he was determined / to
オンラインの地図を探索して // それは終わりのない作業に思えた / しかし彼は決意していた /

find his core.//
彼の核を見つけることを //

単語チェック

□ **confident**	形 自信にあふれた	□ **angle**	名 角度
□ **visual**	形 視覚の，視覚による	□ **explore**	動 ～を探索する
□ **verify**	動 ～を確かめる	□ **online**	形 オンラインの
□ **relevant**	形 関連した	□ **determined**	形 かたく決意した
□ **web**	名 情報通信網，ウェブ	□ **core**	名 中心(部)，核
□ **application**	名 アプリケーション		

本文内容チェック **「ウェブ・アプリケーションで，映像記憶にあった物を探すサルー」**

6 サルーは，検索結果の場所が本当に彼と関係があるものなのかを確かめるため，映像記憶にあった駅の近くの給水塔などを見られたらよいと思っていたところ，都市や景観をさまざまな角度から見られるウェブ・アプリケーションを見つけた。彼はそれを使って毎夜，地図を探索するようになった。

読解のカギ

① **Saroo was confident in his visual memories, though, such as a large water tower (he remembered) near the station.**

(which[that])

➡ be confident in *A* は「A に自信がある」という意味を表す。

➡ though は「けれども」という意味の副詞である。前のパラグラフの「駅の名前の検索結果がまったく理解できなかった」という内容を受け，「けれども映像記憶には自信があった」と言っている。

➡ such as *A* は「A などの」という意味を表す。ここでは his visual memories の例を示している。

➡ tower の後ろには目的格の関係代名詞 which [that] が省略されている。(which[that]) he remembered が先行詞の a large water tower を修飾している。

② **He wanted to see the places (that came up in his searches) (to verify {if they were relevant to him}).**

➡ that は主格の関係代名詞で，that came up in his searches が先行詞の the places を修飾している。

➡ come up は「(情報などが画面に)出る，現れる」という意味を表す。ここでは検索結果として出てきたことを表している。

➡ to verify は to 不定詞の副詞的用法で，「～を確かめるために」という意味を表す。<verify + if 節> で「～かどうかを確かめる」という意味になる。

➡ be relevant to *A* は「A と関連がある」という意味を表す。

③ **(One day), he found a web application (which showed cities and landscapes from various angles).**

➡ web application「ウェブ・アプリケーション」は，ウェブ・ブラウザ上で使用するアプリケーションのことを指す。

➡ which は主格の関係代名詞で，which showed cities and landscapes from various angles が先行詞の a web application を修飾している。

④ **It was exactly (what he needed).**
S V C

➡ It は前文③の a web application のことを指している。

➡ exactly は「まさに」という意味の副詞である。

➡ what は先行詞を含む関係代名詞である。the thing which と言いかえられる。「～が…すること[もの]」という意味を表す。ここでは「彼が必要としていたもの」という意味で，文の補語になる名詞節を導いている。

⑤ **He started (to spend every night exploring the online map).**

➡ start to *do* は「～することを始める，～し始める」という意味を表す。to 不定詞句内は，<spend + O + *do*ing>「O(時間など)を～するのに費やす」の構造である。

⑥ **It seemed endless work, but he was determined to find his core.**

➡ It は前文⑤の exploring the online map という行為を指している。

➡ <S + seem + (to be) C> は「S は C のように思える」という意味を表す。

➡ be determined to *do* は「～することを決意している」という意味を表す。

7～8

ポイント 5年に渡るサルーの故郷探しの結果はどのようなものだったか。

7 ① Spending nearly five years searching, / one night / in 2011, / Saroo was
5年近くを捜索に費やし / ある夜 / 2011年の / サルーは

flicking the map / idly / in frustration.// ② Looking at forests and rivers, / he came
地図をフリックしてめくっていた / あてもなく / いらいらしながら // 森や川を見ていて / 彼は

across a train station.// ③ He traced the train line / and hit another station.//
ある駅を偶然見つけた // 彼は線路をたどった / そして別の駅に行き当たった //

④ There was a water tower / which seemed familiar / to him.// ⑤ The station's
給水塔があった / なじみがあるように見えた / 彼にとって // その駅の

name was Burhanpur, / which sounded similar / to his memory / "Berampur."//
名前はブルハンプールだった / 同じような響きだった / 彼の記憶と / 「ベランプール」という //

⑥ He felt / everything start to match.// ⑦ Frozen with excitement, / he slowly
彼は感じた / すべてが一致し始めるのを // 興奮に硬直した後 / 彼はゆっくりと

traced a road, / hoping it would lead him / to his house.// ⑧ Finally, / he saw the
1本の道をたどった / それが彼を導くことを願いながら / 彼の家へと // ついに / 彼は小さな

little house / he had recalled / in his mind / for 25 years!//
家を目にした / 彼が思い出し続けていた / 心の中で / 25年の間 //

8 ⑨ Saroo took a long trip / to India.// ⑩ He arrived / at the house, / but no one
サルーは長い旅に出た / インドへの // 彼は到着した / その家に / しかし誰もそこに

was there.// ⑪ While asking around / about his family, / he saw a woman.//
いなかった // 尋ねて回っている時に / 彼の家族について / 彼は1人の女性を目にした //

⑫ Despite the years, / the moment he looked / at her, / he knew / she was his
長い年月に関わらず / 彼が見た瞬間 / 彼女を / 彼はわかった / 彼女が彼の

mother!// ⑬ Staring / into his face / in great surprise, / she also recognized him.//
母親だと! // 見つめると / 彼の顔を / 大いに驚きながら / 彼女も彼のことがわかった //

⑭ She stepped forward saying, / "Sheru, / Sheru."// ⑮ He realized / that she was
彼女は言いながら前に歩み出した / 「シェルー / シェルー」と // 彼は気づいた / 彼女は彼の

calling his name.// ⑯ As a little child, / he had been mispronouncing even his own
名前を呼んでいると // 小さい子どもの頃 / 彼は自分の名前さえ間違って発音していた

name.// ⑰ He was "Sheru," / meaning "lion."// ⑱ He finally got back his family, /
// 彼は「シェルー」だった / 「ライオン」を意味する // 彼はついに彼の家族を取り戻した /

his real name, / and his identity.//
彼の本当の名前を / そして彼のアイデンティティを //

単語チェック

□ **flick**	動 ～をフリックする	□ **trace**	動 ～をたどる
□ **idly**	副 あてもなく	□ **stare**	動 じっと見る
□ **frustration**	名 欲求不満	□ **mispronounce**	動 ～の発音を間違う

本文内容チェック　**「故郷を見つけ出し，母親との再会を果たしたサルー」**

7 ある夜，サルーは地図で見覚えのある給水塔がある駅を見つけた。その駅の名は記憶にある名前とよく似ていて，道をたどると，彼がずっと思い出していた家があった。

8 彼はインドへ行き，その家の近所で家族について尋ね回っている時に，1人の女性を見かけた。彼はひと目で自分の母親だと気づき，彼女も彼のことがわかった。

読解のカギ

① **(Spending nearly five years searching), one night in 2011, ... in frustration.**

➡ Spending の導く句は分詞構文。「～を費やし，費やした後」という意味を表す。

➡ in frustration は「いらいらして」という意味を表す。

⑤ **The station's name was Burhanpur, (which sounded similar to his memory "Berampur.")**

➡ which は主格の関係代名詞で，前に「,(コンマ)」があるので非限定用法である。先行詞の Burhanpur に説明を加えている。

⑦ **(Frozen with excitement), he slowly traced a road, (hoping it ... his house).**

➡ Frozen の導く句は分詞構文。「～硬直して，硬直した後」という意味を表す。

➡ hoping の導く句は分詞構文。「～ということを願いながら」という意味を表す。

⑧ **Finally, he saw the little house (he had recalled in his mind for 25 years)!**

(which[that])　過去完了形

➡ houseの後ろには目的格の関係代名詞which [that] が省略されている。(which[that]) he had ... for 25 years が先行詞の the little house を修飾している。

➡ 関係代名詞節内の had recalled は継続用法の過去完了形である。

⑪ **(While asking around about his family), he saw a woman.**

➡ While asking ... his family は，asking の前の he is が省略された形，または前置詞を伴った分詞構文である。「～尋ねて回っている時に」という意味を表す。

⑫ **(Despite the years), (the moment he looked at her), he knew ... his mother!**

➡ <the moment + S + V> は「Sが～する瞬間に」という意味の副詞節である。

⑭ **She stepped forward (saying, "Sheru, Sheru.")**

➡ saying の導く句は分詞構文。「～と言いながら」という意味を表す。

⑰ **He was "Sheru," (meaning "lion.")**

➡ meaning が導く現在分詞句は「～を意味する」という意味で，Sheru に情報を付け足している。

TRY1 Overview ヒント

You are writing a story review. Complete the outline.
(あなたは物語のレビューを書いています。概要を完成させなさい。)

Getting lost → 第1～2パラグラフ
From an orphanage to Australia → 第3～4パラグラフ
Finding his family in India → 第5～7パラグラフ
Reunion with his family → 第8パラグラフ

ⓐ サルーは児童養護施設に送られ，それからオーストラリア人家族の養子になった。
ⓑ サルーが目を覚ますと彼は列車にひとりきりで，それから列車はコルカタで止まった。
ⓒ その国を離れて25年後に，彼はついにインドへ戻り，彼の母親に会った。
ⓓ サルーは色々な角度から景観を見せてくれるウェブ・アプリケーションを使い始めた。
ⓔ サルーが記憶をとどめておく助けになるように，彼の養母は彼が話したことを日記に書き留めた。
ⓕ 5年が経とうとする頃，サルーは家族と一緒に住んでいた家を見つけた。
ⓖ 5歳のサルーは兄と一緒に駅に来た。

TRY2 Main Idea ヒント

Mark the main idea M, the sentence that is too broad B, and the sentence that is too narrow N.(話の本旨になるものにはMを，広範すぎる文にはBを，限定的すぎる文にはNの印を書きなさい。)

1 ウェブ・アプリケーションを使うと，場所を色々な角度から見ることができる。
2 サルーの長期に渡る努力は，最後には報われた。
3 家族は互いに愛し合う。

TRY3 Details ヒント

Answer T (true) or F (false). (正誤を答えなさい。)

1 第1パラグラフにサルーの兄がサルーに伝えたことについての記述がある。 → 教p.80, ℓℓ.1～3
2 第2パラグラフにコルカタに着いた時のサルーの様子についての記述がある。 → 教p.80, ℓℓ.9～11
3 第3パラグラフに児童養護施設の職員についての記述がある。 → 教p.80, ℓℓ.12～13
4 第4パラグラフにスーのしたことについての記述がある。 → 教p.80, ℓℓ.24～25
5 第6パラグラフにウェブ・アプリケーションについての記述がある。 → 教p.81, ℓℓ.1～2
6 第7パラグラフに探していた給水塔についての記述がある。 → 教p.81, ℓℓ.7～8
7 第8パラグラフにサルーがインドに戻った時の様子についての記述がある。 → 教p.81, ℓℓ.13～14
8 第8パラグラフにサルーと母親の再会についての記述がある。 → 教p.81, ℓℓ.14～15

TRY4 Recognizing Tone ヒント

Choose the most suitable answer. (最も適切な答えを選びなさい。)

1 サルーが列車でひとりきりだと気づいた時の心境を考える。 → 教p.80, ℓℓ.6〜7
2 養子にされる話が出た時のサルーの状況を考える。 → 教p.80, ℓℓ.14〜16
3 5年近く故郷を捜索し続けていた時のサルーの心境を考える。 → 教p.81, ℓℓ.5〜6
4 25年ぶりにサルーと再会した時の母親の様子を考える。 → 教p.81, ℓℓ.15〜16

TRY5 Deeper Understanding ヒント

Discuss the following with your partner.
(次のことについてパートナーと話し合いなさい。)

1 例 A : The desire to establish his own identity might have encouraged him.
B : I think that his adoptive mother's good understanding of his situation was a great support to him.
A : I see. I think that's true.

2 例 A : If it were in Japan, I would go to a police box for help.
B : Me, too. What if it were overseas?
A : Umm .... I would use a map application in my smartphone.

TRY6 Retelling ヒント

例 1〜2 Saroo, a boy living in India, went to a train station with his older brother. Saroo was exhausted and fell asleep on a bench there. When he woke up, he jumped on the train in front of him because he thought his brother was there. Then, he fell asleep again. After a while, he woke up to find the train was moving. His brother was not there and he was alone. More than 12 hours later, the train stopped at Kolkata. People there were speaking an unfamiliar language. He asked for help, but no one helped him.

3〜4 Saroo was taken to an orphanage. The staff tried to find his hometown, but his case was hopeless. One day, an Australian family offered to adopt him. He really wanted to stay in India, but he had no choice but to accept the offer. Although he was happy in his new life in Australia, he still held onto his identity. Sue, his adoptive mother, thought his past memories were very important to him and wrote down what he told her.

5〜7 After he entered college, he started to use the internet to search for the names of places in India which he remembered. He was confident in his visual memories, such as a water tower he remembered near the station. He started to use a web application to explore online maps. After nearly five years of searching, he found a station named Burhanpur, which sounded similar to the name "Berampur" in his memory.

8 Saroo took a long trip to India, but he could find no one he knew. Asking around about his family, he saw a woman. He knew immediately that she was his mother. She recognized him and said "Sheru," his real name. He had mispronounced even his own name. Finally, he got back his identity.

Language Function

1 not only [as, so, etc.] V + S [auxiliary + S] 倒置

平叙文の語順が変わることを**倒置**と呼ぶ。倒置は強調する語句を**文頭**に置くことで起こる。倒置により**疑問文に似た構造**になる。書きことばに多い表現である。倒置には強調だけでなく，文のリズムを整える働きもある。

1. **Not only** was he alone, he saw a crowd of people speaking an unfamiliar language.
   (was = V, he = S)
   (= Not only was he alone, but also he saw ...)
   (彼は自分ひとりだっただけでなく，なじみのない言語を話している群衆を見た。)

➡ 元の文の形は，He was not only alone, (but also) he saw a crowd of people speaking an unfamiliar language. である。not only という否定語を含む語句が，強調のために文頭に置かれている。そのため倒置が起こり，動詞が主語の前に置かれ，疑問文の語順になっている。

2. **So sad** was Kenta that he couldn't speak any more.
   (was = V, Kenta = S)
   (ケンタはとても悲しかったので，それ以上話ができなかった。)

➡ 元の文の形は，Kenta was so sad that he couldn't speak any more. で，so ～ that ...「とても～なので…である」の構文になっている。so sad の部分が，強調のために文頭に置かれている。そのため倒置が起こり，動詞が主語の前に置かれ，疑問文の語順になっている。

3. **Never** in my life have I seen such a beautiful painting.
   (have = 助動詞, I = S, seen = V)
   (私は人生でそのような美しい絵は一度も見たことがない。)

➡ 元の文の形は，I have never seen such a beautiful painting in my life. である。否定を表す never と in my life を強調するために文頭に置くことによって倒置が起こり，助動詞を前に出した疑問文の語順になっている。

4. He is against the plan, **as** are so many people in this city.
   (are = V, so many people = S)
   (彼は，この町の非常に多くの人々と同じように，その計画に反対している。)

➡ 元の文の形は，He is against the plan, as so many people are in this city. である。この倒置は文のリズムを整えるために起きていて，接続詞の as に続く動詞と主語が疑問文の語順になっている。動詞が発音上主語よりも軽い時にこのような倒置が起きやすい。

+α

動詞が一般動詞の場合

Never again did he see us.
助動詞 S V
(彼が私たちに会うことは二度となかった。)

➡ 元の文の形は，He never again saw us. である。never again という否定語を含む語句が，強調のために文頭に置かれている。そのため倒置が起こり，後ろが助動詞 did を用いた疑問文の語順になっている。

副詞(句)を文頭に置く場合

Into the water jumped the dog, making a loud noise.
V S
(＝The dog jumped into the water, making a loud noise.)
(大きな音を立てて，その犬は水に飛び込んだ。)

➡ <場所> を表す副詞(句)が文頭に出て，倒置が起こる場合がある。
➡ <場所> を表す副詞句である into the water を強調するために文頭に出すことによって倒置が起こり，主語と動詞の順序が逆になっている。
➡ 副詞(句)を文頭に置いた時の倒置では，否定語の時とは異なり，did the dog jump のように助動詞を立てる必要はない。
➡ 副詞(句)を文頭に置いた時の倒置は，主語が人称代名詞の場合は起こらない。<副詞(句), ＋ S(代名詞) ＋ V> の形になる。

例 **On the back of the paper,** he found a strange picture.
<S＋V> のまま
(その紙の裏に，彼は奇妙な絵を見つけた。)

Qヒント Describe each picture with the given words and the structure above.
(それぞれの写真を，与えられた語句と上の構文を使って説明しなさい。)

A not only「～だけでなく」が与えられている。「その犬はかわいいだけでなく，利口でもある」などの意味の文にする。

B so sad が与えられている。so ～ that ...「とても～なので，…である」の that が省略された文だと考えられる。「その知らせをとても悲しく感じたので，彼女は泣き始めた」などの意味の文にする。

2 *noun* + comma [,] + where [when] 関係副詞の非限定用法

関係副詞は，関係詞節の中で**副詞**の働きをする。関係副詞の where，when の前に「**,(コンマ)**」を置いて，先行詞に**情報を追加する**用法を関係副詞の**非限定用法**と呼ぶ。関係副詞の why と how にこの用法はない。

関係副詞の非限定用法は，**<場所>** や **<時>** に関する**情報を接続詞的に付け足し**，where は (and) there / in that place などと，when は (and) then / at that time / in that year などと同じような意味に解釈できる。

1. I met him in *Paris*, **where** we got married five years later.

先行詞

(＝I met him in Paris, and we got married there five years later.)

(私はパリで彼に出会い，５年後にそこで私たちは結婚をした。)

➡ 先行詞は <場所> を表す語である Paris なので，関係副詞は where を用いる。

➡「～, (そして)そこで…」と，先行詞の Paris「パリ」について説明を加えている。

2. We came to the soccer stadium at *seven*, **when** it began to rain.

先行詞

(＝We came to the soccer stadium at seven, and it began to rain then.)

(私たちは７時にサッカースタジアムへ来て，その時に雨が降り始めた。)

➡ 先行詞は <時> を表す語である seven なので，関係副詞は when を用いる。

➡「～, (そして)その時に…」と，先行詞の seven「７時」について説明を加えている。

3. Saroo got placed into *an orphanage*, **where** the staff tried to find his hometown.

先行詞

(＝Saroo got placed into an orphanage, and the staff there tried to find his hometown.)

(サルーは児童養護施設に入れられ，そこで職員が彼の故郷を探そうとした。)

➡ 先行詞は <場所> を表す語である an orphanage なので，関係副詞は where を用いる。

➡「～, (そして)そこで…」と，先行詞の an orphanage「児童養護施設」について説明を加えている。

＋α

文の主語が先行詞になる場合

Bangkok, **where** they grew up, is the capital of Thailand.

(バンコクは，そこで彼らは育ったのだが，タイの首都だ。)

➡ 先行詞は <場所> を表す語である Bangkok なので，関係副詞は where を用いる。

➡ 関係副詞節が先行詞の Bangkok「バンコク」について補足的に情報を追加している。主語が先行詞の場合は「～，そこで…だが，―」と訳すことができる。

➡ このように，関係詞節が文の途中に挿入される時は，節の前後に「,(コンマ)」を置いて区切る。

Qヒント Describe each picture with the given words and the structure above.
(それぞれの写真を，与えられた語句と上の構文を使って説明しなさい。)

A 関係副詞を使って，「私たちは遊園地へ行き，そこで５つの刺激的な乗り物を楽しんだ」などの意味の文にする。

B 関係副詞を使って，「私は８時より遅くに姉［妹］に電話をして，その時彼女はまだ事務所で仕事をしていた」などの意味の文にする。

Speaking ヒント

Warm-up dialogue: Taking turns

空所の前でAは自分のなりたいものについて話していて，空所の後の発言ではBも自分のなりたいものについて話している。空所には，話している話題について相手の発言を促すことばが入ると考えられる。

A: 私は子どもの頃からずっと電車の運転士になりたいと思っています。＿＿＿＿＿＿。

B: 実を言うと，私はヴロガーになりたいんです。

A: ヴロガー？

B: はい。ビデオ・ブロガーのことです。つまり，定期的に動画を撮って，それらをインターネットに上げる人たちのことです。

Discussion

指示文の訳

❶近い将来，多くの職業がコンピューター化やロボットが原因で危機に瀕することになるだろうと言われている。あなたはどの職業が危機に瀕することになり，どれがならなそうだと思いますか。

❷あなたは将来何になりたいですか。あなたは将来において，そのような職業が見つかると思いますか。パートナーと話し合いなさい。

使える表現：

I want to be ~ in the future.(私は将来~になりたいです)

remain in the future(未来でも残っている)

exist in the future(未来に存在している)

essential for ~ (~にとって不可欠な)

be mechanized(機械化される)

Writing ヒント

指示文の訳

ITは，学生が学習する方法や，指導者の教え方を急速に変化させている。学生たちがオンラインで授業を受けることが技術的に可能になっている。授業のすべてをオンラインで行っている学校について，あなたは賛成ですか，反対ですか。

❷

使える表現：

I'm all for ... (私は…に大賛成です)

I'm in favor of ...(私は…に賛成です)

... sound amazing(…はすばらしいと思います)

I'm against ...(私は…に反対です)

The reason I'm in favor of [against] ~ is that ...

(私が~に賛成する[反対する]理由は…です)

定期テスト予想問題

解答 ➡ p.148

1 日本語の意味に合うように，＿＿に適切な語を入れなさい。

(1) その問題に対する意見について，私は聞いて回った。
I ＿＿＿＿＿＿ around ＿＿＿＿＿＿ opinions on that issue.

(2) 彼はいらいらしておもちゃを投げた。
He threw his toy in ＿＿＿＿＿＿.

(3) 彼女は昨晩，ソファーで眠りに落ちた。
She ＿＿＿＿＿＿ ＿＿＿＿＿＿ on a sofa last night.

(4) あなたのお金を取り戻しましたか。
Did you ＿＿＿＿＿＿ your money ＿＿＿＿＿＿?

2 日本語に合うように，( ) 内の語句を並べかえなさい。

(1) 私たちはワイキキに行き，そこで今までで最高の夕日を見た。
(Waikiki / saw / we / the / to / sunset / we / went / where / best / ,) ever.
＿＿＿＿＿＿＿＿＿＿＿＿＿＿＿＿＿＿＿＿＿＿＿＿ ever.

(2) そのチャンピオンは1964年に生まれ, その年に東京オリンピックが開かれた。
(was / in / the Tokyo Olympics / was / when / held / the champion / 1964 / born / ,).
＿＿＿＿＿＿＿＿＿＿＿＿＿＿＿＿＿＿＿＿＿＿＿＿＿＿.

3 次の英語を日本語に訳しなさい。

(1) I like Hokkaido, where I went skiing for the first time.
(　　　　　　　　　　　　　　　　　　　　　　　　)

(2) He came home at nine, when we were all gathered in the living room.
(　　　　　　　　　　　　　　　　　　　　　　　　)

(3) So tired was she that she went to bed early.
(　　　　　　　　　　　　　　　　　　　　　　　　)

4 次の英文を ( ) 内の指示に従って書きかえなさい。

(1) We used to live in Seattle. It frequently rains there.
(関係副詞の非限定用法を使って)
→ ＿＿＿＿＿＿＿＿＿＿＿＿＿＿＿＿＿＿＿＿＿＿＿＿.

(2) My parents got married in 1999. They were 25 years old then.
(関係副詞の非限定用法を使って)
→ ＿＿＿＿＿＿＿＿＿＿＿＿＿＿＿＿＿＿＿＿＿＿＿＿.

(3) There has never been such a cold summer. (never を強調して)
→ Never ＿＿＿＿＿＿＿＿＿＿＿＿＿＿＿＿＿＿＿＿＿.

5 **次の英文を読んで，後の問いに答えなさい。**

Saroo got ①(place) into an orphanage, where the staff tried to find his hometown. Since he was only five years old and couldn't pronounce the name of his hometown, his case was hopeless. One day, the staff told him that an Australian family wanted to adopt him. He wanted to go back to his home, but he had no choice but to accept ②that offer.

(1) 下線部①の（ ）内の語を適切な形に書きかえなさい。

____

(2) 下線部②の具体的な内容を日本語で書きなさい。

（ ）

(3) 次の中から，本文の内容に合うものを1つ選びなさい。

ア. Saroo tried to find an orphanage by himself.

イ. The staff didn't know the name of Saroo's hometown.

ウ. An Australian family helped Saroo go back to his home.

エ. Saroo strongly hoped to be adopted.

（ ）

6 **次の英文を読んで，後の問いに答えなさい。**

①Saroo's memories about India seemed to be useless in finding his hometown. By the time he entered college, ②( ), the internet had become common, and ③(this invention / of / he / use / could / thought / be / some). He started to use the internet to search for ④two names which he vaguely remembered: "Ginestlay," his hometown, and "Berampur," the station where he was separated from his brother. ⑤( ) he was not sure about the names, he typed in various spellings of them. He got numerous results ⑥( ) couldn't make any sense of them.

(1) 下線部①の英語を日本語に訳しなさい

（ ）

(2) 下線部②⑤⑥に入れるのに適切な語を下から1つずつ選び，書きなさい。

[since / however / but]

② ______________ ⑤ ______________ ⑥ ______________

(3) 下線部③が「彼はこの発明が何かの訳に立つかもしれないと考えた」という意味になるように，（ ）内の語句を並べかえなさい。

____

(4) 下線部④が具体的に指す文中の語を2つ抜き出しなさい。

______________ ______________

定期テスト予想問題 解答 pp.146~147

1 (1) asked, about (2) frustration (3) fell asleep (4) get, back

2 (1) We went to Waikiki, where we saw the best sunset (ever.)
(2) The champion was born in 1964, when the Tokyo Olympics was held(.)

3 (1) 私は北海道が好きで，そこに私は初めてスキーへ行った。
(2) 彼は9時に帰宅して，その時に私たちはみんなリビングに集められた。
(3) 彼女はとても疲れていたので，早く就寝した。

4 (1) We used to live in Seattle, where it frequently rains(.)
(2) My parents got married in 1999, when they were 25 years old(.)
(3) (Never) has there been such a cold summer(.)

5 (1) placed
(2) 例 オーストラリア人家族からのサルーを養子にしたいという申し出。
(3) イ

6 (1) サルーのインドについての記憶は，彼の故郷を探すのには役立たないように思えた。
(2) ② however ⑤ Since ⑥ but
(3) he thought this invention could be of some use
(4) Ginestlay, Berampur

解説

2 (1)「,(コンマ)」と where があることに注目。関係副詞の非限定用法を使った文にする。 (2)「,(コンマ)」と when があることに注目。関係副詞の非限定用法を使った文にする。

3 (1) 非限定用法の where は「～，(そして)そこに…」と訳す。
(2) 非限定用法の when は「～，(そして)その時に…」と訳す。
(3) so ～ that ...「とても～なので…」の so ～が前に置かれ倒置が起こった文。

4 (1)(2) 関係副詞の非限定用法は <～, where[when] S' + V'> で表す。
(3) 否定語の強調は，否定語を文頭に置き，その後を疑問文の語順にする。

5 (1) get placed into *A* で「A に入れられる」という意味を表す。
(2) that offer は「その申し出」という意味で，直前の文がその申し出の内容。
(3) イ.「職員はサルーの故郷の名前を知らなかった」が本文1～2文目の内容と一致する。

6 (1) in *do*ing は「～するのに(あたって)」という意味。
(2) but と however は共に「しかし」の意味だが，後者は「,(コンマ)」で区切って文中に挿入できる。since は「～なので」という意味の接続詞。
(3)「何かの役に立つ」は be of some use で表す。
(4) 後ろの「:(コロン)」以降で two names の具体的な説明がされている。

Further Reading 2 Miss Moore Thought Otherwise

単語・熟語チェック

otherwise	副 別なふうに，異なって	He thinks things are going well, but we think **otherwise**. 彼は事態は順調だと思っているが，私たちは違うふうに思っている。

1 ～ 3

A of *B*'s own	熟 B 自身の A	I'm afraid I've made a few mistakes **of my own**. 申し訳ないのですが，私自身いくつかミスをしたようです。
sewing	名 裁縫	Meg is good at **sewing**. メグは裁縫が得意だ。
embroidery	名 刺繍（ししゅう）	She made a delicate **embroidery**. 彼女は繊細な刺繍を作った。
toboggan	名 トボガン（ぞり）	They rode down the hill on a long **toboggan**. 彼らは長いトボガンに乗ってその丘を下った。
bounce	動 跳ねる	The ball **bounced** many times. そのボールは何度も跳ねた。
buggy	名 （1頭立ての）軽装馬車	They got out of the **buggy**. 彼らは馬車から降りた。
glimpse	動 ～をちらりと目にする	Jack **glimpsed** me through the window. ジャックは窓越しに私をちらりと見た。
in the distance	熟 遠方に	I saw a horse **in the distance**. 遠方に1頭の馬が見えた。
beyond	副 （その）向こうに	The mountains that lay **beyond** were covered in snow. 向こうに横たわる山々は雪に覆われていた。
someday	副 いつか	**Someday** you can find a good job. いつか，あなたにはいい仕事が見つかるよ。
poem	名 詩	His **poems** are difficult to understand. 彼の詩は理解するのが難しい。
aloud	副 声を出して	He read several sentences **aloud**. 彼はいくつかの文を声を出して読んだ。
attic	名 屋根裏（部屋）	My brother's bed is in the **attic**. 兄[弟]のベッドは屋根裏部屋にある。
A B's age	熟 B の年頃の A	Many of my friends **my age** already have cars. 私の年の友だちの多くはすでに車を持っている。

unmarried	㊊ 未[非]婚の	They are all **unmarried**. 彼らは全員結婚していない。
keep house	㊍ 家事をする	Lisa **keeps house** for her grandfather. リサは祖父のために家事をしている。
missionary	㊔ 宣教師	He came to Japan as a **missionary**. 彼は宣教師として日本に来た。

4 ~ 5

lawyer	㊔ 弁護士	He wants to be a **lawyer**. 彼は弁護士になりたいと思っている。
day after day	㊍ 来る日も来る日も，毎日	The dog was waiting at the station **day after day**. その犬は来る日も来る日も駅で待っていた。
die from *A*	㊍ A が原因で死ぬ	What did he **die from**? 彼は何が原因で亡くなったのですか。
flu	㊔ インフルエンザ	A lot of people get **flu** in winter. 多くの人が冬場にインフルエンザになる。
niece	㊔ 姪	This is my **niece** Ann. こちらは私の姪のアンです。
venture	㊍ (危険を冒して)行く，進む	Why did he **venture** into that dark wood? なぜ彼はその暗い森の中へ行ったのですか。
hire	㊍ ～を雇う	The company **hired** more than 100 people. その会社は 100 人以上を雇った。
librarian	㊔ 図書館員，司書	My father works as a **librarian**. 父は図書館員として働いている。
enroll	㊍ 入学する	I moved to this city to **enroll** in a school. 私はある学校に入学するためにこの市へ引っ越してきた。

6 ~ 8

shelf	㊔ 棚	There are a lot of books on the **shelf**. その棚にはたくさんの本がある。
for fear that S+V	㊍ S が～するのを恐れて[～しないように]	I keep these apples in this box **for fear that** birds might eat them. 私は鳥が食べてしまわないように，これらのリンゴをこの箱に入れている。
pledge	㊔ 誓約	I made a **pledge** not to waste money. 私はお金を無駄遣いしないという誓約をした。
obey	㊍ ～に従う	Who **obeys** such a rule? 誰がそんなルールに従うんだ。

9 ~ 10

persuade	動 ～を説得する	I **persuaded** him to try it again. 私はもう一度やってみるよう彼を説得した。
check out *A* / check *A* out	熟 Aを借りる，借り出す	I **checked out** five books from the library yesterday. 私は昨日図書館から５冊本を借りた。
push for *A*	熟 Aを強く要求する	We **pushed for** more help. 私たちはさらなる助けを強く求めた。
urge	動 ～を説得する，～に促す	"Please come!" he **urged** us. 「来てください！」と彼は私たちに促した。
urge *A* to *do*	熟 Aに～するよう(しきりに)説得する	The salesperson **urged** me **to** buy a new car. その販売員は私に新しい車を買うように説得した。
take down *A* / take *A* down	熟 Aを下げる，下ろす	They **took down** the shop sign. 彼らはその店の看板を下ろした。
dull	形 退屈な，面白くない	His story was **dull**. 彼の話はつまらなかった。
replace	動 ～を取りかえる	The president of this company will be **replaced** soon. この会社の社長はもうすぐ交代させられる。
replace *A* with *B*	熟 AをBと取りかえる	I **replaced** the old door **with** a new one. 私は古いドアを新しいのと取りかえた。
review	名 批評，書評	What does the **review** say about the book? その書評はその本のことをどのように言っていますか。
publisher	名 出版社	My brother works for a **publisher**. 兄[弟]は出版社に勤務している。
publish	動 ～を出版する	The writer will **publish** a new book next month. その作家は来月新しい本を出版する。
lock	動 ～を(鍵をかけて)しまい込む	I **locked** the watch in the box. 私はその時計を箱の中にしまい込んだ。
cabinet	名 陳列棚	She kept a lot of beautiful rings in this small **cabinet**. 彼女はたくさんの美しい指輪をこの小さな陳列棚にしまっていた。
A is tucked away in *B*	熟 AはBにしまい込まれる	His old books **were tucked away in** five boxes. 彼の古い本は５つの箱にしまい込まれた。
tuck	動 ～を詰め込む	He **tucked** some cookies into the small bag. 彼はいくつかのクッキーをその小さな袋に詰め込んだ。

11

grand	形 壮大な	Our town has a **grand** festival in summer. 私たちの町は，夏に壮大なお祭りがある。
avenue	名 大通り，～街	This part of the **avenue** is always crowded. 大通りのこの辺りはいつも混んでいる。

central	形 中心部の，中央の	Tomatoes were brought to Europe from **Central** America. トマトは中央アメリカからヨーロッパに持ち込まれた。
specially	副 特(別)に	I bought **specially** made cake at the place. 私は特別に作られたケーキをその場所で買った。
hang	動 ～を掛ける	Some paintings are **hung** at eye level. いくつかの絵が目の高さに掛けられている。
tile	名 タイル	Some **tiles** on the wall are broken. その壁のタイルはいくつか割れている。
collection	名 収集物[品]，コレクション	This is his **collection** of rock records. これは彼のロックのレコードの収集品だ。
shell	名 貝殻	There were a lot of pink **shells** on the beach. たくさんのピンク色の貝殻が浜にあった。
butterfly	名 チョウ	Some **butterflies** are flying in the garden. 庭では何匹かのチョウが飛んでいる。
display	動 ～を展示する	A lot of old books are **displayed** in the room. その部屋にはたくさんの古書が展示されている。
be filled with *A*	熟 Aでいっぱいである	The restaurant **is** always **filled with** customers. そのレストランはいつもお客さんでいっぱいである。
huge	形 巨大な	A **huge** bear was running toward us. 巨大な熊が私たちに向かって走ってきた。
bronze	形 青銅(製)の	A **bronze** mirror was found at this site. 青銅製の鏡がこの遺跡で発見された。
swing	動 (前後[左右]に)素早く動く	The heavy door **swung** open. その重厚な扉が素早く開いた。

12 ～ 13

dedicate	動 ～の除幕式をする	The station was **dedicated** on June 4, 1974. その駅は1974年の6月4日に開かれた。
within reach (of *A*)	熟 (Aの)手の届くところに	Today, a lot of information is **within reach**. 今日(こんにち)，多くの情報が手の届くところにある。
curl	動 丸く曲がる	The baby's fingers **curled** around my finger. その赤ん坊の指は，私の指に巻き付いた。
curl up	熟 丸まる，丸まって横たわる	My cat **curled up** on the chair. 私の猫は椅子の上で丸くなっていた。
organize	動 ～を組織する	When did you **organize** this group? あなたがこのグループを組織したのはいつですか。
storyteller	名 語り部	That old woman is a fluent **storyteller**. その老女は流ちょうな語り部だ。
entertain	動 ～を楽しませる	The show really **entertained** me. そのショーは本当に私を楽しませてくれた。

reach into *A*	熟 Aに手を突っ込む	I **reached into** the bag for my glasses. 私は眼鏡を探すために鞄の中に手を突っ込んだ。
wooden	形 木製の	I bought a **wooden** guitar at this store. 私はこのお店で木製のギターを買った。

14 ～ 16

epidemic	名 伝染病(の流行)	I think this is the cause of the **epidemic**. 私はこれがその伝染病の原因だと思う。
depression	名 不景気	The **depression** in the market has continued for five years. その市場の不景気は5年間続いている。
retire	動 退職[引退]する	I can't wait to **retire** and travel around the world. 私は早く退職して世界一周旅行をしたい。
look through *A*	熟 Aに目を通す	He **looked through** the research reports. 彼は研究レポートに目を通した。

1～3

ポイント アニーは同年代のほかの女の子とどのように違っていたか。

1 ① Once in a big house / in Maine, / there lived a little girl / named Annie Carroll Moore.// ② She had large gray eyes, / seven older brothers, / and ideas / of her own.// ③ In the 1870s / many people thought / a girl should stay inside / and do quiet things / such as sewing and embroidery.//

かつて，ある大きな家に / メイン州にある / 小さな女の子が住んでいた / アニー・キャロル・ムーアという名前の // 彼女は大きな灰色の目をしていた / 7人の兄(がいた) / そして考え(を持っていた) / 彼女自身の // 1870年代には / 多くの人が考えていた / 女の子は家の中にいるべきだと / そして地味なことをする(べきだと) / 裁縫や刺繍(ししゅう)といった //

2 ④ But Annie thought otherwise.// ⑤ She liked taking wild toboggan rides / and bouncing along / in Father's buggy.// ⑥ Through the trees / Annie could glimpse the White Mountains, / far away in the distance.// ⑦ She dreamed / about the world / that lay beyond— / and about what she would do someday.//

しかしアニーは違ったふうに考えた // 彼女は激しいトボガン乗りをするのが好きだった / そして跳ねながら進むのが / 父親の軽装馬車に乗って // 木々の間から / アニーにはホワイト山地がちらりと見えた / はるか遠く離れたところに // 彼女は夢見た / 世界について / 向こう側に広がる / そして彼女がいつの日かすることについて //

3 ⑧ Annie loved the stories and poems / Father read aloud / to her / after dinner.// ⑨ On rainy afternoons, / she would climb up / to the attic / to look / at children's magazines.// ⑩ In those days, / children weren't allowed / to enter libraries.// ⑪ People didn't think / reading was very important / for children, / and especially not for girls.// ⑫ When Annie turned 19, / many girls / her age / were already married.// ⑬ Back then, / an unmarried girl / like Annie / might keep house / for her parents, / or perhaps become a teacher or a missionary.//

アニーは物語と詩が大好きだった / 父親が読み聞かせた / 彼女に / 夕食後に // 雨の降っている午後には / 彼女はのぼったものだった / 屋根裏部屋に / 見るために / 子ども向け雑誌を // その当時 / 子どもたちは許されていなかった / 図書館に入ることを // 人々は考えていなかった / 読書がとても重要であると / 子どもにとって / そして特に女の子にとって // アニーが19歳になった時 / 多くの女の子が / 彼女の年齢の / すでに結婚していた // その当時は / 独身の女の子は / アニーのような / 家事をすることがよくあった / 両親のために / または教師や宣教師になる(こともあった) //

単語チェック

□ **sewing**	名 裁縫	□ **beyond**	副 (その)向こうに
□ **embroidery**	名 刺繍	□ **someday**	副 いつか
□ **toboggan**	名 トボガン(ぞり)	□ **poem**	名 詩
□ **bounce**	動 跳ねる	□ **aloud**	副 声を出して
□ **buggy**	名 軽装馬車	□ **attic**	名 屋根裏(部屋)
□ **glimpse**	動 ～をちらりと目にする	□ **unmarried**	形 未[非]婚の

□ **missionary** 名 宣教師

本文内容チェック **「家での静かな暮らしより，広い世界での活躍を夢見ていたアニー」**

1 7人の兄を持つアニーは，自分自身の考えを持った女の子だった。1870年代，女の子は家の中で裁縫や刺繍などをして過ごすべきだと多くの人が考えていた。

2 しかし，アニーはそうは考えなかった。彼女はトボガンぞりや軽装馬車に乗るのが好きで，遠くの山地の向こうの世界で活動することを夢見ていた。

3 アニーは物語や詩が好きだったが，当時子どもが図書館に入ることは許されていなかった。彼女が19歳になる頃，同年代の女の子の多くは結婚をしていた。その頃の未婚の少女は親のために家事をするか，教師や宣教師になることがあるくらいだった。

読解のカギ

① **Once in a big house in Maine, there lived a little girl named Annie Carroll Moore.**

➡ there lived ～は「～が住んでいた」という意味を表す。この there は there is ～構文と同様「そこで」とは訳さない。

➡ named の導く過去分詞句は，a little girl を後ろから修飾している。

⑤ **She liked taking wild toboggan rides and bouncing along in Father's buggy.**
S V O O

➡ taking と bouncing は動名詞で，liked の目的語である動名詞句を導いている。

➡ toboggan「トボガン」は，板の先端が湾曲した形のそりである。

⑦ **She dreamed about the world (that lay beyond)—and about (what she would do someday).**

➡ that は主格の関係代名詞で，that lay beyond が先行詞の the world を修飾している。lay は lie「(物・場所が) ある，広がっている，横たわる」の過去形である。

➡ what は先行詞を含む関係代名詞である。導く名詞節は「～が…すること」という意味で，about の目的語になっている。

⑧ **Annie loved the stories and poems (Father read aloud to her after dinner).**
(which[that])

➡ poemsの後ろには目的格の関係代名詞which[that]が省略されている。(which[that]) Father read aloud to her after dinner が先行詞の the stories and poems を修飾している。

⑫ **When Annie turned 19, many girls her age were already married.**

➡ *A B*'s age は「B の年頃の A」という意味を表す。*B*'s age という年齢を表す名詞句が前の名詞を後ろから修飾している。*B*'s age の前に of や at などの前置詞は不要。

4～5

ポイント 両親と兄の妻が亡くなった後，アニーの身に何が起きたか。

4 ① But Annie thought otherwise.// ② She decided / to become a lawyer / like her father, / and day after day / she went / to his office / to learn how.//

しかしアニーは違ったふうに考えた// 彼女は決めた / 弁護士になることに / 彼女の父親のように / そして来る日も来る日も / 彼女は行った / 彼の事務所に / 方法を学ぶために //

5 ③ Then / in one terrible week, / Annie's parents both died / from the flu.// ④ Her brother's wife died, too, / and Annie stayed home / to take care / of her two little nieces.// ⑤ Venturing beyond the White Mountains would have to wait.// ⑥ After several years, / her brother married again, / and Annie heard exciting news.// ⑦ Libraries were hiring women / as *librarians*!// ⑧ Annie went / to New York / to enroll / in the Pratt Institute Library School.// ⑨ When she graduated / from library school, / she got her first job / as a librarian / at the Pratt Free Library.//

その後 / 恐ろしい1週間の内に /アニーの両親は両方亡くなった / インフルエンザで // 彼女の兄の妻も亡くなった /そしてアニーは家にとどまった / 世話をするために / 彼女の幼い2人の姪の // ホワイト山地越えの挑戦は延期になるしかなかった // 数年後 / 彼女の兄は再婚した / そしてアニーはわくわくするようなニュースを耳にした // 図書館が女性を雇っていた / 司書として // アニーは行った / ニューヨークへ / 入学するために /プラット・インスティテュート大学図書館司書養成所に// 彼女が卒業した時 / 図書館司書養成所を / 彼女は最初の仕事を得た / 司書としての / プラット公立図書館での //

単語チェック

□ **lawyer**	名 弁護士	□ **hire**	動 ～を雇う
□ **flu**	名 インフルエンザ	□ **librarian**	名 図書館員，司書
□ **niece**	名 姪	□ **enroll**	動 入学する
□ **venture**	動 (危険を冒して)行く		

本文内容チェック 「ニューヨークで勉強し，図書館司書としての仕事を得たアニー」

4 アニーは父親と同じように弁護士になることを決め，父親の事務所に通った。

5 両親と兄の妻が亡くなり，アニーは姪の面倒を見なくてはならなくなったが，数年後に兄が再婚すると，ニューヨークで司書養成所を卒業した後，司書の職を得た。

読解のカギ

① **But Annie thought otherwise.**

➡ otherwise は「別なふうに，異なって」という意味で，前のパラグラフの「独身の女の子は両親のために家事をするか，教師や宣教師になることがよくあった」という内容に対して用いられている。

② **She decided to become a lawyer like her father, and (day after day) she went to his office (to learn how).**

➡ decide to *do* は「～することに決める」という意味を表す。
➡ like は「～のように」という意味の前置詞である。
➡ day after day は「来る日も来る日も，毎日」という意味を表す。
➡ to learn は to 不定詞の副詞的用法で「～を学ぶために」という意味を表す。how の後ろには to become a lawyer などの to 不定詞句が省略されていると考えられる。

③ **(Then in one terrible week), Annie's parents both died from the flu.**
➡ one terrible week「恐ろしい 1 週間」は，その週のうちにひどい出来事（＝両親の死）が起こったということを表している。
➡ die from *A* は「A が原因で死ぬ」という意味を表す。

④ **Her brother's wife died, too, and Annie stayed home (to take care of her two little nieces).**
➡ stay home は「家にいる，家にとどまる」という意味を表す。home は副詞である。
➡ to take は to 不定詞の副詞的用法である。take care of *A* は「A の世話をする」という意味なので，to 不定詞句は「～の世話をするために」という意味になる。

⑤ **Venturing beyond the White Mountains would have to wait.**
S: Venturing beyond the White Mountains / V: would have

➡ 動名詞句の Venturing beyond the White Mountains が文の主語である。venture beyond *A* で「（危険を冒して）A の向こうへ行く」という意味になる。
➡ wait は無生物が主語の時に「延期になる」という意味を表す。

⑥ **After several years, her brother married again, and Annie heard exciting news.**
➡ her brother は，前文④で述べられている，妻を亡くした兄のことである。

⑦ **Libraries were hiring women as *librarians*!**
➡ この文は，前文⑥の exciting news の内容を表している。
➡ librarians が強調のため斜体になっている。女子には読書は必要ないと思われていた時代からの変化に対する，驚きや喜びが表れている。

⑧ **Annie went to New York (to enroll in the Pratt Institute Library School).**
➡ to enroll は to 不定詞の副詞的用法で，「入学するために」という意味を表す。enroll in *A* で「A に入学する」という意味になる。
➡ Pratt Institute はニューヨークにある私立大学である。Library School は図書館司書養成所のことを表す。

⑨ **(When she graduated from library school), she got her first job as a librarian at the Pratt Free Library.**
➡ graduate from *A* で「A を卒業する」という意味を表す。

6 ～ 8

ポイント アニーは責任者を務める図書館の児童部門で何をしたか。

6 ① Some libraries were beginning / to let children enter, / but Annie's library had
いくつかの図書館は始めつつあった / 子どもを入館させることを / しかしアニーの図書館には

something brand-new—/ a library room / planned / just for children.// ② Children
真新しいあるものがあった / 図書室という / 設計された / 子どもたちのためだけに // 子どもたちは

could come in / and take books off the shelves, / and in the evenings / Annie read
中に入れた / そして棚から本を取る (ことができた) / そして夕方には / アニーが読み

aloud / to them— / just as her father had read / to her.//
聞かせた / 彼らに / ちょうど彼女の父親が読んでくれたように / 彼女に //

7 ③ Word spread / about Annie's library / until one day a man named Dr. Bostwick
うわさは広まった / アニーの図書館に関する / ある日ボストウィック教授という名前の男性が彼女に

asked her / to be in charge of *all* the children's sections / in the 36 branches / of the
頼むほどに / すべての児童部門の責任者になってほしいと / 36の分館の /

New York Public Library.// ④ Miss Moore dressed / in her finest suit / and visited
ニューヨーク公共図書館の // ムーアさんは正装した / 一番上等なスーツで / そして各図書館

each library.// ⑤ She saw / that many librarians did not let children touch the
を訪れた // 彼女は目にした / 多くの司書が子どもたちに本を触らせないのを

books, / for fear / that they would damage them.// ⑥ Also, / they didn't want to
/ 恐れて / 彼らがそれらを痛めるだろうと // さらに / 彼らは子どもたちに許し

allow children / to take books home.//
たくなかった / 本を家に持って行くのを //

8 ⑦ But Miss Moore thought otherwise.// ⑧ She trusted children, / so she created
しかしムーアさんは違ったふうに考えた // 彼女は子どもたちを信頼した / なので，彼女は

a big black book / with this pledge inside: //
大きな黒い本を作った / このような誓約を中に書いた //

⑨ When I write my name / in this book, /
私が名前を書く時に / この本に /

I promise / to take good care of the book / I use /
私は約束する / 本を丁寧に扱うことを / 私が使う /

at home / and in the library, /
家で / そして図書館で /

and to obey the rules / of the library.//
そして規則に従うことを / 図書館の //

単語チェック

- □ **shelf** 名 棚
- □ **obey** 動 ～に従う
- □ **pledge** 名 誓約

本文内容チェック **「子ども用に，本の取り扱いについての誓約書を作ったアニー」**

6 アニーの図書館には子ども用の図書室があり，そこで彼女は彼らに朗読をした。

7 アニーはニューヨーク公共図書館の 36 分館すべての児童部門の責任者を任されることになり，各図書館を訪ねた。彼女はそこで多くの司書が，子どもたちに本に触れさせず，本の貸し出しもしないようにしているところを目にした。

8 アニーは子どもたちに本を丁寧に扱うことを約束させる誓約が書かれた本を作った。

読解のカギ

① **Some libraries were beginning to let children enter, but Annie's library had something brand-new — a library room planned just for children.**

➡ begin to *do* は「〜することを始める，〜し始める」という意味を表す。
➡ let は使役動詞で，<let + O +原形不定詞> で「O に〜させる」という意味を表す。
➡「—(ダッシュ)」の後ろは，something brand-new の具体的な説明である。
➡ planned の導く過去分詞句は，a library room を後ろから修飾している。

③ **Word spread about Annie's library (until {one day} a man named Dr. Bostwick asked her to be in charge of *all* the children's sections {in the 36 branches of the New York Public Library}).**

S V (S') (V') (O')

➡ 接続詞の until は「〜するほどに」という <程度・結果> を表す意味で使われている。
➡ named の導く過去分詞句は，a man を後ろから修飾している。
➡ ask *A* to *do* は「A に〜するよう頼む」という意味を表す。
➡ be in charge of *A* は「A の責任者である」という意味を表す。
➡ all は「すべての〜」がすごいことであると強調するために斜体になっている。

⑤ **She saw (that many librarians did not let children touch the books, for fear {that they would damage them}).**

{S'} {V'} {O'}

➡ <for fear that S + V> は「S が〜するのを恐れて」という意味を表す。

⑨ **(When I write my name in this book), I promise to take good care of the book (I use {at home} and {in the library}), and to obey the rules of the library.**

(which[that])

➡ when 節は，「〜する時は (，…する)」という <条件> を表している。
➡ promise to *do* は「〜することを約束する」という意味を表す。ここで to *do* に当たるのは，to take ... と to obey ... の 2 か所である。
➡ book の後ろには目的格の関係代名詞 which[that] が省略されている。(which[that]) I use at home and in the library が先行詞の the book を修飾している。

9〜10

ポイント ムーアさんは，図書館を使う子どもたちのためにどのような働きかけをしたか。

9 ① Miss Moore persuaded the librarians to use this pledge / so *all* the children / of New York / could check out books and take them home.//
ムーアさんは司書たちを説得してこの誓約を使わせた / すべての子どもたちが / ニューヨークの / 本を借り出してそれらを家に持ち帰れるように //

10 ② Miss Moore pushed for other changes, too.// ③ She urged the librarians / to take down the SILENCE signs / and spend time / talking with children / and telling them stories.// ④ She pulled dull books off the shelves / and replaced them / with exciting ones.// ⑤ She wrote book reviews / and made book lists / to help parents, librarians, and teachers find good books / for children— / and to encourage book publishers / to publish better children's books.// ⑥ But many libraries still kept children's books locked / in cabinets / or tucked away / in corners.// ⑦ They did not have enough books / for children / or enough shelves / to put them on.//
ムーアさんはほかの変更も要求した // 彼女は司書たちに強く求めた / 「お静かに」の看板を下ろすよう / そして時間を費やすよう / 子どもたちと話をすることに / そして彼らに物語を聞かせることに // 彼女はつまらない本を本棚から抜き取った / そしてそれらを入れかえた / わくわくするようなものと // 彼女は書評を書いた / そして本のリストを作った / 親たち，司書たち，そして教師たちが良書を探す手助けをするために / 子どもたちのための / そして本の出版社を仕向けるために / より良い児童書を出版するよう // しかし多くの図書館が依然として児童書を鍵をかけてしまったままにしていた / 陳列棚に / またはしまい込んだままに / 隅っこに // そこには十分な本がなかった / 子ども向けの / または十分な棚が(なかった) / それらを置くのに //

単語チェック

□ **persuade**	動 〜を説得する	□ **publisher**	名 出版社
□ **urge**	動 〜に促す	□ **publish**	動 〜を出版する
□ **dull**	形 退屈な，面白くない	□ **lock**	動 〜をしまい込む
□ **replace**	動 〜を取りかえる	□ **cabinet**	名 陳列棚
□ **review**	名 批評，書評	□ **tuck**	動 〜を詰め込む

本文内容チェック **「子どもが図書館を使いやすくなるよう，働きかけるムーアさん」**

9 ムーアさんはニューヨークのすべての子どもが本を借りて家に持ち帰れるよう，司書たちを説得して誓約書を使わせた。

10 ムーアさんは，司書たちに子どもたちと話し，話を読み聞かせるように言ったり，良書を探しやすいよう書評を書いたり，リストを作ったりしたが，多くの図書館で児童書はしまいこまれていて，児童書もそのスペースも十分ではなかった。

読解のカギ

① **Miss Moore persuaded the librarians to use this pledge (so *all* the children of New York could check out books and take them home).**

➡ persuade *A* to *do* は「A を説得して〜させる」という意味を表す。

➡ <so (that)＋S can *do*> は「S が〜できるように」という意味を表す。ここでは that は省略されていて，can は時制の一致で過去形の could になっている。

➡ check out *A* は「A を借りる，借り出す」という意味を表す。

② **Miss Moore pushed for other changes, too.**

➡ push for *A* は「A を強く要求する」という意味を表す。

③ **She urged the librarians to take down the SILENCE signs and spend time (talking with children) and (telling them stories).**

➡ urge *A* to *do* は「A に〜するよう（しきりに）説得する」という意味を表す。

➡ take down *A* は「A を下げる，下ろす」という意味を表す。

➡ spend *A* *do*ing は「〜するのに A を費やす」という意味を表す。

④ **She pulled dull books off the shelves and replaced them with exciting ones.**

➡ pull *A* off *B* は「A を B から抜き取る」という意味を表す。

➡ replace *A* with *B* は「A を B と取りかえる」という意味を表す。

➡ ones は books の代わりに用いられている。

⑤ **She wrote book reviews and made book lists (to help parents, librarians,**
　　 S　　V　　　　O　　　　　　　V　　　O

and teachers find good books for children)—and (to encourage book publishers to publish better children's books).

➡ to help と to encourage は共に to 不定詞の副詞的用法で，どちらも wrote book reviews and made book lists の<目的>を表している。

➡ to help で始まる to 不定詞句内は，<help ＋ O ＋原形不定詞>「O が〜する手助けをする」の形になっている。parents, librarians, and teachers が O に当たる。

➡ encourage *A* to *do* は「〜するよう A を仕向ける」という意味を表す。

⑥ **But many libraries still kept children's books locked in cabinets or tucked**
　　　 S　　　　　　　 V　　　　O　　　　C(＝過去分詞)　　　　C(＝過去分詞)

away in corners.

➡ <keep ＋ O ＋過去分詞>は「O を〜されたままにする」という意味を表す。

➡ tucked は「〜を詰め込む」という意味の動詞 tuck の過去分詞。be tucked away in *A* で「A にしまい込まれる」という意味を表す。

⑦ **They did not have enough books (for children) or enough shelves (to put**
　　 S　　　 V　　　　　O　　　　　　　　　　　　O

them on).

➡ enough *A* to *do* は「〜するのに十分な A」という意味を表す。

11

ポイント　新しく建つ図書館のために，ムーアさんは何を準備したか。

11 ① When a grand new library was planned / to be built / on Fifth Avenue and
大きな新しい図書館が計画された時　　　　 / 建設されると / 　5 番街と 42 番通りに面

42nd Street, / Miss Moore was determined / to make its new Central Children's
するところに　 / 　ムーアさんは決心していた　 / 　　そこの新しい中央児童室を最高のものに

Room the best / it could be.//　② Miss Moore had child-size tables and chairs
すると　　　 / 　できる限り //　　ムーアさんは子どもサイズのテーブルと椅子を特別に

specially made.//　③ She chose beautiful pictures / to hang on the walls / and found
作ってもらった　//　　彼女は美しい絵を選んだ　 / 壁に掛けるための / そしてすてきな

lovely tiles / for the floors.//　④ She gathered collections / of shells and butterflies / to
タイルを見　/ 　床用の　//　彼女はコレクションを集めた / 　貝殻とチョウの　/
つけた

display.//　　⑤ The shelves were filled / with the very best children's books.//
展示する　//　　棚はいっぱいだった　/ 　　まさに最高の児童書で　 　//
ための

⑥ Finally, / one warm spring day / in 1911, / the huge bronze doors / of the New
　ついに　/ ある暖かい春の日に / 1911 年 / 巨大な青銅の扉が / ニュー
　　　　　　　　　　　　　　　　の

York Public Library / swung open / for the first time.//
ヨーク公共図書館の / 勢いよく開いた / 　初めて　//

✓ 単語チェック

□ **grand**	形 壮大な		□ **shell**	名 貝殻
□ **avenue**	名 大通り，〜街		□ **butterfly**	名 チョウ
□ **central**	形 中心部の，中央の		□ **display**	動 〜を展示する
□ **specially**	副 特(別)に		□ **huge**	形 巨大な
□ **hang**	動 〜を掛ける		□ **bronze**	形 青銅(製)の
□ **tile**	名 タイル		□ **swing**	動 素早く動く
□ **collection**	名 収集物[品]			

✓ 本文内容チェック　「新しい図書館の児童室のために，色々と準備をするムーアさん」

11　ニューヨーク公共図書館を建設する時，ムーアさんは中央児童室のために子ども用
のテーブルや椅子，壁に掛ける絵，床用のタイル，貝殻とチョウのコレクション，
棚にいっぱいの最高の児童書を用意した。そうして図書館は 1911 年に開館した。

読解のカギ

① (**When a grand new library was planned** {**to be built** on Fifth Avenue and
　　　　　　　　　(S')　　　　　　　　　　　 (V')

　42nd Street}), **Miss Moore was determined** (**to make** its new Central
　　　　　　　　　　　 S　　　　　 V

Children's Room the best it could be).

➡ on Fifth Avenue and 42nd Street の on は「～に面する」という意味を表す。「5番街と 42 番通りに面する」とは，「2つの通りが交わった角にある」ということである。またニューヨークの街では，南北に走る通りを Avenue，東西に走る通りを Street と呼ぶ。

➡ be determined to *do* は「～することを決意している」という意味を表す。to *do* に当たる to make ... は <make + O + C>「O を C にする」の構造になっている。O に当たるのは its new Central Children's Room，C に当たるのは the best it could be である。

➡ <the best + S + can + *do*> は「S が～できる限り最高のもの」という意味を表す。

② **Miss Moore had child-size tables and chairs specially made.**

S　V　O　C(過去分詞)

➡ have は使役動詞で，<have + O +過去分詞> の形で「O を～してもらう」という意味を表す。had ... made は「…を作ってもらった」という意味になる。

③ **She chose beautiful pictures (to hang on the walls) and found lovely tiles for the floors.**

S　V　O ← to 不定詞の形容詞的用法　V　O

➡ to hang の導く to 不定詞句は形容詞的用法で，beautiful pictures を修飾している。

④ **She gathered collections (of shells and butterflies) (to display).**

S　V　O ← to 不定詞の形容詞的用法

➡ to display は to 不定詞の形容詞的用法で，collections of shells and butterflies を修飾している。

⑤ **The shelves were filled (with the very best children's books).**

S　V

➡ be filled with *A* は「A でいっぱいにされる，いっぱいである」という意味を表す。

➡ very は「まさに」という意味の副詞である。最上級を修飾するのに用いて，最も当てはまることを強調する。

⑥ **(Finally), (one warm spring day in 1911), the huge bronze doors (of the New York Public Library) swung open (for the first time).**

S　V　C

➡ one warm spring day in 1911 は「1911 年のある暖かい春の日に」という意味の副詞句である。

➡ swung は swing「素早く動く」の過去形である。後ろの open は形容詞で，<swing +形容詞> は「素早く動いて～(の状態)になる」という意味を表す。ここでは「(扉が)勢いよく開く」という意味になる。

12～13

ポイント 新しく開かれた図書館はどのような場所だったか。

12 ① Crowds lined the streets / as a police escort brought the president / of the
群衆が通りに沿って並んだ / 警察の護衛が大統領を連れて行く時 /

United States, / William Howard Taft, / to dedicate the beautiful new library.//
アメリカの / ウィリアム・ハワード・タフト / その美しい新図書館の開館を祝うために //

② When the library opened / to the public / the next day, / children walked through
その図書館が解放された時 / 一般に / 次の日に / 子どもたちは自分たち専用の

their own special entrance / into the new Central Children's Room.// ③ Hundreds of
特別な入口を通って歩いた / 新しい中央児童室の中へと // 何百冊もの

children's books / in many languages / waited within reach.// ④ And under every
児童書が / 多くの言語の / 手の届く範囲に置かれていた // そしてすべての窓の

window, / a small window seat waited / for children / to curl up / on it.//
下には / 小さな窓際の席が待っていた / 子どもたちが / 丸まって座るのを / その上に //

13 ⑤ Every day seemed to hold a new surprise / there.// ⑥ Miss Moore organized
毎日に新しい発見があるようだった / そこでは// ムーアさんは読書クラブ

reading clubs / and invited musicians, storytellers, and famous authors / to
を組織した / それから音楽家，語り部，そして有名な作家たちを招いた /

entertain the children.// ⑦ Often, / Miss Moore would reach / into her handbag /
子どもたちを楽しませるために // しばしば / ムーアさんは手を伸ばすことがあった / 彼女のハンドバッグの中に /

and pull out a wooden doll / named Nicholas.// ⑧ Children / who were just learning
そして木の人形を引っ張り出した / ニコラスと名付けられた // 子どもたちは/ ちょうど英語を学んでいる

English / felt less shy / about talking / when Nicholas was around.// ⑨ One day /
ところの / あまり恥ずかしく感じないようになった / 話すことを / ニコラスが近くにいれば // ある日 /

the king and queen / of Belgium / visited the New York Public Library.// ⑩ "You
国王と王妃が / ベルギーの / ニューヨーク公共図書館を訪れた //

must come see the Children's Room," / Miss Moore told the queen.// ⑪ That day /
「ぜひ，児童室をご覧になりにいらしてください」と / ムーアさんは王妃に言った // その日 /

all the children / in the library— / from the richest / to the poorest— / shook hands /
すべての子どもが / 図書館にいる / 最も裕福な子から / 最も貧しい子まで / 握手をした /

with the king and queen.//
国王と王妃と //

単語チェック

□ **dedicate**	動 ～の除幕式をする	□ **storyteller**	名 語り部
□ **curl**	動 丸く曲がる	□ **entertain**	動 ～を楽しませる
□ **organize**	動 ～を組織する	□ **wooden**	形 木製の

本文内容チェック **「新しい図書館で，児童のためのさまざまな活動をするムーアさん」**

12 新図書館の開館時には大統領も訪れた。図書館の中央児童室には，多くの言語で書かれた何百という児童書や，子どもたちのための窓際の小さな席が用意されていた。

13 ムーアさんは，子どもたちのために読書クラブを組織したり，音楽家や語り部，有名作家を招いたりした。ベルギー国王と王妃が図書館を訪れたこともあった。

読解のカギ

① **Crowds lined the streets (as a police escort brought the president of the United States, William Howard Taft, {to dedicate the beautiful new library}).**

the president of the United States = William Howard Taft　　to 不定詞の副詞的用法

➡ as は「～する時」という意味の接続詞である。

➡「,(コンマ)」に挟まれた William Howard Taft は，直前の the president of the United States の具体名である。

➡ to dedicate の導く to 不定詞句は副詞的用法で，「～の開館を祝うために」という意味になる。

③ **Hundreds of children's books (in many languages) waited within reach.**

S: Hundreds of children's books　V: waited

➡ hundreds of *A* は「何百もの A」という意味を表す。

➡ within reach は「手の届くところに」という意味を表す。

⑥ **Miss Moore organized reading clubs and invited musicians, storytellers, and famous authors (to entertain the children).**

➡ to entertain が導く句は to 不定詞の副詞的用法で，「～を楽しませるために」という意味になる。

⑦ **Often, Miss Moore would reach into her handbag and pull out a wooden doll (named Nicholas).**

➡ would は <過去の習慣> を表す意味で用いられている。

➡ named Nicholas は過去分詞句で，a wooden doll を後ろから修飾している。

⑧ **Children (who were just learning English) felt less shy (about talking) (when Nicholas was around).**

➡ who は主格の関係代名詞で，who were just learning English が先行詞の Children を修飾している。

➡ less は形容詞 shy を修飾している副詞で，「より少なく～」という意味を表す。「(人形のニコラスがあると) 恥ずかしさが少なくなる」ということである。

⑩ **"You *must* come see the Children's Room," Miss Moore told the queen.**

➡ must は強調のため斜体になっている。相手に強く勧めていることを示している。

14 ～ 16

●ポイント　ムーアさんの作った児童室は，ほかの図書館にどのような影響を与えたか。

14 ① Outside the library walls, / two world wars, / epidemics, / and the Great
図書館の壁の外では　　　/　2つの世界大戦　/　伝染病の流行　/　　　　そして

Depression came and went.// ② But inside, / the Central Children's Room was
大恐慌が来ては去っていった　//　しかし内側では　/　　中央児童室は常に場所であった

always a place / where children could meet other children / and learn interesting
　　　　　/　　子どもたちがほかの子どもたちに出会える　/ そして面白いことを学べる

things.//
　//

15 ③ Across America, / more and more libraries began / to copy Miss Moore's
　　　アメリカ中で　　/　　ますます多くの図書館が始めた　/　　　　ムーアさんの中央

Central Children's Room.// ④ Many libraries also did so / in England, France,
児童室をまねることを　　//　　多くの図書館もそうした　/　イングランド，フランス

Belgium, Sweden, Russia, India, and Japan.//
ベルギー，スウェーデン，ロシア，インド，そして日本で　//

16 ⑤ When Miss Moore turned 70 years old, / some people thought / it was time /
　　　　ムーアさんが70歳になった時　　/　　考える人もいた　/　時であると　/

for her / to retire / and stay at home, / but Miss Moore thought otherwise.// ⑥ She
彼女が / 引退する / そして家にこもる / しかしムーアさんは違ったふうに考えた // 彼女は

traveled / across the country, / teaching / how to make good libraries / for children.//
旅をした / 国中を / 教えながら / 良い図書館を作る方法を / 子どもたちにとって

⑦ Today / libraries / across America / have thousands of books / for children.//
今日では / 図書館には / アメリカ中の / 何千冊もの本がある / 子ども向けの //

⑧ Thanks to Miss Moore, / any child can choose a book / from a library shelf, / curl
ムーアさんのおかげで / どんな子どもでも本を選ぶことができる / 図書館の棚から / 丸まって座る

up / on a comfortable seat / to look through it— / and then / take it home / to read.//
(ことができる) / 心地良い座席の上に / それに目を通すために / そしてその後 / それを家に持って帰る(ことができる) / 読むために //

☑ 単語チェック

□ epidemic	名 伝染病(の流行)	□ retire	動 退職[引退]する
□ depression	名 不景気		

✓ 本文内容チェック　「アメリカ国内や海外の図書館に影響を与えたムーアさんの活動」

14 外の世界の戦争や伝染病，大恐慌に関係なく，図書館の中央児童室はいつも子どもたちの出会いと学びの場だった。

15 アメリカ国内と国外で，多くの図書館がムーアさんの中央児童室をまねし始めた。

16 ムーアさんは70歳を過ぎても引退せず，国中を回って子どもたちのための良い図書館の作り方を教えた。現在，アメリカ中の図書館にはたくさんの児童書があり，彼女のおかげで，子どもたちは本をゆっくり閲覧し，借りて帰ることができるのだ。

読解のカギ

② **(But inside), the Central Children's Room was always a place (where children could meet other children and learn interesting things).**

➡ where は関係副詞で，関係副詞節の where children could meet other children and learn interesting things が a place を修飾している。

④ **Many libraries also did so in England, France, Belgium, Sweden, Russia, India, and Japan.**

➡ so「そのように」は，前文③の copy Miss Moore's Central Children's Room という行為を指している。

⑤ **(When Miss Moore turned 70 years old), some people thought (it was time for her to retire and stay at home), but Miss Moore thought otherwise.**

➡ turn は「(年齢)になる」という意味を表す。

➡ it is time (for *A*) to *do* は「(A が) ～するべき時である」という意味を表す。

⑥ **She traveled (across the country), (teaching {how to make good libraries for children}).**

➡ teaching の導く句は分詞構文で，「～を教えながら」という <付帯状況> の意味を表す。teaching の目的語は，how to *do*「～する方法，どうやって～するか」の形になっている。

⑦ **(Today) libraries (across America) have thousands of books (for children).**
S V O

➡ thousands of *A* は「何千もの A」という意味を表す。

⑧ **(Thanks to Miss Moore), any child can choose a book (from a library shelf), curl up (on a comfortable seat) (to look through it)—and then take it home (to read).**
any child: S　can choose: V　a book: O　curl up: V　(to look through it): to 不定詞の副詞的用法　take: V　it: O　(to read): to 不定詞の副詞的用法

➡ thanks to *A* は「A のおかげで」という意味を表す。

➡ curl up は体を曲げて「丸まる」という意味を表す。ここでは on a comfortable seat と続くので，座席に「丸まって座る」ことを表している。

➡ to look が導く句は to 不定詞の副詞的用法である。look through *A* は「A に目を通す」という意味を表し，to 不定詞句は「～に目を通すために」という意味になる。目的語の it は a book を指している。

➡ to read は to 不定詞の副詞的用法で，「読むために」という意味になる。

Comprehension ヒント

A Choose the correct answer. (正しい答えを選びなさい。)

1 アニーが屋根裏部屋にのぼった目的について考える。
→ 教p.87, ℓℓ.9〜10

2 ムーアさんが作った大きな黒い本とはどんなものだったか考える。
→ 教p.89, ℓℓ.1〜6

3 ムーアさんが「お静かに」の看板を下ろすよう提案した理由について考える。
→ 教p.89, ℓℓ.10〜13

4 ムーアさんは70歳になった時，何をしたか考える。
→ 教p.90, ℓℓ.29〜31

B Answer T (true) or F (false). (正誤を答えなさい。)

1. 第3パラグラフに，子どもにとっての読書の重要性に関する当時の考えについての記述がある。
→ 教p.87, ℓℓ.11〜12
2. 第4パラグラフに，アニーが父親の事務所に通うようになった経緯についての記述がある。
→ 教p.87, ℓℓ.16〜17
3. 第5パラグラフに，アニーがニューヨークに行った目的についての記述がある。
→ 教p.88, ℓℓ.5〜6
4. 第6パラグラフに，アニーのいた図書館の設備についての記述がある。
→ 教p.88, ℓℓ.8〜9
5. 第10パラグラフに，ムーアさんが図書館の書棚にどのような本を並べたかについての記述がある。
→ 教p.89, ℓℓ.13〜15
6. 第11パラグラフに，ムーアさんが作らせたテーブルと椅子についての記述がある。
→ 教p.89, ℓ.26
7. 第13パラグラフに，ムーアさんが子どもたちのためにどのような人たちを招待したかについての記述がある。
→ 教p.90, ℓℓ.8〜11
8. 第14パラグラフに，2つの世界大戦が起きた時の，中央児童室の様子についての記述がある。
→ 教p.90, ℓℓ.23〜25

定期テスト予想問題

解答 ➡ p.170

1 次の英文を読んで，後の問いに答えなさい。

Once in a big house in Maine, ①(lived / girl / Annie Carroll Moore / a / there / named / little). She had large gray eyes, seven older brothers, and ②ideas of (　　) (　　). In the 1870s many people thought a girl should stay inside and do quiet things such as sewing and embroidery.

But Annie thought otherwise. She liked taking wild toboggan rides and bouncing along in Father's buggy. ③Through the trees Annie could glimpse the White Mountains, far away in the distance. She dreamed about the world that lay beyond—and about what she would do someday.

(1) 下線部①が「アニー・キャロル・ムーアという名前の小さな女の子が住んでいた」という意味になるように，( )内の語句を並べかえなさい。

____

(2) 下線部②が「彼女自身の考え」という意味になるように，( )に適切な語を入れなさい。　ideas of ________ ________

(3) 下線部③の英語を日本語に訳しなさい。

(　　　　　　　　　　　　　　　　　　　　)

(4) 次の質問に英語で答えなさい。

Did Annie think that a girl should stay inside and do quiet things?

____

2 次の英文を読んで，後の問いに答えなさい。

Crowds lined the streets as a police escort brought the president of the United States, William Howard Taft, ①to dedicate the beautiful new library. When the library opened to the public the next day, children walked through their own special entrance into the new Central Children's Room. Hundreds of children's books in many languages waited ②(　　) (　　). And under every window, ③(to / it / small / on / window seat / waited / a / children / for / curl up).

(1) 下線部①の英語を日本語に訳しなさい。

(　　　　　　　　　　　　　　　　　　　　)

(2) 下線部②が「手の届くところに」という意味になるように，( )に適切な語を入れなさい。　________ ________

(3) 下線部③が「小さな窓際の席が，子どもたちが上に丸まって座るのを待っていた」という意味になるように，( )内の語句を並べかえなさい。

____

定期テスト予想問題 解答

p.169

1 (1) there lived a little girl named Annie Carroll Moore
(2) her own
(3) アニーには，木々の間からはるか遠方に，ホワイト山地がちらりと見えた。
(4) No, she didn't.

2 (1) その美しい新図書館の開館を祝う[除幕式をする]ために
(2) within reach
(3) a small window seat waited for children to curl up on it

解説

1 (1) there があることに着目する。「～が住んでいた」は there lived ～で表せる。この there は there is ～構文と同様「そこで」とは訳さない。
(2)「B 自身の A」は *A* of *B*'s own で表す。ここで *B* に当たるのは she なので，*B*'s は her となる。
(3) glimpse は「～をちらりと目にする」という意味，in the distance は「遠方に」という意味を表す。
(4) 質問は，「アニーは，女の子は家の中にいて，地味なことをするべきだと考えていましたか」という意味。2つ目のパラグラフの最初の文に But Annie thought otherwise.「しかしアニーは違ったふうに考えた」とあり，それは前のパラグラフの最後の a girl should stay inside and do quiet things such as sewing and embroidery に対して違ったふうに考えた，という意味である。よって質問には No で答える。

2 (1) 下線部は to 不定詞の副詞的用法で，「～するために」と訳す。dedicate は「～の開館を祝う，～の除幕式をする」という意味。
(2)「手の届くところに」は within reach で表す。
(3) 主語の「小さな窓際の席」は a small window seat となる。「A が～するのを待つ」は wait for *A* to *do* で表す。「A の上に丸まって座る」は curl up on *A* で表す。on の目的語の *A* には，a small window seat を受けた代名詞の it が入る。

Lesson 7 Putting iPS Cells into Practice

単語・熟語チェック

1 ~ 2

planarian	名 プラナリア	**Planarians** can stay alive even after they are cut in two. プラナリアは真っ二つに切られた後でも生きていける。
regeneration	名 再生	The animal's **regeneration** ability is interesting. その動物の再生能力は興味深い。
newt	名 イモリ	Several **newts** were swimming in the small river. その小川でイモリが何匹か泳いでいた。
amphibian	名 両生類	Snakes are not **amphibians**. ヘビは両生類ではない。
lizard	名 トカゲ	A **lizard** ran across the hot sand. トカゲが熱い砂の上を横切って走った。
regenerate	動 ～を再生する	He tried to **regenerate** our company. 彼は私たちの会社を再生しようとした。
limb	名 手足	Monkeys use all four **limbs** when they climb. 猿は木に登る時に，４本の手足すべてを使う。
in case of *A*	熟 もしAの場合，Aに備えて	I took an umbrella **in case of** rain. 私は雨の場合に備えて傘を持って行った。
injury	名 けが	If you stretch, you will not suffer **injuries**. ストレッチをすれば，あなたはけがに苦しまないでしょう。
highly	副 非常に	Ms. White is **highly** respected in this town. ホワイトさんはこの町でとても尊敬されている。
sophisticated	形 精巧な，複雑な	This watch is very **sophisticated**. この時計はとても精巧である。
avoid	動 ～を避ける	She tried to **avoid** the crowds. 彼女は人込みを避けようとした。

3 ~ 4

nonetheless	副 それにもかかわらず	It was raining; **nonetheless**, they left the house. 雨が降っていたが，それにもかかわらず彼らは家を出た。
overcome	動 ～を克服する	They **overcame** the disaster. 彼らはその災害を克服した。
artificial	形 人工の	This tooth is **artificial**. この歯は人工である。

transplant	動 ～を移植する	Now, doctors successfully **transplant** hearts. 現在，医師たちはうまく心臓を移植する。
to some extent	熟 ある程度	I can understand your idea **to some extent**. あなたの考えはある程度はわかる。
extent	名 程度	The **extent** of the damage was small. 被害の程度は小さかった。
recreate	動 ～を作り直す，再構成する	They **recreated** the building in one year. 彼らはその建物を1年で作り直した。
tissue	名 (細胞)組織	Doctors sewed the **tissue** together. 医師たちはその細胞組織を縫い合わせた。
medical	形 医学の	People get **medical** data from the internet. 人は医療データをインターネットで入手する。
joint	名 関節	Ball players often injure their **joints**. 球技の選手は，よく関節にけがをする。
A and such	熟 Aなど	I bought apples, lemons, oranges **and such**. 私はリンゴ，レモン，オレンジなどを買った。
in bad shape	熟 状態[調子]が悪くて	He looked like he was **in bad shape** yesterday. 彼は昨日，体調が悪そうに見えた。

5 ～ 6

muscle	名 筋肉	The runner felt a lot of pain in his **muscles**. そのランナーは筋肉に強い痛みを感じた。
method	名 方法	Boiling is a common **method** to prepare food. 煮ることは，一般的な調理方法だ。
object	名 物体	Can you see the round **objects** in this picture? この写真に写る丸い物体が見えますか。
even though S+V	熟 たとえSが～しても	I'll call you **even though** I'm very busy. たとえとても忙しくても，私はあなたに電話します。
cloning	名 クローン化，クローニング	**Cloning** allows us to produce copies of genes. クローニングによって遺伝子のコピーを作り出すことができる。
specific	形 特定の	These plants can be seen in a **specific** area. これらの植物は特定の地域で見られる。
gene	名 遺伝子	He is interested in **genes**. 彼は遺伝子に興味がある。
reset	動 ～を最初の状態に戻す	Just push here to **reset** the computer. コンピューターをリセットするにはここを押すだけでよいです。
factor	名 要因，因子	One **factor** in the choice of a house is its price. 家を選ぶ1つの要因は，その価格だ。
initialize	動 ～を初期化する	I **initialized** my computer before selling it. 私は売る前に自分のコンピューターを初期化した。

7 ～ 8

enhance	動 ～を高める，向上させる	Reading books can **enhance** your imagination. 読書はあなたの想像力を**高める**ことができる。
due	形 (due to Aで) Aが原因で	**Due to** the heavy rain, we couldn't go hiking. 大雨により，私たちはハイキングに行けなかった。
due to *A*	熟 Aが原因で	**Due to** the bad weather, ice cream wasn't selling well. 悪天候により，アイスクリームがあまり売れていなかった。
barely	副 かろうじて，やっと	I could **barely** understand the lesson. 私はその授業を**かろうじて**理解できた。
researcher	名 研究者	That man is an excellent **researcher**. その男性は優秀な**研究者**だ。

9 ～ 10

compete	動 競争する	Companies **compete** to make products cheaper. 企業は製品をより安くするために**競争する**。
put *A* into practice	熟 Aを実行[実践]する	Let's **put** your plan **into practice**. あなたの計画を**実行し**ましょう。
physiology	名 生理学	My elder sister wants to study **physiology** at university. 私の姉は大学で**生理学**を学びたいと思っている。
achievement	名 功績	She left behind great **achievements** in child education. 彼女は児童教育で偉大な**功績**を残した。
competition	名 競争	We must win this **competition**. 私たちはこの**競争**に勝たなくてはならない。
in progress	熟 進行中で[の]	This new project is **in progress**. この新企画は**進行中**だ。
progress	名 進行，前進	Please don't hinder the **progress** of our plan. 私たちの計画の**進行**を妨げないでください。
internal	形 内部の	The **internal** walls in that room were all removed. その部屋の**内部の**壁はすべて取り払われた。
organ	名 器官，臓器	There seems to be some problem with his **organ** of balance. 彼の平衡感覚を司る**器官**に何か問題があるようだ。
miniature	形 小型の	He has a lot of old **miniature** cars. 彼はたくさんのミニカーを持っている。
kidney	名 腎臓	My grandfather had **kidney** trouble. 私の祖父は**腎臓**の問題を抱えていた。
function	動 機能する	I think the team will **function** well. 私はそのチームはうまく**機能する**と思う。
for the time being	熟 当分(の間)	John is going to live with us **for the time being**. **当分の間**，ジョンは私たちと生活することになる。

11

brain	名 脳	My **brain** works well late at night. 私の脳は夜遅い時によく働く。
nerve	名 神経	If this **nerve** is damaged, you cannot hold a ball. もしこの神経が損傷したら，ボールをつかめませんよ。
spinal cord	名 脊髄	His **spinal cord** was damaged. 彼の脊髄は損傷していた。
approve	動 ～を承認する	The development plan was **approved** by the city. その開発計画は市に承認された。
provide *A* with *B*	熟 AにBを提供する	We **provided** them **with** lunch. 私たちは彼らに昼食を提供した。

1 〜 2

ポイント　プラナリアやイモリはどのような能力を持っているか。

1 ① A planarian is a kind / of tiny animal / that lives / in clear water.// ② It is
プラナリアは一種である / 小さな動物の / 生息する / きれいな水の中に // それは

known / for its very high regeneration ability.// ③ You can cut a planarian / in half /
知られている / そのとても高い再生能力で // プラナリアを切ることができる / 半分に /

and get two planarians / in about two weeks.// ④ A newt, / a kind / of amphibian /
そして2匹のプラナリアを得る(ことができる) / 約２週間後に // イモリは / 一種 / 両生類の /

that looks like a lizard, / also has the ability / to regenerate a lost body part.//
トカゲのように見える / 同様に能力を持つ / 失った体の一部を再生する //

⑤ Though it cannot grow a new head / like a planarian can, / it can grow a new
それは新しい頭を生やすことはできないが / プラナリアができるように / それは新しい脚を生やすことができる

leg.// ⑥ It would be good if we could grow new limbs / or a set of fingers / in case of
// もし私たちが新しい手足を生やせたら便利だろう / またはひとそろいの指(を) / けがをした

injury, / but we can't.// ⑦ But why not?//
場合に / しかし私たちはできない // しかしなぜできないのか //

2 ⑧ The reason / that humans and many other animals don't have the same
理由は / 人間やほかの多くの動物たちが同じ再生能力を持っていない

regeneration ability / as planarians and newts / is not yet clear.// ⑨ However, / our
/ プラナリアやイモリと / まだ明らかではない // しかし /

bodies are made up / of highly sophisticated systems, / so / in order to avoid any
私たちの体は成り立っている / 非常に複雑な仕組みによって / そのため / ミスを避けるために

mistakes, / the body has become careful / about regenerating parts / so actively.//
/ 体は慎重になった / 部位を再生することに / とても活発に //

単語チェック

□ **planarian**	名 プラナリア	□ **limb**	名 手足
□ **regeneration**	名 再生	□ **injury**	名 けが
□ **newt**	名 イモリ	□ **highly**	副 非常に
□ **amphibian**	名 両生類	□ **sophisticated**	形 精巧な，複雑な
□ **lizard**	名 トカゲ	□ **avoid**	動 ～を避ける
□ **regenerate**	動 ～を再生する		

本文内容チェック　「プラナリアやイモリが持つ再生能力」

1 プラナリアは高い再生能力を持ち，半分に切られると，約２週間後には再生して２匹になっている。イモリもまた，体の一部を再生する能力を持っている。私たち人間はなぜ，そのように体を再生することができないのだろうか。

2 人間や多くの動物が再生能力を持たない理由ははっきりしていないが，私たちの体はとても複雑なため，活発に部位を再生することに体が慎重になっているのだ。

読解のカギ

① **A planarian is a kind of tiny animal (that lives in clear water).**

➡ a kind of *A* は「A の一種」という意味を表す。

➡ that は主格の関係代名詞で，that lives in clear water が先行詞の a kind of tiny animal を修飾している。

② **It is known for its very high regeneration ability.**

➡ 代名詞の It と its は前文①の A planarian を受けている。

➡ be known for *A* は「A で知られている」という意味を表す。

➡ regeneration は「再生」という意味の名詞だが，ここでは続く名詞の ability を形容詞的に修飾している。

③ **You can cut a planarian (in half) and get two planarians (in about two weeks).**

➡ in half は「半分に」という意味を表す。

➡ get の前には助動詞の can が省略されている。

④ **A newt, a kind of amphibian (that looks like a lizard), also has the ability (to regenerate a lost body part).**

➡「,(コンマ)」で挟まれた a kind of amphibian that looks like a lizard は，A newt の具体的な説明である。

➡ that は主格の関係代名詞で，that looks like a lizard が先行詞の amphibian を修飾している。

➡ look like *A* は「A のように見える」という意味を表す。

➡ to regenerate は to 不定詞の形容詞的用法で，導く句が the ability を修飾している。an ability to *do* で「～する能力」という意味になる。

⑤ **(Though it cannot grow a new head {like a planarian can}), it can grow a new leg.**

➡ it は前文④の a newt を指している。

➡ like は「～ように」という意味の接続詞である。

⑥ **It would be good (if we could grow new limbs or a set of fingers in case of injury), but we can't.**

➡ 主語の It は，副詞節(= if 節)を受けた形式主語であるという見方と，漠然とした状況を指す it であるという見方ができる。<It would be ～+ if + S + could +動詞の

原形>は「もしSが…できたら〜だろう」という意味になる。現実に反する仮定を表すので，過去形の助動詞 would と could を用いた仮定法過去の形になっている。

➡ a set of *A* は「ひとそろいの A」という意味を表す。a set of fingers は「ひとそろいの指」，つまり「欠損のないそろった指」という意味である。

➡ in case of *A* は「もし A の場合，A に備えて」という意味を表す。

問1. 並べかえなさい。

火災の際には，この階段をお使いください。

Please (of / in / fire / use / case / stairs / these).

Please ____.

⑦ **But why not?**

➡ Why not? は否定文を受けて，「なぜ〜ないのか」という意味を表す。

⑧ **The reason (that humans and many other animals don't have the same regeneration ability as planarians and newts) is not yet clear.**

(The reason = S, is = V, clear = C)

➡ 前文⑦の「なぜ」という問いかけへの答えとなる文である。

➡ <the reason + that 節>は「〜である理由」という意味を表す。この that は関係副詞として，why の代わりに用いられている。 文法詳細 p.191

➡ the same *A* as *B* は「B と同じ A」という意味を表す。

➡ yet は否定文では「まだ(〜ない)」という意味を表す。

問2. 日本語にしなさい。

This is the reason that I don't want to have pets.

(　　　　　　　　　　　　　　　　　　　　)

⑨ **(However), our bodies are made up of highly sophisticated systems, (so) (in order to avoid any mistakes), the body has become careful (about {regenerating parts so actively}).**

(our bodies = S, are made up = V; the body = S, has become = V, careful = C; regenerating = 動名詞)

➡ be made up of *A* は「A によって成り立っている」という意味を表す。

➡ so は「〜なので」という意味の接続詞である。

➡ in order to *do* は「〜するために」という意味を表す。

➡ has become は現在完了形の<完了・結果>を表す用法である。「慎重になった」という結果が現在にも残っていることを表している。

➡ regenerating は動名詞で，導く動名詞句が about の目的語になっている。

問の解答 **問1.** (Please) use these stairs in case of fire(.) **問2.** これが私がペットを飼いたくない理由だ。

3〜4

ポイント 山中伸弥博士が研究者を目指したのは，どのような患者との出会いからか。

3 ① Nonetheless, / there are a great many scientists and doctors / around the world / who are trying to overcome difficulties / in treating patients / who need damaged body parts replaced.// ② Using artificial parts, / or transplanting parts / taken from other places / of a person's body / or from someone else's body / is effective / to some extent / but not perfect.// ③ But if it were possible to make parts / from a person's own body cells, / it would solve many problems.// ④ The science / of recreating body parts / is called tissue engineering.//

それにもかかわらず / 非常に多くの科学者や医師たちがいる / 世界中に / 困難を克服しようとしている / 患者を治療する中での / 損傷を受けた体の部位を交換してもらう必要のある // 人工の部位を使うことは / または部位を移植することは / ほかの場所から取られた / 人の体の / または別の誰かの体から / 有効である / ある程度は / しかし完璧ではない // しかし，もし部位を作ることが可能だったら / ある人自身の体細胞から / それは多くの問題を解決するだろう // 技術は / 体の部位の再構成の / 組織工学と呼ばれる //

4 ⑤ One of the most well-known scientists / in this area / is Dr. Yamanaka Shinya / of Kyoto University.// ⑥ He was first a medical doctor / who treated back injuries, / broken limbs, / damaged joints, / and such.// ⑦ One day, / he saw a woman / with a serious disease / in her joints.// ⑧ He was so shocked / when he saw her joints / in bad shape / that he decided to search / for a cure / for the disease.// ⑨ He wanted to find good ways / to treat those patients / suffering from serious diseases and injuries.//

最もよく知られる科学者の１人は / この分野で / 山中伸弥博士である / 京都大学の // 彼は最初医師だった / 背中のけがを治療する / 折れた手足 / 損傷した関節 / など // ある日 / 彼は女性に会った / 深刻な疾患を持った / 関節に // 彼はとてもショックを受けたので / 彼女の関節を見た時 / 状態の悪い / 彼は探すことに決めた / 治療法を / その病気の // 彼は良い方法を見つけたかった / 患者たちを治療するための / 深刻な病気とけがに苦しんでいる //

単語チェック

□ **nonetheless**	副 それにもかかわらず	□ **recreate**	動 〜を作り直す
□ **overcome**	動 〜を克服する	□ **tissue**	名 (細胞)組織
□ **artificial**	形 人工の	□ **medical**	形 医学の
□ **transplant**	動 〜を移植する	□ **joint**	名 関節
□ **extent**	名 程度		

本文内容チェック 「組織工学とは何かと，山中博士が研究者になった経緯」

3 損傷した部位を置きかえる必要のある患者に対し，人工の部位や，患者自身やほかの人からの部位の移植はある程度有効だが，もし患者自身の体細胞から部位を作り出すことができれば多くの問題が解消されるだろう。そのような技術を組織工学と呼ぶ。

4 この分野で有名な山中伸弥博士は，医師だった時の重度の関節の疾患を持つ女性との出会いを機に，そういった病気の治療法の研究を始めた。

読解のカギ

① **Nonetheless, there are a great many scientists and doctors (around the world) (who are trying to overcome difficulties in treating patients {who need damaged body parts replaced}).**

{V'}　{O'}　{C'(過去分詞)}

➡ <a great many ＋複数名詞> は「非常に多くの～」という意味を表す。
➡ world の後の who は主格の関係代名詞で，who are trying ... damaged body parts replaced が先行詞の a great many scientists and doctors を修飾している。
➡ patients の後の who も主格の関係代名詞で，who need damaged body parts replaced が先行詞の patients を修飾している。関係詞節の中は，<need ＋ O ＋過去分詞>「O が～される必要がある」という構造になっている。

② **Using artificial parts, or transplanting parts (taken {from other places of a person's body} or {from someone else's body}) is effective (to some extent) but not perfect.**

S　S　V　C　C

➡ <S ＋ V ＋ C>(第 2 文型)の文で，S は Using と transplanting で始まる 2 つの動名詞句，C は effective と perfect の 2 つである。
➡ taken が導く過去分詞句は，parts を後ろから修飾している。
➡ to some extent は「ある程度」という意味を表す。

⑥ **He was first a medical doctor (who treated back ..., and such).**

➡ who は主格の関係代名詞で，who treated back injuries, broken limbs, damaged joints, and such が先行詞の a medical doctor を修飾している。
➡ *A* and such は「A など」という意味を表す。

⑧ **He was so shocked (when he saw her joints in bad shape) (that he decided to search for a cure for the disease).**

➡ so ～ that ... は「とても～なので…」という意味を表す。
➡ so shocked と that 節の間に when 節が挿入されている。
➡ in bad shape は「状態[調子]が悪くて」という意味を表す。
➡ search for *A* は「A を探す」という意味を表す。

5 ~ 6

ポイント 山中博士たちは，体の組織を作り出すためにどのような手法を編み出したか。

5 ① One way / to create tissue / that could be made into body parts / is to use
1つの方法は / 組織を作り出す / 体の部位に作り変えられ得る / ヒトの卵(らん)

human egg cells, / which have the ability / to grow into any tissue / in the body /
細胞を使うことである / 能力を持つ / どのような組織にも育つ / 体の中の /

such as hair or muscle.// ② This method, / however, / has some problems.// ③ Many
毛髪や筋肉などの // この手法には /しかしながら/ いくつかの問題がある // 多くの人は

think / it is wrong / to treat human eggs, / which are alive, / as objects / and then
考える / 間違っていると / ヒトの卵を扱うことが / 生きている / 物体として / そしてその後それらを

“kill” them, / even though the purpose is to treat patients.// ④ In addition, / people
「殺す」(ことが) / たとえ目的が患者を治療することであっても // さらに / 人々は

fear / that this method could lead / to human cloning.//
危ぶむ / この手法はつながるかもしれないと / 人間のクローン化に //

6 ⑤ For years, / Dr. Yamanaka and his research team / had worked hard / to find a
何年もの間 / 山中博士と彼の調査チームは / 懸命に取り組んでいた / 違う方法

different way / to create tissue.// ⑥ In 2007, / they finally succeeded / in creating
を見つけることに / 組織を作り出すための // 2007年に / 彼らはついに成功した / 心臓の筋肉

heart muscle tissue / from skin cells / taken from a person’s face.// ⑦ The method /
の組織を作り出すことに / 皮膚の細胞から / 人の顔から採取された // 手法は /

they used / was to first add four specific kinds of genes / to the skin cells / in order to
彼らが使った /最初に4つの特定の種類の遺伝子を加えることだった/ 皮膚の細胞に / それらを

return them / to their original state, / a state similar / to egg cells.// ⑧ They then
戻すために / それらの元々の状態へと / 同様の状態 / 卵細胞と // 彼らはそれから

put those cells / into a special liquid / to make them grow into heart muscle tissue.//
それらの細胞を入れた / 特殊な液体の中に / それらを心臓の筋肉の組織へと育たせるために //

⑨ The four genes / they used / to “reset” the cells / were found / among more than
4つの遺伝子は /彼らが使った/ 細胞をリセットするために / 発見された / 2万個以上の遺伝子

20,000 genes / and are now called “Yamanaka Factors.”// ⑩ The initialized cells /
の中から / そして今では「山中因子」と呼ばれている // 初期化された細胞は /

that can grow into cells / of any body part / were named iPS cells.//
細胞へと育つことができる / 体のどの部位の / iPS細胞と名付けられた //

単語チェック

□ **muscle**	名 筋肉	□ **gene**	名 遺伝子
□ **method**	名 方法	□ **reset**	動 ～を最初の状態に戻す
□ **object**	名 物体	□ **factor**	名 要因，因子
□ **cloning**	名 クローン化	□ **initialize**	動 ～を初期化する
□ **specific**	形 特定の		

本文内容チェック　「iPS 細胞を作り出すことに成功した山中博士たち」

5 体の部位になることができる細胞組織を作る方法には卵細胞を使ったものがあるが，ヒトの生きた卵細胞を物として扱うことを問題視する考えもある。

6 山中博士たちは「山中因子」と呼ばれる4つの遺伝子を細胞に導入することで，あらゆる体の部位になることができる iPS 細胞を開発した。

読解のカギ

① **One way to create tissue (that could be made into body parts) is (to use human egg cells, {which have the ability to grow into any tissue in the body such as hair or muscle}).**

➡ to create ... は to 不定詞の形容詞的用法で，One way を修飾している。

➡ that は主格の関係代名詞で，導く節が先行詞の tissue を修飾している。

➡ to use ... は to 不定詞の名詞的用法で，文の補語になっている。

➡ which は前に「,(コンマ)」があるので，非限定用法の主格の関係代名詞である。導く節が先行詞の human egg cells について説明を加えている。

③ **Many think it is wrong to treat human eggs, (which are alive), as objects and then "kill" them, (even though the purpose is {to treat patients}).**

➡ it は形式主語で, <it is + C + to 不定詞>「～するのは C である」の形になっている。

➡ which は非限定用法の関係代名詞である。「,(コンマ)」に挟まれた関係詞節が文中に挿入されていて，先行詞の human eggs について説明を加えている。

➡ even though 節内の to treat ... は to 不定詞の名詞的用法で, 節の補語になっている。

④ **In addition, people fear (that this method could lead to human cloning).**

➡ could は「～かもしれない」という <可能性> を表す意味で用いられている。

➡ lead to *A* は「A(という結果)につながる」という意味を表す。

⑦ **The method (they used) was (to first add four specific kinds of genes to the skin cells {in order to return them to their original state, a state similar to egg cells}).**

(which[that])　their original state = a state similar to egg cells

➡ method の後ろには目的格の関係代名詞 which[that] が省略されている。

➡ to first add ... は to 不定詞の名詞的用法で，文の補語になっている。副詞の first が to と動詞の原形の間に挿入されている。

➡ add *A* to *B* は「A を B に加える」という意味を表す。

➡「,(コンマ)」の後ろの a state similar to egg cells は，前にある their original state の詳しい説明になっている。2つは同格の関係である。

7～8

ポイント iPS細胞はどのようにして，病気やけがの治療に使うことができるのか。

7 ① Dr. Yamanaka's findings enhanced studies / in tissue engineering.// ② iPS cells can be used / for treating various diseases and injuries / by being transplanted / into body parts / that are damaged / or not in good condition.// ③ For example, / if your heart were not working well / due to damaged heart muscles, / doctors could first collect some of your cells / by cutting out a very small section / of your skin.// ④ Next, / they would change the skin cells / into iPS cells / and make them grow / into muscle cells.// ⑤ Last, / they would transplant them / into your heart.//

山中博士の発見は研究を向上させた / 組織工学における // iPS細胞は使われ得る / さまざまな病気とけがの治療のために / 移植されることで / 体の部位に / 損傷を受けた / または健康な状態ではない // 例えば / もしあなたの心臓がうまく機能していないなら / 損傷した心臓の筋肉が原因で / 医師たちは最初に あなたの細胞のいくつかを採取できるだろう / とても小さい一部分を切り取ることで / あなたの皮膚の // 次に / 彼らは皮膚の細胞を変化させるだろう / iPS細胞へと / そしてそれらを成長させる（だろう） / 筋肉の細胞へと // 最後に / 彼らはそれらを移植するだろう / あなたの心臓に //

8 ⑥ Dr. Yamanaka's team was the first to publish its method / of creating human iPS cells, / but only just barely.// ⑦ An American researcher / named James Thomson / published a similar paper / in *Science*, / but Dr. Yamanaka's appeared online first.// ⑧ If it had been posted / just one day later, / the honor / of having made such a wonderful discovery / would have gone / to Dr. Thomson / instead.//

山中博士のチームはその手法を発表した最初の人たちだった / ヒトのiPS細胞を作り出す / しかし本当にぎりぎりだった // あるアメリカ人研究者が / ジェームズ・トムソンという名前の / 同様の論文を発表した / 『サイエンス』で / しかし山中博士のものが最初にオンラインで掲載された // もしそれが投稿されていたら / たった1日遅れで / 名誉は / そのようなすばらしい発見をしたという / 渡っていただろう / トムソン博士に / 代わりに //

単語チェック

□ **enhance**	動 ～を向上させる	□ **barely**	副 かろうじて，やっと
□ **due**	形 (due to A で)A が原因で	□ **researcher**	名 研究者

本文内容チェック 「iPS細胞を用いた治療の可能性と，名誉を得た山中博士たち」

7 体の部位に異常が起きた時，皮膚からわずかに採取した細胞からiPS細胞を作り，その部位の細胞へと成長させ，それをその部位へ移植して治療することができる。

8 山中博士たちは，ぎりぎりのところでiPS細胞の作成法を発表した最初のチームになることができた。

読解のカギ

② **iPS cells can be used (for treating various diseases and injuries) (by being transplanted into body parts {that are damaged or not in good condition}).**

➡ being transplanted は受動態の動名詞で，by の目的語になっている。
➡ that は主格の関係代名詞で，導く節が先行詞の body parts を修飾している。
➡ not in good condition は，damaged と共に，前にある are とつながっている。

③ **For example, (if your heart were not working well due to damaged heart muscles), doctors could first collect some of your cells (by {cutting out a very small section of your skin}).**
➡ <if ＋ S ＋動詞の過去形 , S ＋ could ＋動詞の原形> の形の仮定法過去の文である。続く④⑤の文も <would ＋動詞の原形> の形で，この仮定法の主節と考えられる。
➡ due to *A* は「A が原因で」という意味を表す。
➡ cutting は動名詞で，by の目的語になっている。

④ **Next, they would change the skin cells into iPS cells and make them grow into muscle cells.**
➡ 前文③の if 節に対する主節であり，<S ＋ would ＋動詞の原形> の形になっている。
➡ change *A* into *B* は「A を B に変化させる」という意味を表す。
➡ <make ＋ O ＋ C(原形不定詞)> は「O に〜させる」という意味を表す。

⑥ **Dr. Yamanaka's team was the first to publish its method of creating human iPS cells, but only just barely.**
➡ be the first to *do* は「〜する最初の人[物]である」という意味を表す。
➡ its は Dr. Yamanaka's team を受けた代名詞の所有格である。
➡ barely は「かろうじて」という意味を表す。only just はその意味を強調している。(was) only just barely (the first to publish ...)の(　)の部分が省略されている。

⑦ **An American researcher (named James Thomson) published a similar paper in *Science*, but Dr. Yamanaka's appeared online first.**
➡ named が導く過去分詞句は，An American researcher を後ろから修飾している。

⑧ **(If it had been posted just one day later), the honor of (having made such a wonderful discovery) would have gone to Dr. Thomson instead.**
➡ <if ＋ S ＋ had ＋過去分詞 , S ＋ would have ＋過去分詞> の形の仮定法過去完了の文である。過去の事実と異なることを仮定している。
➡ having made は完了形の動名詞(<having ＋過去分詞>)である。動名詞の表す行為が，述語動詞の時制よりも前のことであるために完了形が使われている。

9 ～ 10

ポイント iPS細胞を使って，実際にどのような治療が行われようとしているか。

9 ① Researchers / around the world / are now competing / to put this technology
　　　 研究者たちは / 　世界中の　 / 今，競っている / 　この技術を実践する

into practice.// ② Dr. Yamanaka, / who shared the 2012 Nobel Prize in Physiology
ために 　// 　　　山中博士は　 / 　2012年ノーベル生理学・医学賞を共同受賞した

or Medicine / for this achievement, / says / this kind of competition is a good thing /
　　　 / 　この功績のおかげで　 / 言う / 　　この種の競争は良いことだと

for patients / who are waiting / for the practical use / of the technology.//
患者たちにと / 　待っている　 / 　実用的な使用を　 / 　その技術の　 //
って

10 ③ In 2014, / the world was surprised / at the news / that eye tissue / created
　　　　2014年に / 　世界が驚いた　 / 　知らせに　 / 目の組織が / iPS細胞

from iPS cells / had been transplanted / into a patient / who had serious eye
から作り出された / 　移植されたという　 / 　患者に　 / 　深刻な目の疾患を持った

disease.// ④ There are also many studies / in progress / on creating internal organs.//
　　 // 　　多くの研究もある　 / 　進行中の　 / 内臓を作り出すことに関する //

⑤ For example, / in 2015, / a miniature kidney / that had all the necessary cells / for
　例えば　 / 2015年 / 　小型の腎臓が　 / 　必要なすべての細胞を持った　 /
　　　　　　に

a kidney to function / was created.// ⑥ In the near future, / doctors will be transplanting
腎臓が機能するために / 作り出された // 　　近い将来　 / 　医師たちはそのような小型の

such miniature kidneys / into human bodies; / for the time being, / they can be
腎臓を移植しているだろう / 　人体に　 / 　当分の間　 / それらは使われ

used / for experiments / such as testing for side effects / of new types of medicines.//
得る / 　実験のため　 / 　副作用の検証などの　 / 　新しい種類の薬の　 //

単語チェック

□ **compete**	動 競争する	□ **internal**	形 内部の
□ **physiology**	名 生理学	□ **organ**	名 器官，臓器
□ **achievement**	名 功績	□ **miniature**	形 小型の
□ **competition**	名 競争	□ **kidney**	名 腎臓
□ **progress**	名 進行，前進	□ **function**	動 機能する

✓ **本文内容チェック** 「実践へと動き出している，iPS 細胞を使った治療法」

9 山中博士は，iPS 細胞技術の実践に関する競争は患者のためになると考えている。

10 2014 年には iPS 細胞から作られた組織の移植が実際に行われた。内臓を作る研究も
　 進んでおり，2015 年にはきちんと機能する小型の腎臓が作り出されている。

読解のカギ

① Researchers (around the world) are now competing (to put this technology
into practice).

➡ to put ... は to 不定詞の副詞的用法である。
➡ put *A* into practice は「A を実行[実践]する」という意味を表す。

② **Dr. Yamanaka, (who shared the 2012 Nobel Prize in Physiology or Medicine for this achievement), says (that) (this kind of competition is a good thing for patients {who are waiting for the practical use of the technology}).**

➡ Dr. Yamanaka の後の who は主格の関係代名詞で，前に「,(コンマ)」があるので非限定用法である。先行詞の Dr. Yamanaka に説明を加えている。
➡ shared は「～を共有した」という意味で，ここではノーベル賞をほかの研究者と共同で受賞したことを表している。
➡ says の後ろには接続詞の that が省略されている。
➡ patients の後の who は主格の関係代名詞で，who are waiting for the practical use of the technology が先行詞の patients を修飾している。

③ **(In 2014), the world was surprised at the news (that eye tissue {created from iPS cells} had been transplanted into a patient {who had serious eye disease}).**
➡ that 節が直前の the news の内容を説明している。このように前にある名詞の言いかえや，補足的な説明をする関係を同格と呼ぶ。 文法詳細 p.190
➡ created が導く過去分詞句は，eye tissue を後ろから修飾している。
➡ had been transplanted は受動態の過去完了形である。述語動詞の was の表す過去の時点ですでに起きていることを表している。
➡ who は主格の関係代名詞で，who had serious eye disease が先行詞の a patient を修飾している。

⑤ **(For example), (in 2015), a miniature kidney (that had all the necessary cells for a kidney to function) was created.**
➡ that は主格の関係代名詞で，that had all the necessary cells for a kidney to function が先行詞の a miniature kidney を修飾している。
➡ necessary ... for *A* to *do* は「A が～するのに必要不可欠な…」という意味を表す。

⑥ **In the near future, doctors will be transplanting such miniature kidneys ...**
➡ will be *do*ing は未来進行形で「(このまま行くと)～しているだろう」という意味を表す。 文法詳細 p.192

11

ポイント 現在，iPS細胞の研究はどのような段階にあるか。

11 ① Today, / iPS cells are in the research stage / to be used to treat diseases or
今日(こんにち)では / iPS 細胞は研究段階にある / 病気やけがの治療に使われるために

injuries / of hearts, eyes, brain nerves, and blood.// ② The spinal cord has also been
/ 心臓，目，脳の神経，そして血液の // 脊髄も加えられた

added / to this list / as the Japanese government approved the use / of iPS cells / in
/ このリストに / 日本政府が使用を承認したため / iPS 細胞の /

2019 / for treating patients / with spinal cord injuries.// ③ Patients / who have
2019年に / 患者たちの治療のための / 脊髄損傷を抱えた // 患者たちは /

completely lost their ability / to move their body / due to accidents / may be able to
完全に能力を失った / 彼らの体を動かす / 事故が原因で / 立つことができるかも

stand / on their own two feet / in the near future.// ④ Doctors and researchers /
しれない / 彼ら自身の２本の脚で / 近い将来 // 医師と研究者たちは /

inside and outside Japan / are working hard / to provide their patients / with the
日本国内外の / 懸命に取り組んでいる / 彼らの患者たちに提供できるよう /

best treatment / as quickly and safely as possible.//
最高の治療を / 可能な限り早く，安全に //

単語チェック

□ **brain**	名 脳	□ **spinal cord**	名 脊髄
□ **nerve**	名 神経	□ **approve**	動 ～を承認する

本文内容チェック 「さらに治療の応用の幅が広がっていく iPS 細胞技術」

11 現在，iPS 細胞は，心臓，目，脳の神経，血液，さらに脊髄の治療にまで研究が進んでいる。日本国内外の医師や研究者たちが，最高の治療を早く安全に患者に提供できるよう，懸命に取り組んでいるところだ。

読解のカギ

① (Today), iPS cells (S) are (V) in the research stage (C) (to be used {to treat diseases or injuries of hearts, eyes, brain nerves, and blood}).
(to treat：to 不定詞の副詞的用法)

➡ to be used ... は受動態の to 不定詞の副詞的用法で，「…使われるために」という意味になる。さらにその to 不定詞句内の to treat ... も to 不定詞の副詞的用法で，「…を治療するために」という意味になる。

➡ 前置詞句の of hearts, eyes, brain nerves, and blood は，diseases or injuries を修飾している。

② **The spinal cord** has **also** been added to **this list** (as **the Japanese government approved the use of iPS cells {in 2019}** {for treating **patients with spinal cord injuries**}).

➡ has been added は，<has[have] + been + 過去分詞> という形の，受動態の現在完了形である。<完了・結果> の意味を表している。
➡ add *A* to *B* は「A を B に加える」という意味を表す。
➡ this list「このリスト」とは，前文①にある hearts, eyes, brain nerves, and blood の並びのことである。つまり，iPS 細胞を使った治療の研究が進んでいる病気やけがの対象に，「脊髄」も加わったと言っている。
➡ as は「〜なので」という意味の接続詞である。
➡ treating は動名詞で，for の目的語になっている。

③ **Patients** (who have **completely** lost **their** ability {to move **their body**} {due to **accidents**}) **may** be able to stand on their own two feet **in the near future.**
➡ who は主格の関係代名詞で，who have completely lost their ability to move their body due to accidents が先行詞の Patients を修飾している。
➡ have lost は現在完了形で，<完了・結果> の意味を表している。
➡ to move ... は to 不定詞の形容詞的用法で，their ability を後ろから修飾している。an ability to *do* で「〜する能力」という意味になる。
➡ due to *A* は「A が原因で」という意味を表す。
➡ be able to *do* は「〜できる」という意味を表す。can と同じ <可能> の意味を表すが，ここでの may のような助動詞と共に can は使えないため，be able to *do* が使われている。
➡ stand on *one's* feet は「自分の脚で立つ」という意味を表す。「自分自身の」という意味を強調するために own が用いられ，「(欠損がなく) 2 本そろった脚」ということを強調するために two が示されている。

④ **Doctors and researchers** (**inside and outside Japan**) **are working hard** (to provide **their patients** with **the best treatment** {as **quickly and safely** as **possible**}).
to 不定詞の副詞的用法

➡ inside と outside はどちらも前置詞で，目的語は共に Japan である。
➡ to provide ... は to 不定詞の副詞的用法である。
➡ provide *A* with *B* は「A に B を提供する」という意味を表す。
➡ as 〜 as possible は「可能な限り〜」という意味を表す。ここでは「〜」に quicky と safely という 2 つの副詞が入っている。as 〜 as *one* can とすることもできる。

TRY1 Overview ヒント

You are writing a passage review. Complete the outline.
(あなたは文章の一節のレビューを書いています。概要を完成させなさい。)

Introduction → 第1～3パラグラフ
Body → 第4～10パラグラフ
Conclusion → 第11パラグラフ

ⓐ 山中博士は, 深刻な疾患を持った女性を診察した後, 自分の研究を始めることに決めた。
ⓑ iPS細胞はさまざまな病気やけがを治療することに使われ得る。
ⓒ ヒトの卵(らん)細胞を使うことは, 組織を作り出す1つの方法ではあるが, 人々は卵子を殺すという考えを嫌うだけでなく, 人間のクローン化の始まりを恐れてもいる。
ⓓ 山中博士は2012年のノーベル賞を共同受賞した。
ⓔ 人間の体は, 両生類ほど活発に部位を再生しないよう, 慎重になっている。
ⓕ 山中博士のチームが, 最初にiPS細胞に関する論文を発表した。
ⓖ 2014年に, iPS細胞から作り出された目の組織が患者へ移植された。
ⓗ 山中博士は, 皮膚の細胞から心臓の筋肉の組織を作り出した。
ⓘ 組織工学の研究において, 多くの科学者と医師たちがさまざまな健康問題を解決しようと努力している。

TRY2 Main Idea ヒント

Mark the main idea M, the sentence that is too broad B, and the sentence that is too narrow N.(話の本旨になるものにはMを, 広範すぎる文にはBを, 限定的すぎる文にはNの印を書きなさい。)

1 山中博士はノーベル生理学・医学賞を共同受賞した。
2 iPS細胞と組織工学に関する技術は急速に発展している。
3 医師と研究者たちは自分の患者たちを助けようと努力する。

TRY3 Details ヒント

Choose the best answer. (適切な答えを選びなさい。)

1 人間が再生能力を持っていない理由を考える。 → 教p.104, ℓℓ.8～9
2 どのような細胞がiPS細胞と名付けられたのかを考える。 → 教p.105, ℓℓ.8～9
3 アメリカの研究者が山中博士と同様の論文を提出したタイミングがいつだったのかを考える。 → 教p.105, ℓℓ.17～21
4 内臓を作り出す研究がどういう状況にあるのかを考える。 → 教p.105, ℓ.28

TRY4 Facts and Opinions ヒント

Write FACT for a factual statement and OPINION for an opinion.
(事実に基づく記述にはFACT, 個人的見解にはOPINIONと書きなさい。)

1 私たちの体は非常に複雑な仕組みで成り立っている。
2 ヒトの卵細胞を患者の治療のために使うことは, 正しくない。
3 研究者たちが互いに競争をすることは, 患者たちにとって良いことである。

4 医師や研究者たちは，できるだけ早く安全に患者たちに最高の治療を提供するため，懸命に取り組むべきだ。

TRY5 Deeper Understanding ヒント

Discuss the following with your partner.
(次のことについてパートナーと話し合いなさい。)

1 例 A : I'm interested in eye treatment using iPS cells, which has actually been performed. I'm wondering what specific eye diseases can be cured.
B : I see. I got interested in the treatment of joint diseases.
A : Why?
B : Because I have a friend who has bad knees.

2 例 A : If we could produce internal organs using iPS cells, people waiting for transplants could be saved.
B : That's right. There are some diseases that can only be cured by transplantation.
A : I hope that technology will be established soon.

TRY6 Retelling ヒント

例 1~3 A planarian has very high regeneration ability. Also, a newt has the ability to regenerate a lost body part. Humans don't have regeneration ability because our bodies are made up of too sophisticated systems to regenerate body parts. Nevertheless, research is underway on techniques to replace damaged body parts with artificial parts made from a person's body cells. This kind of science is called tissue engineering.

4~6 Dr. Yamanaka Shinya, a well-known scientist in this field, was once a medical doctor. When he saw a woman with a serious disease in her joints, he was shocked. Because of that, he decided to search for a cure for the disease. One method of creating artificial body parts is to use human egg cells. However, a lot of people think it is wrong to "kill" them. Also, people are afraid that human cloning will occur. Dr. Yamanaka and his team created heart muscle tissue from human skin cells. They used four kinds of genes to initialize cells so that they could grow into any body part. The initialized cells were named iPS cells.

7~9 Various diseases and injuries can be treated by transplanting iPS cells. In that treatment, first, doctors cut off a very small section of your skin. Next, they change the skin cells into iPS cells. Dr. Yamanaka's team was the first to publish its method of creating iPS cells. An American researcher published a similar paper, but Dr. Yamanaka's was published online first. Researchers are competing on this technology. Dr. Yamanaka shared the Nobel Prize in 2012. He says this competition is a good thing for patients waiting for the practical use of the technology.

10~11 Eye tissue created from iPS cells has been transplanted into a patient. Many studies on creating internal organs are also in progress. In fact, an artificial miniature kidney has been created. For the time being, however, such artificial kidneys can only be used to test the side effects of new medicines. In 2019, the Japanese government approved the use of iPS cells for treating injuries in the spinal cord. Doctors and researchers around the world are working hard to give patients the best treatment.

Language Function

1 news/fact/day/reason/way, etc. + that S+V　that 節をとる名詞

接続詞の **that** に続く節が, 直前に置かれた**特定の名詞**の内容を**具体的に説明する**場合や, その名詞を**関係副詞節として修飾する**場合がある。

① 同格の that

that 節が名詞の内容を**具体的に説明する**場合, 名詞と that 節は**同格**の関係になっている。
that 節が同格の関係になれる名詞には，主に以下のようなものがある。

考え，認識を表す名詞	belief, feeling, idea
情報，知識を表す名詞	knowledge, news, rumor
事実，可能性を表す名詞	chance, evidence, fact, possibility, proof
提案，決定を表す名詞	decision, proposal, suggestion
要求，希望，期待を表す名詞	desire, dream, expectation, hope

② 関係副詞の that

that 節が関係副詞節として名詞を修飾する場合，**関係副詞の when や why などと同じ働きをする**。この場合の that は省略可能である。

同格の that

1. The world was surprised at the **news that** eye tissue created from iPS cells had been transplanted to a patient.
(iPS 細胞から作り出された目の組織が，患者に移植されたという知らせに，世界が驚いた。)

➡ the news と that 節は同格の関係である。that eye tissue created from iPS cells had been transplanted to a patient が，直前の the news の内容を説明している。

➡ 関係代名詞の that と同格の that の見分け方は，that 節の中で欠けている名詞があるかどうかである。完全な文になる場合は同格の that，欠けている名詞がある場合は関係代名詞の that である。下の文は，that 節内で received の目的語になる名詞が欠けている。よって，that は関係代名詞であると判断できる。

I completely forgot about the news *that* I had received [　　] yesterday.
(私は昨日受け取っていた知らせについて，すっかり忘れていた。)

2. Let's begin with the **fact that** our school has a very long history.
(まず，私たちの学校には非常に長い歴史があるという事実から始めましょう。)

➡ the fact と that 節は同格の関係である。that our school has a very long history が，直前の the fact の内容を説明している。

関係副詞の that

3. I downloaded the song on the **day (that)** (=when) I first heard it.
(私はその曲を最初に聞いた日にダウンロードした。)

➡ that が関係副詞の働きをし，that 節が先行詞の the day を修飾している。

4. The **reason that** humans and many other animals don't have the same regeneration ability as planarians and newts is not yet clear.
(人間とほかの多くの動物たちが，プラナリアやイモリと同じ再生能力を持っていない理由は，まだ明らかではない。)

➡ that が関係副詞の why と同じ働きをし，that 節が先行詞の The reason を修飾している。

5. Those employees all like the **way (that)** the president runs this company.
(その従業員たちは皆，社長がこの会社を運営するやり方を気に入っている。)

➡ that が関係副詞の働きをし，that 節が先行詞の the way を修飾している。

➡ 関係副詞の how を使い，以下のように言いかえられる。

Those employees all like how the president runs this company.

＋α

<名詞＋to 不定詞>で表す同格

He had a **strong desire to succeed** as an actor.
(彼は役者として成功したいという強い願いを持っていた。)

➡ to succeed as an actor が，同格関係の a strong desire の内容を説明している。

<名詞＋of＋動名詞>で表す同格

I have a **dream of becoming** a teacher.
(私は教師になるという夢を持っている。)

➡ of becoming a teacher が，同格関係の a dream の内容を説明している。

Qヒント Describe each picture with the given words and the structure above.
(それぞれの写真を，与えられた語句と上の構文を使って説明しなさい。)

A「彼のお気に入りの女優が結婚したという知らせが彼を驚かせた」などの意味の文にする。「〜という知らせ」の部分を同格の that で表す。

B「彼がデートに遅れた理由が彼女を怒らせた」などの意味の文にする。

2 will be *doing* 未来進行形

未来での進行中の動作は will be *doing* を使って表し，「(このまま行くと) ～しているだろう」という意味になる。未来進行形は主語の意志は表さず，単純に未来を表す。

1. In half an hour, we'll be at the beach and **will be swimming** in the sea.
(30 分後には，私たちは浜辺にいて，海で泳いでいるだろう。)

➡ In half an hour という未来に「海で泳いでいるだろう」と予想している。

2. I'**ll be eating** lunch between 12 and 12:30, so don't call me then.
(私は 12 時から 12 時 30 分の間に昼食を食べているだろうから，その時に私に電話をかけないでください。)

➡ between 12 and 12:30 という未来に「昼食を食べているだろう」と予想している。

3. Later in her talk, she **will be talking** about the civil rights movements.
(話の後の方で，彼女は公民権運動について話しているだろう。)

➡ Later in her talk という未来に「公民権運動について話しているだろう」と予想している。

4. In the near future, doctors **will be transplanting** such miniature kidneys into human bodies.
(近い将来，医師たちはそのような小型の腎臓を人の体に移植しているだろう。)

➡ In the near future という未来に「そのような小型の腎臓を人の体に移植しているだろう」と予想している。

＋α

疑問文

Where **will** you **be staying** while you are in Tokyo?
(東京にいる間は，どこに宿泊されるご予定ですか。)

➡ <will you be *do*ing?> の形で，「～されるご予定ですか」と丁寧に相手の予定を聞くことができる。

未来の予定を表す場合

My mother **will be seeing** Dr. Ikeda tomorrow morning.
(私の母は明日の朝イケダ先生に診察してもらう予定だ。)

➡「診察してもらうことになっている」という未来の予定を表している。

Qヒント Describe each picture with the given words and the structure above.
(それぞれの写真を，与えられた語句と上の構文を使って説明しなさい。)

A「明日の今頃は, 私はロンドンへ飛行機で向かっているだろう」などの意味の文にする。

B「夕食の時間まで，私はサーフィンをしているだろう」などの意味の文にする。

Speaking ヒント

Warm-up dialogue: Caring others

1つ目の空所の後でBは「そうではない」と否定し，「頭が痛い」と体調不良を伝えていることから，「体調は大丈夫か」と問うような表現が入ると考えられる。２つ目の空所は，会話の最後に体調の悪い相手を気遣うような表現が入ると考えられる。

A: ＿＿＿＿＿＿＿，ダン。

B: そうではないかもしれません。すごく頭が痛いです。

A: ああ，それは気の毒に。薬を飲んだらどうですか。

B: ええ，そうするべきだと思います。ありがとうございます！

A: ＿＿＿＿＿＿＿！

Conversation

❷

体調が悪い相手にかけることばとして使える表現：

see a doctor [dentist] (医師[歯科医]に診てもらう)

see the school nurse (保健室の先生に診てもらう)

check *one's* temperature (体温を確認する)

take a painkiller (痛み止めを飲む)

take cold medicine (風邪薬を飲む)

lie down and rest (横になって休む)

get a massage (マッサージを受ける)

Writing ヒント

問題文の訳

医療技術の進歩と私たちの寿命

表1は日本がほかの国よりも寿命が長いことを示している。日本の医療は，その世界水準の技術で国際的に高い評価を得ていて，それがそのような長寿命の原因の１つである。一方でグラフ１は，その寿命の長さにもかかわらず，幸福度における日本の低い順位を示している。

指示文の訳

その寿命の長さにもかかわらず，なぜ日本の順位は低いのかについて，また，順位を上げるために何ができるかについて，概要に沿ってあなたの意見を書きなさい。

定期テスト予想問題

解答 ➡ p.196

1 日本語の意味に合うように，＿＿に適切な語を入れなさい。

(1) 信号機の故障が原因で，電車に遅れが出ている。
Trains are delayed ＿＿＿＿＿＿ to a signal failure.

(2) この理論を実践しよう。
Let's ＿＿＿＿＿＿ this theory into ＿＿＿＿＿＿.

(3) 事故の場合は，この番号に電話をしてください。
Please call this number ＿＿＿＿＿＿ ＿＿＿＿＿＿ of an accident.

(4) 帰る時間になっても，彼女はそこに残りたがった。
She wanted to stay there, ＿＿＿＿＿＿ ＿＿＿＿＿＿ it was time to leave.

2 日本語に合うように，(　) 内の語句を並べかえなさい。

(1) 私たちは工場を移転させるべきだという決定をした。
(that / be / the decision / made / moved / should / we / the factory).
＿＿＿＿＿＿＿＿＿＿＿＿＿＿＿＿＿＿＿＿＿＿＿＿.

(2) 彼らがロケットの発射に成功したというニュースは私を幸せにした。
(launch「～を発射する」)
(launching / happy / they / the news / made / succeeded / the rocket / in / me / that).
＿＿＿＿＿＿＿＿＿＿＿＿＿＿＿＿＿＿＿＿＿＿＿＿.

(3) その歌手は今日のテレビ番組で新曲を歌っているだろう。
(singing / singer / her / be / the / song / will / new) on today's TV show.
＿＿＿＿＿＿＿＿＿＿＿＿＿＿＿＿＿＿＿＿ on today's TV show.

3 次の２つの文を，日本語に合うように関係副詞の that を使って１つの文に書きかえなさい。

(1) 私は彼女が私に怒っていた理由を知らない。
I don't know the reason. She was angry with me because of it.
→ ＿＿＿＿＿＿＿＿＿＿＿＿＿＿＿＿＿＿＿＿＿＿＿＿.

(2) 私はあなたに出会った日を覚えている。
I remember the day. I met you then.
→ ＿＿＿＿＿＿＿＿＿＿＿＿＿＿＿＿＿＿＿＿＿＿＿＿.

4 次の英語を日本語に訳しなさい。

(1) I will be traveling in the U.S. in July of next year.
(　　　　　　　　　　　　　　　　　　　　　　　　)

(2) He wasn't able to accept the fact that his dog had died.
(　　　　　　　　　　　　　　　　　　　　　　　　)

5 次の英文を読んで，後の問いに答えなさい。

One of the most well-known scientists in this area is Dr. Yamanaka Shinya of Kyoto University. ①He was first a medical doctor who treated back injuries, broken limbs, damaged joints, and such. One day, he saw a woman with a serious disease in her joints. He was so shocked when he saw her joints ②(　　) bad shape that he decided to search for a cure for the disease. ③He wanted to find good ways to treat those patients (suffer) from serious diseases and injuries.

(1) 下線部①の英語を日本語に訳しなさい。
(　　　　　　　　　　　　　　　　　　　　)

(2) 下線部②に入る適切な前置詞を書きなさい。

____

(3) 下線部③の (　) 内の語を適切な形に書きかえ，下線部の英語を日本語に訳しなさい。

____

(　　　　　　　　　　　　　　　　　　　　)

6 次の英文を読んで，後の問いに答えなさい。

In 2014, the world was surprised at the news ①(　　) eye tissue created from iPS cells had been transplanted into a patient who had serious eye disease. ②There are also many studies in progress on creating internal organs. For example, in 2015, a miniature kidney that had all the necessary cells for a kidney to function was created. In the near future, ③(miniature / human / be / such / doctors / into / transplanting / will / bodies / kidneys); ④(　　) the (　　) (　　), they can be used for experiments such as testing for side effects of new types of medicines.

(1) 下線部①に入る語を選び，記号で答えなさい。
a. who　　b. that　　c. which　　d. what　　(　　)

(2) 下線部②の英語を日本語に訳しなさい。
(　　　　　　　　　　　　　　　　　　　　)

(3) 下線部③が「医師たちはそのような小型の腎臓を人間の体に移植しているだろう」という意味になるように，(　) 内の語を並べかえなさい。

____

(4) 下線部④が「当分の間」という意味なるように，(　) に適切な語を入れなさい。
__________ the __________ __________

定期テスト予想問題　解答

pp.194~195

1 (1) due　(2) put, practice　(3) in case　(4) even though

2 (1) We made the decision that the factory should be moved(.)
(2) The news that they succeeded in launching the rocket made me happy(.)
(3) The singer will be singing her new song (on today's TV show.)

3 (1) I don't know the reason that she was angry with me.
(2) I remember the day that I met you.

4 (1) 私は来年の7月にアメリカを旅行しているだろう。
(2) 彼は自分の犬が亡くなったという事実を受け入れられなかった。

5 (1) 彼は最初，背中のけがや，折れた手足，損傷した関節などの治療をする医師だった。　(2) in　(3) suffering　彼は深刻な病気とけがに苦しんでいる患者たちを治療するための良い方法を見つけたかった。

6 (1) b　(2) 内臓を作り出すことに関する多くの進行中の研究もある。
(3) doctors will be transplanting such miniature kidneys into human bodies
(4) for, time being

解説

2 (1) 同格のthatを使ってthe decisionの内容を詳しく説明するthat節を作る。
(2)「ニュースは私を幸せにした」はthe news made me happyの形にする。同格のthatを使ってthe newsの内容を詳しく説明するthat節を作る。
(3)「〜しているだろう」は未来進行形のwill be *do*ingで表す。

3 (1) <the reason + that節>「〜が…する[した]理由」の形を作り，knowの目的語にする。　(2) <the day + that節>「〜が…する[した]日」の形を作り，rememberの目的語にする。

4 (1) will be *do*ingは「〜しているだろう」という意味。
(2) 同格のthat節がthe factの内容を説明している。<the fact + that節>は「〜が…する[した]という事実」と訳せる。

5 (1) firstは「最初は」という意味の副詞。whoは主格の関係代名詞で，先行詞はa medical doctor。*A* and suchは「Aなど」という意味。
(2) in bad shapeで「状態が悪くて」という意味を表す。
(3) sufferは現在分詞にしてthose patientsを修飾する。suffer from *A*は「Aに苦しむ」，way to *do*は「〜する方法」という意味。

6 (1) 同格のthatを入れ，続く節がthe newsの内容を表す形にする。
(2) in progressは「進行中で」という意味。
(3)「〜を移植しているだろう」は未来進行形のwill be transplanting 〜で表す。
(4) for the time beingで「当分の間」という意味になる。

Lesson 8 How We Got to Now with Glass

単語・熟語チェック

1 ~ 2

take *A* for granted	熟 Aを当然だと思う	Don't **take** her kindness **for granted**. 彼女の親切を当然だと思わないでください。
grant	動 ～を認める，容認する	I can **grant** your request this time. 今回はあなたの要求を認めます。
bring about *A* / bring *A* about	熟 Aをもたらす，引き起こす	This will **bring about** a good change in society. これは社会に良い変化をもたらすだろう。
Libyan	形 リビア(人)の	He works for a **Libyan** company. 彼はリビアの会社に努めている。
northern	形 北の，北部の	The **northern** part of this country gets a lot of snow. この国の北部は大雪が降る。
intense	形 強烈な，激しい	The **intense** rain yesterday damaged the plants in the area. 昨日の強烈な雨がその地域の植物に損害をもたらした。
melt	動 ～を溶かす	The rain **melted** the snow quickly. 雨がすぐに雪を溶かした。
compound	名 化合物	This new **compound** is very light and strong. この新しい化合物はとても軽くて強い。
silica	名 シリカ，無水ケイ酸	**Silica** is used to clean stones. シリカは石を洗浄するのに用いられる。
sand	名 砂	I got **sand** in my eyes. 目に砂が入った。
come into contact with *A*	熟 Aと接触する，出くわす	I first **came into contact with** Mr. Suzuki at a conference. 私はとある会議で初めて鈴木さんと出会った。
brooch	名 ブローチ	She always wears a big **brooch**. 彼女はいつも大きなブローチをつけている。
in the shape of *A*	熟 Aの形［姿］をした	The rock is **in the shape of** an elephant. その岩は象の形をしている。
beetle	名 甲虫	This kind of **beetle** eat grapes. この種の甲虫はブドウを食べる。
explorer	名 探検家	The **explorer** got lost in the mountains. その探検家は山で遭難してしまった。
tomb	名 墓	This **tomb** was built 500 years ago. この墓は500年前に建てられた。

Egyptian	形 エジプト(人)の	He told me an old **Egyptian** story. 彼は古いエジプトの話をしてくれた。

3 ~ 4

decoration	名 装飾	This glass is used for **decoration**. このガラスは装飾のために用いられている。
advanced	形 先進的な	Everyone was surprised at his **advanced** ideas. みんな彼の先進的なアイデアに驚いた。
empire	名 帝国	There was a large **empire** in this area a long time ago. 大昔，この一帯には大きな帝国があった。
glassmaker	名 ガラス職人	**Glassmakers** need to work carefully. ガラス職人は注意深い仕事が要求される。
essential	形 必要不可欠な	Our emotions play an **essential** role in our decision making. 感情は意思決定において必要不可欠な役割をしている。
monk	名 修道士	He is in training to become a **monk**. 彼は修道士になるための研修期間中だ。
curved	形 湾曲した	The students gathered on the **curved** stage. その生徒たちは湾曲したステージの上に集まった。
aid	名 補助具，助け	This walking **aid** was made for elderly people. この歩行補助器具はお年寄りのために作られた。
magnifier	名 拡大鏡，虫眼鏡	My teacher often uses a **magnifier** in class. 私の先生は授業中によく拡大鏡を使う。
Latin	形 ラテン語の	He has a lot of **Latin** books in his study. 彼は書斎にたくさんのラテン語の本を持っている。
shape *A* into *B*	熟 A を B に形作る	She **shaped** rice **into** balls. 彼女はご飯をボールの形にした。
disk	名 円盤(状のもの)	The dog caught the **disk** in the air. その犬は空中のディスクをキャッチした。

5 ~ 6

scholar	名 学者	My father is an English **scholar**. 私の父は英語学者である。
farsightedness	名 遠視	I need better glasses for my **farsightedness**. 遠視用のもっといいメガネが必要だ。
rare	形 まれな，珍しい	I think this case is very **rare**. この事象はとてもまれだと思う。
have a great [strong] influence on *A*	熟 Aに大きな[強い]影響を及ぼす	That musician **had a great influence on** me. その音楽家は私に大きな影響を及ぼした。
a great [large] number of *A*	熟 多数の A，大勢の A	We are supported by **a great number of** customers. 私たちは大勢のお客様により支えられている。

farsighted	形 遠視の	A lot of people get **farsighted** when they get older. 多くの人が年をとると遠視になる。
wherever	副 ～するどこへ[に]でも	My cat follows me around **wherever** I go. 私の猫は私が行くところはどこへでも後をついてくる。

7 ～ 8

line up *A* / line *A* up	熟 Aを一列に並べる	He **lined up** several pictures on the table. 彼は何枚かの写真をテーブルの上に一列に並べた。
side by side	熟 並んで，一緒に	The students were sitting **side by side** on the bench. 生徒たちは並んでベンチに座っていた。
in line with *A*	熟 Aと一直線[一列]になって	He waited **in line with** other customers at the gate. 彼は門のところでほかの客と一列になって待った。
microscope	名 顕微鏡	This type of **microscope** is used in our studies. このタイプの顕微鏡は我々の研究で用いられている。
invent	動 ～を発明する	Who **invented** the telephone? 誰が電話を発明したのですか。
flea	名 ノミ	A lot of wild animals carry **fleas**. 多くの野生動物がノミを持っている。
before long	熟 間もなく，やがて	**Before long**, they left the room. 間もなくして，彼らは部屋を出て行った。
invisible	形 目に見えない	I had **invisible** pressure. 私には目に見えないプレッシャーがあった。
virus	名 ウイルス	**Viruses** can go through the material easily. ウイルスはその素材を簡単に通り抜けてしまう。
in turn	熟 結果として，次に	Lack of sleep may **in turn** lead to health problems. 睡眠不足は結果として健康問題を起こし得る。
vaccine	名 ワクチン	No **vaccines** against the disease have been approved. その病気のワクチンはまだどれも承認されていない。

9 ～ 10

Dutch	形 オランダ(人)の	He is a famous **Dutch** musician. 彼は有名なオランダ人音楽家である。
lensmaker	名 レンズ職人	The **lensmaker** makes two or three lenses by hand each day. そのレンズ職人は１日に２つか３つのレンズを手で作る。
telescope	名 望遠鏡	You can see details of the moon through a **telescope**. 望遠鏡を通せば，あなたは月の細部を見ることができる。
hear of *A*	熟 Aのこと[存在]を耳にする	I **heard of** your doing well at work. 君がよく働いているということを耳にしたよ。
Jupiter	名 木星	**Jupiter** has a lot of moons. 木星は多くの衛星を持つ。

a real [serious] challenge to *A*	熟 Aに対する本当の[深刻な]異議申し立て	This statement is **a real challenge to** the new law. この声明はその新法に対する実質的な異議申し立てである。
go on to *do*	熟 次に～する	Jane got out of the seat and **went on to** say goodbye to us. ジェーンは席を立ち，続けて私たちに別れを告げた。
moviemaker	名 映画製作者	The **moviemaker** tried to make another hit movie. その映画製作者は再びヒット作を作ろうとした。
electron	名 電子	Using this machine, you can observe **electrons** moving. この機械を使って電子が動いているのを観察できる。

11 ～ 12

date back to *A*	熟 Aにさかのぼる	This festival is thought to **date back to** the 10th century. このお祭りは10世紀にさかのぼると考えられている。
physicist	名 物理学者	He is one of the leading **physicists** of this century. 彼は今世紀を代表する物理学者の1人だ。
measure	動 ～を測定する	We **measured** the size of the large tomato. 私たちはその大きなトマトの大きさを測った。
physical	形 物理的な	There is no **physical** proof of the event. その出来事に関する物的な証拠は何もない。
crossbow	名 洋弓銃	The **crossbow** takes a lot of power to use. 洋弓銃は使うのに力をとても必要とする。
arrow	名 矢	His **arrow** went through the wall. 彼の矢は壁を貫通した。
bolt	名 太矢，ボルト	**Bolts** are shorter and heavier than normal arrows. 太矢は普通の矢よりも短くて重い。
target	名 標的，的	The hunter aimed at his **target**. そのハンターは標的に狙いを定めた。
fiber	名 繊維，糸	This vegetable is rich in **fiber**. この野菜は繊維が豊富である。
thin	形 薄い，細い	I heard the sound of a TV through the **thin** wall. 薄い壁からテレビの音が聞こえた。
fiberglass	名 繊維ガラス	**Fiberglass** is used for a variety of goods. 繊維ガラスはさまざまな商品に用いられている。
surfboard	名 サーフボード	She became able to stand on the **surfboard** easily. 彼女は簡単にサーフボードに乗れるようになった。
yacht	名 ヨット	Several **yachts** can be seen over there. 向こうに何艘(そう)かのヨットが見える。
helmet	名 ヘルメット	You should wear a **helmet** when you ride a bike. 自転車に乗る時はヘルメットをするべきですよ。
circuit board	名 回路基板	They collect and recycle **circuit boards**. 彼らは回路基板を集めてリサイクルする。

circuit	名 回路	We learned about simple electrical **circuits** at school. 私たちは学校で簡単な電気**回路**について学んだ。

13 ～ 14

selfie	名 自撮り写真	She takes **selfies** with her friends all day. 彼女は一日中友達と**自撮りの写真**ばかり撮っている。
social media	名 ソーシャルメディア, SNS	Their generation often uses **social media** to gather information. 彼らの世代は情報収集に **SNS** を使うことが多い。
media	名 メディア	His unique style of artworks got **media** attention. 彼の芸術作品の独特な形式は**メディア**の注目を集めた。
be accustomed to *A*	熟 A に慣れている	They **are accustomed to** night work. 彼らは夜勤**に慣れている**。
accustomed	形 いつもの, 慣れている	They gathered at the **accustomed** place. 彼らは**いつもの**場所に集まった。
network	名 ネットワーク	We should create a new **network** of local schools. 私たちは地元の学校の新たな**ネットワーク**を構築すべきだ。
be made of *A*	熟 A でできている	This chair **is made of** paper. この椅子は紙**でできている**。
cable	名 ケーブル線	The **cable** was broken due to the storm. その**ケーブル**は嵐で切れた。
creativity	名 創造性 [力]	Their **creativity** led to a new service. 彼らの**創造性**が新しいサービスへとつながった。
be of great [real] interest	熟 大変[本当に] 興味深い	The project **is of great interest** to me. そのプロジェクトは私にとって**大変興味深い**。
put *A* in perspective	熟 大局的な視点から A を見る	We should **put** this plan **in perspective**. 我々はこの計画**について大局的に眺める**べきだ。
perspective	名 視点	Look at things from a different **perspective**. 物事を異なった**視点**で見なさい。
as shown in *A*	熟 A に示されるように	Answer the question **as shown in** the example. 例が**示すように**問題に答えなさい。

1 ～ 2

ポイント　２千６百万年以上前，リビア砂漠で何が起こったか。

1 ① History allows us to see a world / we generally take for granted / with fresh
歴史は私たちに世界を見させる　／　私たちが普段当たり前と思っている　／　新鮮な目で

eyes.// ② It also shows / that innovations have brought about much wider changes /
// それは見せてもくれる／　革新的発見がもっと幅広い変化をもたらしてきたことを　／

in society / than we might expect.// ③ Over 26 million years ago, / something
社会に　／　私たちが予想するより　//　２千６百万年以上前に　／　あることが

happened / in the Libyan Desert, / a part / of the Sahara Desert / in Northern
起こった　／　リビア砂漠で　／一部である／　サハラ砂漠の　／　アフリカ北部

Africa.// ④ In the desert, / intense heat / of about 2,000℃ / melted a compound /
にある //　その砂漠で　／　強烈な熱が　／　約２千度の　／　化合物を溶かした　／

called silica / in the sand / over a large area / of the Libyan Desert.// ⑤ This melted
シリカと呼ばれる／　砂の中の　／　広い区域を覆う　／　リビア砂漠の　//　この溶けた

sand was what we now call glass.//
砂は私たちが現在ガラスと呼ぶものだった //

2 ⑥ About ten thousand years ago, / someone / traveling through the desert /
約１万年前に　／　誰かが　／　砂漠を通って旅をしていた　／

stumbled across this glass.// ⑦ It must have impressed everyone / who came into
このガラスを偶然発見した　//　それは皆を感動させたに違いない　／　それと

contact with it, / because it was used / to make a brooch / in the shape / of a beetle.//
接触した　／なぜならそれは使われた／ ブローチを作るのに ／　形の　／　甲虫の //
からだ

⑧ It lay there / for four thousand years, / until explorers found it / in 1922 / when
それはそこに／　４千年の間　／ 探検家たちがそれを見つける／ 1922年／
存在していた　　　　　　　　　　　　　　まで　　　　　　　　　　に

they discovered the tomb / of an Egyptian king, / Tutankhamen.//
彼らが墓を見つけた　　　　／　エジプトの王の　／　ツタンカーメン //

単語チェック

□ grant	動 ～を認める, 容認する	□ sand	名 砂
□ Libyan	形 リビア(人)の	□ brooch	名 ブローチ
□ northern	形 北の, 北部の	□ beetle	名 甲虫
□ intense	形 強烈な, 激しい	□ explorer	名 探検家
□ melt	動 ～を溶かす	□ tomb	名 墓
□ compound	名 化合物	□ Egyptian	形 エジプト(人)の
□ silica	名 シリカ,無水ケイ酸		

✓ 本文内容チェック　「２千６百万年以上前のリビア砂漠で溶けた砂から生まれたガラス」

1 ２千６百万年以上前のリビア砂漠で，砂の中のシリカが高温で溶ける出来事があった。この溶けた砂は現在，ガラスと呼ぶものであった。

2 このガラスは甲虫の形のブローチを作るのに使われた。４千年後の 1922 年，探検家

たちがエジプトのツタンカーメン王の墓でそれを発見した。

読解のカギ

① **History allows us to see a world (we generally take for granted) with fresh eyes.**
(which[that])

➡ worldの後ろには目的格の関係代名詞which[that]が省略されている。(which[that]) generally take for grantedが先行詞のa worldを修飾している。

➡ take *A* for grantedは「Aを当然だと思う」という意味を表す。

④ **(In the desert), intense heat (of about 2,000℃) melted a compound (called silica) (in the sand {over a large area of the Libyan Desert}).**
S V O

➡ 過去分詞句のcalled silicaは，a compoundを後ろから修飾している。

⑤ **This melted sand was (what we now call glass).**

➡ whatは先行詞を含む関係代名詞で，the thing that [which]と言いかえられる。what we now call glassは「私たちが現在ガラスと呼ぶもの」という意味で，文の補語になっている。

⑥ **About ten thousand years ago, someone (traveling through the desert) stumbled across this glass.**

➡ travelingが導く現在分詞句は，someoneを後ろから修飾している。

⑦ **It must have impressed everyone (who came into contact with it), (because it was used {to make a brooch in the shape of a beetle}).**

➡ 3か所にあるitは前文⑥のthis glassを指している。

➡ must have *done*「～したに違いない」は，過去の出来事に対する強い<推量>を表す。

➡ whoは主格の関係代名詞で，who came into contact with itが先行詞のeveryoneを修飾している。

➡ come into contact with *A*は「Aと接触する，出くわす」という意味を表す。

➡ to make ... はto不定詞の副詞的用法である。

➡ in the shape of *A*は「Aの形をした」という意味を表す。

⑧ **It lay there (for four thousand years), (until explorers found it in 1922 {when they discovered the tomb of an Egyptian king, Tutankhamen}).**
=

➡ whenは関係副詞で，1922を修飾している。whenは時を表す語句を修飾し，「～が…する[した](年・日など)」という意味を表す。

3～4

ポイント ガラスを作る技術が発達した結果，どのような物が発明されたか。

3 ① Glass changed / from decoration / to advanced technology / during the Roman
ガラスは変化した / 装飾から / 先進技術へと / ローマ帝国時代の
Empire, / when glassmakers figured out ways / to make the material stronger / and
間に / ガラス職人たちは方法を考え出した / 素材をもっと強くする /そして
less cloudy / than natural glass / like that of King Tutankhamen's beetle.// ② Glass
曇りを少なくする / 天然のガラスより / ツタンカーメン王の甲虫のもののような //
windows were used / during this period / for the first time, / becoming an essential
ガラス窓は使われた / この時代の間に / 初めて / そして必要不可欠な部分と
part / of houses, / buildings, / and even tall towers.//
なった / 住宅の / 建物(の) / さらには高い塔(の) //

4 ③ In the 12th and 13th centuries, / monks / working on religious documents /
12 世紀と 13 世紀には /修道士たちが / 宗教関連の書類の作業をしていた /
used curved glass / as a reading aid.// ④ They would move big magnifiers / over the
湾曲したガラスを使った /読書の補助具として// 彼らは大きな拡大鏡を動かした / ページの
page, / making the Latin writing larger.// ⑤ Around this time / in Northern Italy, /
上で / ラテン語の文章を拡大しながら // この時代の頃に / イタリア北部で /
glassmakers came up with an innovation / that would change the way / we see the
ガラス職人たちが発明を思いついた / やり方を変える / 私たちが世界
world: / shaping glass / into small connected disks, / therefore creating the world's
を見る / ガラスを成形すること / 小さな連結された円盤状に / その結果，世界初の眼鏡を
first glasses.//
作ること //

単語チェック

□ **decoration**	名 装飾	□ **curved**	形 湾曲した
□ **advanced**	形 先進的な	□ **aid**	名 補助具，助け
□ **empire**	名 帝国	□ **magnifier**	名 拡大鏡，虫眼鏡
□ **glassmaker**	名 ガラス職人	□ **Latin**	形 ラテン語の
□ **essential**	形 必要不可欠な	□ **disk**	名 円盤(状のもの)
□ **monk**	名 修道士		

本文内容チェック 「技術の発展がもたらしたガラス窓，拡大鏡，眼鏡などの発明」

3 ローマ帝国の時代，ガラス職人の技術の進歩でガラス窓が使用されるようになった。

4 12～13 世紀には修道士たちにより拡大鏡が使われていた。その頃，イタリアの職人がガラスを小さな連結した円盤の形にして，世界初の眼鏡を作った。

読解のカギ

① **Glass changed from decoration to advanced technology (during the Roman**

Empire), (when glassmakers figured out ways {to make the material stronger and less cloudy [than natural glass like that of King Tutankhamen's beetle]}).

➡ figure out *A* は「A を考え出す」という意味を表す。
➡ to make ... は to 不定詞の形容詞的用法で，ways を修飾している。to 不定詞句内は <make + O + C>「O を C にする」の構造になっている。O に当たるのが the material，C に当たるのが stronger and less cloudy である。less は「(～ほど)…でなく」という意味の副詞で，形容詞の cloudy を修飾している。
➡ that は前述の名詞 glass の代わりに用いられている。of 以下がそれを修飾している。

② **Glass windows were used (during this period) (for the first time), (becoming an essential part of houses, buildings, and even tall towers).**
分詞構文

➡ this period は，前文①で述べられている the Roman Empire の時代を指す。
➡ becoming が導く句は分詞構文である。「～，そして…」という意味で，時間的順序を表している。

③ **(In the 12th and 13th centuries), monks (working on religious documents) used curved glass (as a reading aid).**
S V O

➡ working が導く現在分詞句は，monks を後ろから修飾している。
➡ work on *A* は「A に取り組む」という意味を表す。

④ **They would move big magnifiers (over the page), (making the Latin writing larger).**
分詞構文

➡ would は過去の習慣を表す意味で用いられている。「～した(ものだ)」と訳せる。
➡ making が導く句は分詞構文である。「～しながら」という意味を表している。

⑤ **(Around this time) (in Northern Italy), glassmakers came up with an innovation (that would change the way {we see the world}): (shaping glass into small connected disks), (therefore creating the world's first glasses).**
{S'} {V'} {O'}

➡ that は主格の関係代名詞で，導く節が先行詞の an innovation を修飾している。
➡ <the way + S + V> は「S が～するやり方」という意味を表す。
➡「:(コロン)」以降は，an innovation that ... we see the world の具体的な内容を説明している。shaping ... と (therefore) creating ... は動名詞句である。
➡ shape *A* into *B* は「A を B に形作る」という意味を表す。

5～6

ポイント 初期の眼鏡は何をきっかけに普及したか。

5 ① Those early glasses were called "disks for the eyes."// ② For several generations, / these new tools were just for religious scholars.// ③ The condition / of farsightedness / was very common / among people.// ④ Most people, / however, / didn't notice it / because they didn't read.// ⑤ Glasses, / therefore, / remained rare and expensive objects.//

その初期の眼鏡は「目のための円盤」と呼ばれた // 数世代の間 / この新しい道具は宗教学者のためだけのものだった // 疾患は / 遠視という / とてもありふれていた / 人々の間で // ほとんどの人が / しかし / それに気づかなかった / なぜなら彼らは本を読まなかったので // 眼鏡は / それゆえに / 依然として珍しく そして高価なものだった //

6 ⑥ What changed all / of that / was Gutenberg's invention / of the printing press / in the 1440s.// ⑦ That had a great influence / on printing, / but his great invention had another effect: / it made a great number of people notice / that they were farsighted, / which created a great need / for glasses.// ⑧ They became the first piece / of advanced technology / that ordinary people would always wear / wherever they went.//

すべてを変えたものは / それの / グーテンベルクの発明だった / 印刷機の / 1440年代の // それは大きな影響を与えた / 印刷に / しかし彼の偉大な発明には別の効果があった / それはたくさんの人々に気づかせた / 彼らが遠視であるということに / そのことが大きな需要を生んだ / 眼鏡の // それらは最初の1つとなった / 先進技術の / 普通の人たちがいつも身につける / 彼らが行くところはどこへでも //

単語チェック

□ **scholar**	名 学者	□ **farsighted**	形 遠視の
□ **farsightedness**	名 遠視	□ **wherever**	副 ～するどこへ[に]でも
□ **rare**	形 まれな，珍しい		

本文内容チェック 「印刷技術の発展によって需要が高まった初期の眼鏡」

5 初期の眼鏡が生まれた頃，遠視はよくある疾患だったが，ほとんどの人が本を読むことがなく，それに気づかなかったので，眼鏡はまだ一般的な物ではなかった。

6 1440年代の印刷機の発明で，多くの人が遠視であることに気づき，眼鏡の需要が高まった。眼鏡は普通の人たちがいつも身につける最初の先進技術の1つとなった。

読解のカギ

② **(For several generations), these new tools were just for religious scholars.**

➡ these new toolsは前文①のThose early glasses = disks for the eyesを指している。glassesが複数形名詞なので，these，toolsと複数形で受けている。

④ **Most people, (however), didn't notice it (because they didn't read).**

➡ it は前文③の farsightedness を指している。

⑤ **Glasses, (therefore), remained rare and expensive objects.**
S V C

➡ <remain + C(名詞)> は「依然として C である」という意味を表す。

➡ rare と expensive は共に objects を修飾している。

⑥ **(What changed all of that) was Gutenberg's invention (of the printing press) (in the 1440s).**
S V C =

➡ What は先行詞を含む関係代名詞で，「～すること[もの]」という意味の名詞節を作る。ここでは what 節が文の主語になっている。

➡ <What + V + was[is] + C> は関係代名詞の what を使った強調の表現で，後ろに置かれた C の内容を強調している。 文法詳細 p.218

➡ that は前文②～⑤の内容を指している。

➡ ここでの of は同格の関係を表す。the printing press が Gutenberg's invention の具体的な内容ということである。

⑦ **That had a great influence on printing, but his great invention had another effect: it made a great number of people notice (that they were farsighted), (which created a great need for glasses).**

➡ That は前文⑥の「1440 年代のグーテンベルクの印刷機の発明」を指している。

➡ have a great influence on *A* は「A に大きな影響を及ぼす」という意味を表す。

➡「:(コロン)」以降は，another effect の具体的な内容を説明している。

➡ a great number of *A* は「多数の A，大勢の A」という意味を表す。*A* には複数形の名詞が入る。

➡ <notice + that 節> は「～ということに気づく」という意味を表す。

➡ which は主格の関係代名詞で，前に「,(コンマ)」があるので非限定用法である。先行詞である it made ... they were farsighted という節に説明を加えている。

⑧ **They became the first piece (of advanced technology) (that ordinary people would always wear {wherever they went}).**

➡ They は前文⑦の glasses を指している。

➡ that は目的格の関係代名詞で，that ordinary people would always wear wherever they went が先行詞の advanced technology を修飾している。

➡ wherever は複合関係副詞である。<wherever + S + V> の形で「S が～するところはどこ(へ)でも」という意味を表す副詞節になる。 文法詳細 p.220

7～8

ポイント オランダの職人はレンズを使って何を発明し，それが何をもたらしたか。

7 ① However, / the influence did not stop / there.// ② In 1590 / in a small town / in
しかし / 影響は止まらなかった / そこで// 1590年に / 小さな町で /

the Netherlands, / father-and-son glassmakers experimented / with lining up two
オランダの / 父と子のガラス職人が実験をした / 2つのレンズを

lenses, / not side by side / like glasses, / but in line / with each other.// ③ This made
並べて / 横にではなく / 眼鏡のように / しかし一直線上に / お互いが // これが

the objects they observed look larger, / and as a result, / the microscope was
彼らが観察する対象をより大きく見えるようにした / そして結果として / 顕微鏡が発明された

invented.// ④ Within 80 years, / the British scientist / Robert Hooke / had published
80年以内に / イギリスの科学者である / ロバート・フックが / 図鑑を

his picture book / with hand-drawn images / showing / what he had seen / through
出版した / 手書きの図が掲載された / 示した / 彼が見たものを /

his microscope, / such as fleas, wood, and leaves.//
顕微鏡を通して / ノミ，木そして葉っぱなどの //

8 ⑤ He also noticed the smallest part / of all animals and plants, / the cell.//
彼は最も小さい部位にも気づいた / すべての動植物の / 細胞という //

⑥ Before long / the microscope would show the invisible bacteria and viruses / that
ほどなくして / 顕微鏡が目に見えない細菌やウイルスを明らかにした /

both protect and harm human life, / which in turn led to modern vaccines.//
人間の生命を守りもするし害を与えもする / 結果として現代のワクチンへとつながった //

単語チェック

□ **microscope**	名 顕微鏡	□ **invisible**	形 目に見えない
□ **invent**	動 ～を発明する	□ **virus**	名 ウイルス
□ **flea**	名 ノミ	□ **vaccine**	名 ワクチン

本文内容チェック 「細胞の発見や，ワクチンの開発につながる顕微鏡の発明」

7 1590年のオランダで，レンズを重ねて並べることで顕微鏡が発明された。その後，イギリス人科学者のロバート・フックが顕微鏡で見たものを描いた図鑑を出版した。

8 彼は動植物の細胞を発見した。ほどなくして，顕微鏡によって細菌やウイルスが見つかり，今のワクチンへとつながった。

読解のカギ

② **(In 1590) (in a small town in the Netherlands), father-and-son glassmakers experimented (with lining up two lenses, not side by side like glasses, but in line with each other).**

➡ with の目的語は，動名詞句の lining up ... each other である。with は<手段>を表し，「〜することで」という意味になる。
➡ line up *A* は「A を一列に並べる」という意味を表す。
➡ not *A* but *B* は「A ではなく B」という意味を表す。*A* と *B* に当たる side by side like glasses と in line with each other は，どちらも lining up two lenses を修飾する副詞語句である。side by side は横に並んだ状態，in line with each other は縦の一直線上に重なる状態を表している。

③ **This made the objects (they observed) look larger, and (as a result), the microscope was invented.**
S V O (which[that]) C（原形不定詞）
➡ This は前文②の「レンズを一直線上に重ねて並べた」という行為を指している。
➡ objects の後ろには目的格の関係代名詞 which[that] が省略されている。(which[that]) they observed が先行詞の the objects を修飾している。
➡ <look +形容詞> は「〜に見える」という意味を表す。ここでは形容詞 large の比較級 larger が look の後にきているので，「より大きく見える」という意味になる。

④ **(Within 80 years), the British scientist Robert Hooke had published his picture book (with hand-drawn images {showing [what he had seen through his microscope, such as fleas, wood, and leaves]}).**
➡ Robert Hooke は the British scientist の具体的な名前である。
➡ with は「〜が掲載された」という意味で，his picture book を修飾している。
➡ showing が導く現在分詞句は，hand-drawn images を後ろから修飾している。
➡ what は先行詞を含む関係代名詞で，「〜すること[もの]」という意味の名詞節を作る。ここでは what 節が showing の目的語になっている。
➡ such as *A*, *B*, and *C* は「A，B，C など」という意味で，what he had seen through his microscope の具体例を示している。

⑥ **(Before long) the microscope would show the invisible bacteria and viruses (that both protect and harm human life), (which {in turn} led to modern vaccines).**
➡ before long は「間もなく，やがて」という意味を表す。
➡ that は主格の関係代名詞で，that both protect and harm human life が先行詞の the invisible bacteria and viruses を修飾している。
➡ which は主格の関係代名詞で，前に「,(コンマ)」があるので非限定用法である。先行詞である Before long the microscope ... human life という節に説明を加えている。
➡ in turn は「結果として，次に」という意味を表す。

9 ～ 10

ポイント 顕微鏡の発明の後，レンズを使ってほかに何が発明されたか。

9 ① About 20 years after the invention / of the microscope, / Dutch lensmakers invented the telescope.// ② Within a year, / Galileo heard / of this new invention / and changed the original design / to make objects look 10 times larger.// ③ In 1610, / Galileo used the telescope / to observe / that moons were moving / around Jupiter, / which was the first real challenge / to the idea / that all stars moved / around the Earth.//

発明の約20年後に / 顕微鏡の / オランダ人のレンズ職人たちが望遠鏡を発明した // 1年が経たない内に / ガリレオは耳にした / この新しい発明のことを / そして元々の設計を変えた / 対象が10倍大きく見えるように // 1610年に / ガリレオは望遠鏡を使った / 観測するために / 衛星が動いているのを / 木星の周りを / 最初の実質的な異議申し立てだった / 観念に対する / すべての星が動いているという / 地球の周りを //

10 ④ The lens would go on to play a very important role / in the 19th and 20th centuries.// ⑤ It was first used / by photographers / to focus light / on special paper / that captured images, / then / by moviemakers / to both record and project moving images / for the first time.// ⑥ After the 1920s, / scientists and others began coating glass / with a substance / which could produce light / and firing electrons / at it, / therefore creating the images / of television.//

レンズは次にとても重要な役割を果たすこととなった / 19世紀と20世紀に // それは最初に使われた / 写真家たちによって / 光を集約するために / 特殊な紙の上に / 像を捉える / その後 / 映画製作者たちによって / 動く映像を記録するためと投影するための両方に / 初めて // 1920年代以降 / 科学者やそのほかの人たちはガラスの表面を覆うことを始めた / 物質で / 光を発することができる / そして電子を放射することを(始めた) / それに向けて / その結果，映像を生み出した / テレビの //

単語チェック

□ **Dutch**	形 オランダ(人)の	□ **Jupiter**	名 木星
□ **lensmaker**	名 レンズ職人	□ **moviemaker**	名 映画製作者
□ **telescope**	名 望遠鏡	□ **electron**	名 電子

本文内容チェック 「レンズがもたらした望遠鏡，写真，映画，テレビなどの技術」

9 望遠鏡の発明後，ガリレオはそれを改良し，衛星が木星の周りを動くのを観測した。それは，すべての星が地球の周りを動くという説に異議を唱える，最初の発見だった。

10 19世紀と20世紀に，レンズは，写真の造影，映画の撮影と投影，テレビ画面の投影などで重要な役割を果たした。

読解のカギ

② **(Within a year), Galileo heard of this new invention and changed the original design (to make objects look 10 times larger).**

➡ hear of *A* は「Aのこと[存在]を耳にする」という意味を表す。

➡ to make ... は to 不定詞の副詞的用法である。to 不定詞句内は <make + O + C(原形不定詞)>「O が～するようにする」の構造になっている。

➡ 10 times は「10 倍に」という意味で，副詞的に larger を修飾している。

③ **(In 1610), Galileo used the telescope (to observe {that moons were moving around Jupiter}), (which was the first real challenge to the idea {that all stars moved around the Earth}).**

➡ to observe ... は to 不定詞の副詞的用法である。

➡ which は主格の関係代名詞で，前に「,(コンマ)」があるので非限定用法である。先行詞である In 1610, Galileo used ... around Jupiter という節に説明を加えている。

➡ idea の後の that 節は the idea と同格の関係で, the idea の具体的な内容を表す。「すべての星が地球の周りを動いている」は天動説の考えである。

④ **The lens would go on to play a very important role in the 19th and 20th centuries.**

➡ go on to *do* は「次に～する」という意味を表す。

➡ play an important role は「重要な役割を果たす」という意味を表す。

⑤ **It was first used by photographers (to focus light on special paper {that captured images}), then by moviemakers (to both record and project moving images {for the first time}).**

➡ It は前文④の The lens を指している。lens は単数形で，複数形は lenses となる。

➡ to focus ... は to 不定詞の副詞的用法である。

➡ that は主格の関係代名詞で，that captured images が先行詞の special paper を修飾している。

➡ by moviemakers の前には it was used が省略されている。

➡ to both record and project ... は to 不定詞の副詞的用法である。moving images「動く映像」が，record と project の共通の目的語になっている。

⑥ **(After the 1920s), scientists and others began coating glass (with a substance {which could produce light}) and firing electrons at it, (therefore creating the images of television).**

➡ which は主格の関係代名詞で，which could produce light が先行詞の a substance を修飾している。

➡ firing は動名詞で，coating と共に began の目的語になっている。

➡ therefore creating が導く句は分詞構文である。therefore は「その結果」という意味の副詞で，この分詞句は主節の <結果> を表す意味になる。

11～12

ポイント 物理学者のC. V. ボーイズは何を作り出し，それはどのような用途で使われたか。

11 ① Another invention dates back / to older days.// ② The physicist / C. V. Boys / had
もう1つの発明は時をさかのぼる / もっと昔に // 物理学者の / C. V. ボーイズは / 才能を

a gift / for creating tools / for his experiments.// ③ In 1887, / he wanted to create a
持っていた / 道具を作り出すことに関して / 彼の実験のための // 1887年に / 彼はとても細い1片を作り

very fine piece / of glass / to measure the effects / of delicate physical forces / on objects.//
たいと考えた / ガラスの / 影響を測定するために / 微細な物理的な力の / 物体への //

④ He built a special crossbow / and created small arrows / called bolts / with it.//
彼は特殊な洋弓銃を組み立てた / そして小さな矢を作った / ボルトと呼ばれる / それと一緒に //

⑤ To one bolt / he attached heated glass, / and he fired the bolt.// ⑥ As the bolt
1本のボルトに / 彼は熱したガラスをくっつけた / そして彼はそのボルトを発射した // そのボルトが飛ぶのと同時に

flew / toward its target, / it pulled a tail / of fiber / from the glass.// ⑦ In one / of his
/ 目標に向けて / それは尾を引いた / 繊維の / ガラスから // 1本の中で / 彼が発射

shots, / Boys produced a long, thin piece / of glass / that stretched almost 90 feet.//
したものの / ボーイズは長く細い1片を作り出した / ガラスの / 90フィート近くまで伸びた //

12 ⑧ By the middle / of the next century, / new glass fibers or fiberglass were
半ばまでには / 次の世紀の / 新しいガラスの繊維すなわち繊維ガラスがいたるところに存在していた

everywhere: / in clothes, / surfboards, / large yachts, / helmets, / the largest
/ 衣服の中 / サーフボード(の中) / 大きなヨット(の中) / ヘルメット(の中) / 最大級の

airplanes / in the sky, / and the circuit boards / of modern computers.//
航空機(の中) / 空の / そして回路基板(の中) / 現代のコンピューターの //

単語チェック

□ **physicist**	名 物理学者	□ **thin**	形 薄い，細い
□ **measure**	動 ～を測定する	□ **fiberglass**	名 繊維ガラス
□ **physical**	形 物理的な	□ **surfboard**	名 サーフボード
□ **crossbow**	名 洋弓銃	□ **yacht**	名 ヨット
□ **arrow**	名 矢	□ **helmet**	名 ヘルメット
□ **bolt**	名 太矢，ボルト	□ **circuit board**	名 回路基板
□ **target**	名 標的，的	□ **circuit**	名 回路
□ **fiber**	名 繊維，糸		

本文内容チェック 「現代の色々なもので使われている繊維ガラスの発明」

11 1887年，C. V. ボーイズは長細いガラス片を作るため，熱したガラスをつけた矢を飛ばした。矢はガラスの繊維状の尾を引いて飛んだ。

12 ガラスの繊維は次の世紀の半ばまでには，衣服，サーフボード，ヨット，ヘルメット，航空機，回路基板など，いたるところで使われるようになった。

読解のカギ

① **Another invention dates back to older days.**

➡ date back to *A* は「A にさかのぼる」という意味を表す。

③ **(In 1887), he wanted to create a very fine piece of glass (to measure the effects of delicate physical forces on objects).**

➡ glass は「ガラス」の意味では不可算名詞なので，個々に数える場合は a piece of ～「1 片の～」や a sheet of ～「1 枚の～」と表す。

➡ to measure ... は to 不定詞の副詞的用法である。

④ **He built a special crossbow and created small arrows (called bolts) (with it).**
S V O V O

➡ crossbow「洋弓銃」とは，銃のように引き金を引いて矢を発射できる強力な弓のことである。その専用の矢を bolt と呼ぶ。通常の矢より，太く短い。

➡ called bolts は過去分詞句で，small arrows を後ろから修飾している。

➡ it は a special crossbow を指している。

⑤ **(To one bolt) he attached heated glass, and he fired the bolt.**

➡ attach *A* to *B* は「A を B にくっつける」という意味を表す。ここでは to *B* の部分が文頭に置かれている。

⑦ **(In one of his shots), Boys produced a long, thin piece of glass (that stretched almost 90 feet).**

➡ that は主格の関係代名詞で，that stretched almost 90 feet が先行詞の a long, thin piece of glass を修飾している。

➡ almost 90 feet は副詞的に stretched を修飾している。

➡ 90 feet「90 フィート」は 27.432 メートルの長さである。

⑧ **(By the middle of the next century), new glass fibers or fiberglass were everywhere: in clothes, surfboards, large yachts, helmets, the largest airplanes (in the sky), and the circuit boards (of modern computers).**

➡ the next century「次の世紀」とは，前文③の「1887 年」が 19 世紀なので，その次の「20 世紀」のことである。

➡ or は「すなわち，つまり」と言いかえる時の表現である。

➡ everywhere は「いたるところに」という意味を表す副詞である。

➡「:(コロン)」以降は，everywhere の具体的な場所の例である。

13 ～ 14

ポイント 21世紀の生活で，私たちが見落としがちなことはどのようなことか。

13 ① Now, / think of that common early-21st-century act: / taking a selfie / on your phone, / and then / posting the image / on social media / that can be seen / all around the world.// ② We are so accustomed / to such actions, / but what we rarely do is think / about the way / glass supports this whole network: / we take pictures / through glass lenses, / store them / on circuit boards / made of fiberglass, / send them / around the world / through glass cables, / and enjoy them / on screens / made of glass.//

さて / そのよく見られる21世紀初頭での行動について思い浮かべてみてください / 自撮りをするところ / あなたの電話で / それから / 画像を投稿するところ / ソーシャルメディアに / 見られ得る / 世界中で // 私たちはとても習慣づいている / そのような行動が / しかし私たちがめったに行わないことは考えることだ / 方法について / ガラスがこのネットワーク全体を支えている / 私たちは写真を撮る / レンズを通して / それらを保存する / 回路基板に / 繊維ガラスでできた / それらを送信する / 世界中に / ガラスのケーブルを通して / そしてそれらを楽しむ / 画面上で / ガラスで作られた //

14 ③ Our lives are surrounded / and supported / by objects / that are based / on the ideas and creativity / of thousands of people / who came before us.// ④ It is of great interest / to put them in perspective / and learn / how things happened, / as shown / in this history / of glass.//

私たちの生活は囲まれている / そして支えられている / 物体によって / 基づいた / アイデアと創造性に / 何千人もの人たちの / 私たちより前に生まれた // とても興味深いことである / それらを広い視野で見ることは / そして学ぶ（ことは） / 物事がどのようにして起こったのかを / 示されるように / このような歴史の中で / ガラスの //

単語チェック

□ **selfie**	名 自撮り写真	□ **network**	名 ネットワーク
□ **social media**	名 ソーシャルメディア	□ **cable**	名 ケーブル線
□ **media**	名 メディア	□ **creativity**	名 創造性[力]
□ **accustomed**	形 いつもの，慣れている	□ **perspective**	名 視点

本文内容チェック **「先人のアイデアと創造性から生まれたものに囲まれている私たち」**

13 私たちは自撮りをしてソーシャルメディアに投稿するが，その行動がガラスでできたものに支えられていることにまで思いを巡らせることはめったにない。

14 私たちの生活は，先人のアイデアと創造性に基づいたものに囲まれている。それらを広い視野で見て，物事がどう起こったのかを学ぶのはとても興味深いことだ。

読解のカギ

① **Now, think of** that common early-21st-century act: **taking a selfie on your phone, and then posting the image (on social media) (that can be seen all around the world).**

➡ that common early-21st-century act は「:(コロン)」以降の内容を指している。that の示すものが前述の内容ではなく，that より後の内容を指す用法である。「その，あの」とは訳さない方が自然。

➡ media の後の that は主格の関係代名詞で，that can be seen all around the world が先行詞の social media を修飾している。

② **We are so accustomed to such actions, but (what we (S') rarely do (V')) is think about the way (glass (S') supports (V') this whole network (O')): we (S) take (V) pictures (O) (through glass lenses), store (V) them (O) (on circuit boards made of fiberglass), send (V) them (O) (around the world) (through glass cables), and enjoy (V) them (O) (on screens made of glass).**

➡ be accustomed to *A* は「A に慣れている」という意味を表す。

➡ <what S + V is[was] C> は関係代名詞の what を使った強調の表現で，後ろに置かれた C の内容を強調している。C に当たる動詞の think の前には to が省略されている。 文法詳細 p.219

➡ <the way + S + V> は「S が〜する方法」という意味を表す。

➡「:(コロン)」以降は，the way glass supports this whole network の内容を具体的に説明している。

➡ made of fiberglass は過去分詞句で circuit boards を後ろから修飾している。

➡ made of glass は過去分詞句で screens を後ろから修飾している。

③ **Our lives are surrounded and supported by objects (that are based on the ideas and creativity of thousands of people {who came before us}).**

➡ that は主格の関係代名詞で, that are ... before us が先行詞の objects を修飾している。

➡ who は主格の関係代名詞で, who came before us が先行詞の people を修飾している。

④ **It (形式主語) is of great interest (to put them in perspective and learn {how things happened}, {as shown in this history of glass}) (真の主語).**

➡ It は形式主語で，真の主語は to 不定詞句の to put ... of glass である。

➡ be of great interest は「大変興味深い」という意味を表す。

➡ put *A* in perspective は「大局的な視点から A を見る」という意味を表す。

➡ as shown in *A* は「A に示されるように」という意味を表す。

TRY1 Overview ヒント

You are writing a passage review. Complete the outline.
(あなたは文章の一節のレビューを書いています。概要を完成させなさい。)

ⓐ ローマ帝国の時代，住宅や建物にガラスの窓が使われた。
ⓑ オランダ人レンズ職人が望遠鏡を発明した。
ⓒ 約1万年前に，ある旅人が砂漠でそのガラスを偶然発見した。
ⓓ 物理学者のC. V. ボーイズが，90フィートの長さの細いガラスの繊維を作り出した。
ⓔ 現在，ガラスはソーシャルメディアの世界のあらゆる部分で非常に重要である。
ⓕ 1920年代以降，科学者とそのほかの人たちがテレビの映像を作り出した。
ⓖ 1590年に，顕微鏡がオランダで発明された。
ⓗ 12世紀と13世紀に，修道士たちは湾曲したガラスを利用し，ガラス職人たちは世界初の眼鏡を作り出した。

TRY2 Main Idea ヒント

Mark the main idea M, the sentence that is too broad B, and the sentence that is too narrow N.(話の本旨になるものにはMを，広範すぎる文にはBを，限定的すぎる文にはNの印を書きなさい。)

1 グーテンベルクの発明が，一般の人たちが眼鏡を使うようにした。
2 私たちは，私たちより前に生まれた人たちのアイデアによって支えられている。
3 たくさんの人たちによって，偉大な発明品が作られた。

TRY3 Details ヒント

Answer T (true) or F (false). (正誤を答えなさい。)

1 第2パラグラフにブローチがエジプト王の墓で発見された年についての記述がある。
→ 教p.116, ℓℓ.9〜12
2 第3パラグラフにローマ帝国時代のガラス職人についての記述がある。
→ 教p.116, ℓℓ.13〜15
3 第5パラグラフに眼鏡が発明されて間もない頃についての記述がある。
→ 教p.116, ℓℓ.24〜27
4 第6パラグラフにグーテンベルクの発明が及ぼした影響についての記述がある。
→ 教p.116, ℓℓ.29〜32
5 第10パラグラフに写真家と映画製作者が19世紀，20世紀に始めたことについての記述がある。
→ 教p.117, ℓℓ.17〜20
6 第11パラグラフにC. V. ボーイズが作ろうとしていたものについての記述がある。
→ 教p.117, ℓℓ.23〜26
7 第13パラグラフに，自撮りをすることとガラスにどういう関係があるかについての記述がある。
→ 教p.118, ℓℓ.1〜7
8 第14パラグラフに私たちの生活が何に支えられているかついての記述がある。
→ 教p.118, ℓℓ.8〜9

TRY4 Facts and Opinions ヒント

Write FACT for a factual statement and OPINION for an opinion.
(事実に基づく記述にはFACT，個人的見解にはOPINIONと書きなさい。)

1 12，13世紀に，ガラス職人たちは私たちの世界の見方を変える発明を思いついた。
2 C. V. ボーイズは，実験のためにとても細いガラス片を作りたいと考えた。
3 ガラスがネットワーク全体を支えている方法について，私たちはめったに考えない。
4 物事が過去にどのように起こったのか学ぶのはとても興味深いことだ。

TRY5 Deeper Understanding ヒント

Discuss the following with your partner. (次のことについてパートナーと話し合いなさい。)

1 例 A : I think the invention of lenses is the most important, because glasses, microscopes, and many other things are made with them.
B : Actually, I wear contact lenses, so, I agree with you.

2 例 A : I would choose the school newspaper. Creativity is really needed in the layout of the articles and the design of the text.
B : Indeed, I always feel your school newspaper is very well thought out.

TRY6 Retelling ヒント

例 1～3 Over 26 million years ago in the Libyan Desert, something caused intense heat to melt silica in the sand, creating what is now called glass. A traveler stumbled across this glass. It was used to make a brooch later found in Tutankhamun's tomb. During the Roman Empire, glassmakers improved glass, and glass windows came into use.

4～9 In the 12th and 13th centuries, monks used curved glass to read books. Glasses were invented at around this time. However, even though farsightedness was common, most people didn't notice it. After Gutenberg invented the printing press, people began to read books and notice that they were farsighted. This created a great need for eyeglasses. The microscope was invented in 1590. This led to the discovery of cells and the production of vaccines. Later, the telescope was invented, leading to Galileo's great discovery.

10～12 In the 19th and 20th centuries, the lens was used to capture images in cameras, to project moving images, and to project images on television screens. In 1887, physicist C. V. Boys attempted to make a very fine piece of glass. He succeeded in making long, thin glass fibers using a crossbow and a bolt. This fiberglass is now used in computer circuit boards.

13～14 We take for granted that we can take a selfie and post it on social media, but few realize that glass is used to make the lenses that take pictures, the circuit boards that store them, the cables that send them, and the screens on which we view and enjoy them. Our lives are supported by the ideas and creativity of people of the past.

Language Function

1 What S + V is ～　what を用いた強調

関係代名詞の what を使った <What S+V is C> の形で，強調したい語句を C(補語) として**最後に置く**ことで，その部分を**強調する**ことができる。

<S+V+O> の O(名詞)を強調する場合

1. **What you need is** good preparation.
S(関係代名詞節)　C(強調したい名詞句)
(あなたが必要とすることは，十分な準備だ。)

➡ 関係代名詞節である What you need を主語とする文の C として，強調される語句を続けている。

➡ You need good preparation. という文の O である，good preparation が C になっている。

➡ it を用いた強調構文に書きかえると以下のようになる。
It is good preparation that you need.

2. **What she wants is** some good music.
S(関係代名詞節)　C(強調したい名詞句)
(彼女が求めているのは，良い音楽だ。)

➡ 関係代名詞節である What she wants を主語とする文の C として，強調される語句を続けている。

➡ She wants some good music. という文の O である，some good music が C になっている。

元の文の主語を強調する場合

3. **What changed all of that was** Gutenberg's invention of the printing press in the 1440s.
S(関係代名詞節)　C(強調したい名詞句)
(それのすべてを変えたのは，1440 年代のグーテンベルクの印刷機の発明だった。)

➡ 関係代名詞節である What changed all of that を主語とする文の C として，強調される語句を続けている。

➡ Gutenberg's invention of the printing press in the 1440s changed all of that. という文の主語である，Gutenberg's invention of the printing press in the 1440s が C になっている。

<S+助動詞+*do*> の *do*(動詞)を強調する場合

4. **What you should do is** (to) call her and apologize.
S(関係代名詞節)　C(強調したい名詞句)
(あなたがすべきことは，彼女に電話をして謝罪することだ。)

➡ 関係代名詞節である What you should do を主語とする文の C として，強調される語句を続けている。

➡ You should call her and apologize. という文の動詞(＋目的語句)である，call her and apologize が C になっている。

➡ この表現では，C に当たる to 不定詞の to は省略されることが多い。

<S＋V> の V(動詞)を強調する場合

5. What we rarely do is (to) think about the way glass supports this whole network.
S(関係代名詞節) C((to)不定詞句)
(私たちがめったにしないことは，ガラスがこのネットワーク全体を支えている方法について考えることだ。)

➡ 関係代名詞節である What we rarely do を主語とする文の C として，強調される語句を続けている。

➡ We rarely think about the way glass supports this whole network. という文の動詞(＋前置詞句)である，think about the way glass supports this whole network が C になっている。

Qヒント Describe each picture with the given words and the structure above.
(それぞれの写真を，与えられた語句と上の構文を使って説明しなさい。)

A「ジョンがいつも映画を見る時にすることは，ポップコーンを食べることだ」などの意味の文にする。主語の部分を関係代名詞の what を使って作る。

B「ケイティーがベッドの下で見つけたのは，古い鍵だった」などの意味の文にする。主語の部分を関係代名詞の what を使って作る。

2 wherever/whenever S + V 複合関係副詞

wherever や **whenever** のように，関係副詞に **-ever** が付いた形を**複合関係副詞**と呼ぶ。wherever は「**〜するところはどこ(へ)でも**」(＝ any place where 〜)，whenever は「**〜する時はいつでも**」(＝ any time when 〜)という意味の副詞節を導く。
複合関係副詞の wherever と whenever は，「**どこへ[で]〜しようとも**」(＝ no matter where 〜)，「**いつ〜しようとも**」(＝ no matter when 〜)という，**譲歩**の意味を表すこともある。

複合関係副詞：wherever

1. Wherever you go, you'll experience the same problem
(あなたが行くところのどこででも，あなたは同じ問題を経験するだろう。)

➡ Wherever you go が「あなたが行くところのどこででも」という意味の副詞節になっている。

➡ Wherever you go は「あなたがどこへ行こうとも」と，譲歩の意味で訳すこともできる。

2. They became the first piece of advanced technology that ordinary people would always wear **wherever** they went.
（それらは，普通の人たちが行くところのどこででもいつも身につけている，先進技術の最初の1つとなった。）

➡ wherever they went が「彼ら(＝普通の人たち)が行くところのどこででも」という意味の副詞節になっている。

➡ wherever they went は「彼ら(＝普通の人たち)がどこへ行こうとも」と，譲歩の意味で訳すこともできる。

複合関係副詞：whenever

3. **Whenever** she goes for a walk, she takes her dog with her.
（散歩へ行く時はいつでも，彼女は自分の犬を一緒に連れて行く。）

➡ Whenever she goes for a walk が「彼女が散歩へ行く時はいつでも」という意味の副詞節になっている。

➡ Whenever she goes for a walk は「彼女がいつ散歩に行こうとも」と，譲歩の意味で訳すこともできる。

4. I remember my grandma **whenever** I see this scarf she gave me.
（私はおばあちゃんが私にくれたこのスカーフを見る時はいつでも，彼女のことを思い出す。）

➡ whenever I see this scarf she gave me が「私がおばあちゃんが私にくれたこのスカーフを見る時はいつでも」という意味の副詞節になっている。

＋α

複合関係副詞：however

However late it is, please call me when you arrive.
（どんなに遅くても，あなたが到着した時に私に電話をください。）

➡ 複合関係副詞の however は <however ＋形容詞[副詞]＋ S ＋ V> の形で「どんなに～しても」という意味の副詞節を導く。

➡ No matter how late it is, ... と言いかえることができる。

Qヒント Describe each picture with the given words and the structure above.
（それぞれの写真を，与えられた語句と上の構文を使って説明しなさい。）

A「私の犬は，私が行くところはどこへでもついてくる」などの意味の文にする。

B「マークは，新聞を読む時はいつも眠くなる」などの意味の文にする。

Speaking ヒント

Warm-up dialogue: Showing agreement

空所の前でAは動画を見るよう勧めていて，それがとても面白いものだと説明している。空所の後のせりふから，Bはその動画に興味を持ったとわかるので，空所には「その動画が面白い」ということを認めることばが入ると考えられる。

A: (スマートフォンを見せながら) ケン, この動画を見てください。とても面白いですよ！
B: ＿＿＿＿＿＿＿！　どこで見つけたのですか。
A: 私の一番好きなビデオブロガーが彼の動画の中でそれについて話したんです。彼はあなたが夢中になっているゲームについても話しました。
B: 本当ですか。でも, 残念ながら今はそれをやっていません。それをやり過ぎてしまって, 母が私のスマートフォンを取り上げたんです…。

Discussion

スマートフォンについて使える表現：
use the internet (インターネットを使う)
do research on the internet (インターネットで調べ物をする)
browse websites (ウェブサイトを閲覧する)
take pictures (写真を撮る)
take videos (動画を撮る)
play music (音楽を再生する)
send and receive e-mail[messages] (メール[メッセージ]の送受信をする)

Writing ヒント

例の訳

優しい手

昨年, 私の祖母は手術を受けて, 1か月間入院しなければならなかった。私はときどき, 弟のトムと一緒に彼女を訪ねた。私は，彼女は1日中病院の中にいることに飽きていると思ったので，学校や私の友達について話をすることで彼女を笑わせようとした。トムはとても恥ずかしがり屋な男の子で，いつも私の話を聞きながら黙ったままだった。

しかし，ある日，彼女が本当に疲れているように見えた時，突然トムが何も言うことなく彼女の両手を握った。私はその時に彼女が見せた満面の笑みを忘れることができない。トムのおかげで，時には誰かにそっと触れることが，ことばよりもっと効果があるということを私は学んだ。

定期テスト予想問題 解答 ➡ p.224

1 日本語の意味に合うように，＿＿に適切な語を入れなさい。

(1) 彼らの家系は15世紀にまでさかのぼる。
Their family dates ＿＿＿＿ ＿＿＿＿ the fifteenth century.

(2) 新しい規則が私たちの学校に変化をもたらした。
New rules ＿＿＿＿ ＿＿＿＿ changes in our school.

(3) 彼は板を星の形に切った。
He cut a board ＿＿＿＿ the ＿＿＿＿ ＿＿＿＿ a star.

(4) 彼女の友人たちはいつもそこにいて，彼女は彼らを当然のものと思っていた。
Her friends were always there, and she ＿＿＿＿ them for ＿＿＿＿.

(5) これらの古い町並みは旅行者にとって大変興味深いものである。
These old streets are ＿＿＿＿ great ＿＿＿＿ to travelers.

2 日本語に合うように，(　) 内の語句を並べかえなさい。

(1) 私たちが必要としているのは40人が入るのに十分な大きさの会議室だ。
(is / a meeting room / need / what / we) big enough for 40 people.
＿＿＿＿＿＿＿＿＿＿＿＿＿＿＿＿ big enough for 40 people.

(2) 助けが必要な時はいつでも求めていいですよ。
You can (for / it / whenever / ask / you / help / need).
You can ＿＿＿＿＿＿＿＿＿＿＿＿＿＿＿＿＿＿＿＿.

(3) 消防隊員に必要なのは勇気だ。
(courage / is / firefighters / what / require).
＿＿＿＿＿＿＿＿＿＿＿＿＿＿＿＿＿＿＿＿＿＿＿＿.

3 次の英語を日本語に訳しなさい。

(1) What students want is a tough bag.
(　　　　　　　　　　　　　　　　　　　　)

(2) Come and see us whenever you get the chance.
(　　　　　　　　　　　　　　　　　　　　)

(3) Wherever I travel, I look for Japanese restaurants.
(　　　　　　　　　　　　　　　　　　　　)

4 次の英文を，関係代名詞の what を使って，下線部を強調する文に書きかえなさい。

(1) It was <u>her voice</u> that surprised me most.
What ＿＿＿＿＿＿＿＿＿＿＿＿＿＿＿＿＿＿＿＿.

(2) We should <u>reduce air pollution</u>.
What ＿＿＿＿＿＿＿＿＿＿＿＿＿＿＿＿＿＿＿＿.

5 次の英文を読んで，後の問いに答えなさい。

①What changed all of that was Gutenberg's invention of the printing press in the 1440s. ②(had / on / that / printing / a / influence / great), but his great invention had another effect: it made ③a great (　　) (　　) people notice ④(　　) they were farsighted, ⑤(　　) created a great need for glasses. They became the first piece of advanced technology that ordinary people would always wear ⑥(　　) they went.

(1) 下線部①の英語を日本語に訳しなさい。
(　　　　　　　　　　　　　　　　　　　　)

(2) 下線部②が「それは印刷に大きな影響を及ぼした」という意味になるように，( ) 内の語を並べかえなさい。

____

(3) 下線部③が「たくさんの人々」という意味になるように，( ) に適切な語を入れなさい。

a great ____________ ____________ people

(4) 下線部④⑤⑥の ( ) に入る適切な語を下の囲みから選んで書きなさい。

which	who	that	wherever	whenever

④____________ ⑤____________ ⑥____________

6 次の英文を読んで，後の問いに答えなさい。

However, the influence did not stop there. In 1590 in a small town in the Netherlands, father-and-son glassmakers experimented with lining up two lenses, not ①(　　) by (　　) like glasses, but ②in (　　) (　　) each other. This made the objects they observed look larger, and as a result, the microscope was invented. Within 80 years, the British scientist Robert Hooke had published his picture book with hand-drawn images ③(show) what he had seen through his microscope, such as fleas, wood, and leaves.

(1) 下線部①が「横に並べて」という意味になるように，( ) に適切な語を入れなさい。

____________ by ____________

(2) 下線部②が「お互いが一直線上に」という意味になるように，( ) に適切な語を入れなさい。

in ____________ ____________ each other

(3) 下線部③の ( ) 内の語を適切な形に書きかえなさい。

____

定期テスト予想問題 解答

pp.222~223

1 (1) back to (2) brought about (3) in, shape of (4) took, granted
(5) of, interest

2 (1) What we need is a meeting room (big enough for 40 people.)
(2) (You can) ask for help whenever you need it(.)
(3) What firefighters require is courage(.)

3 (1) 生徒たちがほしがっているのは丈夫なかばんだ。
(2) 機会がある時はいつでも私たちに会いに来てください。
(3) 旅行するところのどこででも，私は日本食レストランを探す。／私はどこへ旅行しようとも日本食レストランを探す。

4 (1) (What) surprised me most was her voice(.)
(2) (What) we should do is reduce [to reduce] air pollution(.)

5 (1) それのすべてを変えたのは，1440年代のグーテンベルクの印刷機の発明だった。
(2) That had a great influence on printing
(3) number of
(4) ④ that ⑤ which ⑥ wherever

6 (1) side, side (2) line with (3) showing

解説

2 (1)(3) <What S + V is C> の形の文にする。
(2)「A を求める」は ask for *A* で表す。「～する時はいつでも」は whenever が導く副詞節で表す。

3 (1) <What S + V is C> は「S が～するのは C である」という意味。
(2) whenever が導く節は「～する時はいつでも」という意味。ここでの chance は「機会」という意味。
(3) wherever が導く節は「～するところはどこででも」または「どこへ～しようとも」という意味。

4 (1)(2) <What S + V is[was] C> の形で，強調したい語句を C の位置に置く。

5 (1) <What S + V is C>「S が～するのは C である」の形の，過去形の文。
(2)「A に大きな影響を及ぼす」は have a great influence on *A* で表す。
(3)「たくさんの A」は a great number of *A* で表す。
(4) ④には notice の目的語の節を導く接続詞の that，⑤には非限定用法の関係代名詞の which，⑥には <場所> を示す複合関係副詞の wherever が入る。

6 (1)「横に並べて」は side by side で表す。 (2)「A と一直線になって」は in line with *A* で表す。 (3) 現在分詞にして直前の語句を修飾する。

Further Reading 3 Moufflon—The Dog of Florence

1 ~ 4

woolly	形 毛の多い	My grandmother has a **woolly** cat. 私の祖母は毛の多い猫を飼っている。
master	名 (男の)飼い主	He is the **master** of two tigers. 彼は２頭の虎の飼い主である。
breadwinner	名 一家の稼ぎ手，働き手	My father is the **breadwinner** of my family. 父が我が家の大黒柱である。
gentleman	名 紳士	A tall **gentleman** was walking a dog. 背の高い紳士が犬を散歩させていた。
poodle	名 プードル	They have a white-haired **poodle**. 彼らは白い毛のプードルを飼っている。
giggle	動 くすくす笑う	Jack was **giggling** to see the scene. ジャックはそのシーンを見てくすくす笑っていた。
weep	動 (涙を流して)泣く	The little girl was **weeping** all night. その小さな女の子は一晩中涙を流して泣いていた。
substitute	名 代役，代理品	He teaches us English as a **substitute** teacher. 彼は私たちに代理の教師として英語を教えている。
franc	名 フラン	How many **francs** is one dollar? １ドルは何フランですか。
fortune	名 大金	She built up a large **fortune**. 彼女は大金を築き上げた。

5 ~ 6

strangely	副 奇妙に	Why does he act so **strangely**? なぜ彼はそのように奇妙に振る舞うのだろうか。
one moment ～ the next	熟 …かと思えば，次の瞬間には～	He was laughing **one moment**, sleeping **the next**. 彼は笑っていたかと思えば，次の瞬間には寝ていた。
look after *A*	熟 Aの世話をする，面倒を見る	James **looked after** two old dogs. ジェームズは２匹の老犬の世話をした。
sharply	副 厳しい口調で，痛烈に	She told me **sharply**, “Don’t do it.” 彼女は私に厳しい口調で「やめなさい」と言った。
stair	名 階段	He went up the **stairs** slowly. 彼はゆっくりと階段を登って行った。

knit	㊍ 編み物をする	My grandmother likes spending time **knitting**. 私の祖母は編み物をして時間を過ごすのが好きだ。
needle	㊔ 針，編み針	Don't let the children touch the **needles**. 子どもに針を触らせないで。
rapidly	㊎ 素早く，急速に	The plant has grown **rapidly** over the past two weeks. この２週間でその植物は急速に成長した。
uneasy	㊌ 落ち着きのない，ぎこちない	He stood at the door with **uneasy** eyes. 彼は落ち着きのない目をしてドアのところに立っていた。

7 ~ 8

shiver	㊍ 震える	The cat was **shivering** because of the cold. その猫は寒さで震えていた。
moan	㊍ うめく	The patient was **moaning** in pain. その患者は痛みでうめいていた。
nervously	㊎ いらいらして，神経質に	He was shaking his legs **nervously**. 彼はいらいらして足をゆすっていた。
sob	㊍ すすり泣きながら～と言う	"I want to see my mom!" the girl **sobbed**. 「ママに会いたい！」とその女の子はすすり泣きながら言った。
raging	㊌ 高い，激しい	He watched the ocean's **raging** waves. 彼は海の激しい波を見つめた。
fever	㊔ 熱	I had a cold and **fever** yesterday. 私は昨日，風邪で熱があった。
apron	㊔ エプロン	He always wears a dirty, old **apron**. 彼はいつも古くて汚れたエプロンをしている。

9 ~ 10

go by	㊞ 過ぎる，経過する	This week **went by** very fast. 今週はものすごい速さで過ぎて行った。
at last	㊞ ついに，とうとう	My dream has come true **at last**. ついに私の夢がかなった。
priest	㊔ 聖職者，司祭	The **priest** walked into the church. その司祭は教会の中へと歩いて行った。
pray	㊍ 祈る	He always **prays** for our health. 彼はいつも私たちの健康を祈っている。
sorrowfully	㊎ 悲しげに	He left the room **sorrowfully**. 彼は悲しげに部屋を後にした。
bow	㊍ (頭)を下げる，～をかがめる	She **bowed** her head in shame. 彼女は恥ずかしくて頭を下げた。
loud	㊌ うるさい	He closed the door with a **loud** sound. 彼は大きな音を立ててドアを閉めた。

scuffle	動 足を引きずって歩く	The runner **scuffled** to the goal. そのランナーは足を引きずってゴールへ歩いた。
pitter-patter	名 パタパタ(という足音)	I hear the **pitter-patter** of feet coming toward us. 足音のパタパタいう音が私たちに近づいてきているのが聞こえる。
mud	名 泥	Your shoes are covered with **mud**. あなたの靴は泥だらけだ。
dust	名 ほこり	A lot of **dust** blows in through the windows. 多くのほこりがその窓から吹き込む。
kneel	動 ひざまずく	He **knelt** before the queen. 彼は女王の前でひざまずいた。
dash	動 急いで行く，疾走する	She **dashed** to the station to catch the last train. 彼女は終電に間に合うように駅へ急いで行った。

11 ~ 12

sunbeam	名 太陽光線	The car passed by us like a **sunbeam**. その車は太陽の光のように私たちの横を走り去った。
murmur	動 ～とつぶやく	"What a day," Ted **murmured**. 「何て日だ」とテッドはつぶやいた。

13

politely	副 丁寧に，礼儀正しく	She **politely** said, "No, thank you." 彼女は丁寧に「結構です」と言った。
exclaim	動 ～と叫ぶ	"What a beautiful view!" he **exclaimed**. 「なんて美しい眺めだ！」と彼は叫んだ。
all the way from *A*	熟 はるばるAから	He came **all the way from** Japan. 彼ははるばる日本からやってきた。
gain	動 ～を手に入れる，増す	I **gained** a lot from the experience. 私はその経験から多くを得た。
fall ill	熟 病気になる	Finally, he **fell ill** because of lack of sleep. ついに，彼は睡眠不足で病気になった。
grief	名 悲しみ，悲嘆	I can't bear any more **grief**. 私はこれ以上の悲しみには耐えられない。
all of a sudden	熟 突然に	**All of a sudden**, my son started crying. 突然，息子が泣き始めた。
sudden	形 突然の	The fireworks had a **sudden** finish. その花火は突然終わった。
rush	動 大急ぎで行く，突進する	I **rushed** to the animal clinic with my cat last night. 私は昨夜，家の猫を連れて動物病院に大急ぎで行った。
be (all) skin and bone(s)	熟 (骨と皮だけで)痩せこけた	He **was all skin and bones** when he was found. 彼は見つかった時，痩せこけていた。

bone	㊔ 骨	A **bone** in my leg was broken in the accident. その事故で私の脚の骨は折れた。
at the sight of *A*	㊝ Aを見て	The boy smiled **at the sight of** his mother. その少年は母の姿を見るとにっこりと笑った。
sight	㊔ 見る[見える]こと	Just the **sight** of food made me happy. ただ食べ物を見ただけで，私は幸せな気持ちになった。
come back to one's senses	㊝ 意識を取り戻す	When she **came back to her senses**, she was in the hospital. 意識を取り戻した時，彼女は病院にいた。
take back *A* / take *A* back	㊝ Aを取り戻す，引き取る	I **took back** my money from him. 私は彼からお金を取り戻した。

14 ～ 15

hold out *A* / hold *A* out	㊝ Aを差し出す	He **held out** food to the hungry dog. 彼はそのお腹を空かせた犬に食べ物を差し出した。
sigh	㊔ ため息	She gave a **sigh** after reading the letter. 彼女はその手紙を読んだ後，ため息をついた。
cruel	㊓ 残酷な	The weather there was **cruel** for the animals. そこの気候は動物にとって残酷であった。
ask for A	㊝ Aを求める，要求する	They **asked for** much more time and money. 彼らはもっと多くの時間とお金を要求した。
plump	㊓ 丸々と太った	The bird was **plump**, and looked like a ball. その鳥は丸々と太っていてボールのように見えた。
indeed	㊖ 本当に	"Why did she do that?" "Why **indeed**?" 「なぜ彼女はそんなことをしたんだろう」「本当になぜだろうね」

1～4

ポイント　ロロと犬のムフロンは，ある外国人紳士と出会い，何をしたか。

1 ① Moufflon was a large, white, woolly dog.// ② His master, / Lolo, / was a 10-year-old boy, / whose father had been dead / for many years.// ③ Tasso, / his oldest brother, / was the breadwinner / of the poor family.// ④ Due to an accident / when he was a baby, / Lolo was too weak to go to school / or do any work.// ⑤ For that reason, / Lolo and Moufflon were always together / and very happy.//

ムフロンは大きくて，白い，毛むくじゃらの犬だった // 彼の飼い主である / ロロは / 10歳の男の子だった / 彼の父親は亡くなっていた / 何年も前に // タッソが / 彼の一番年上の兄である / 稼ぎ頭だった / その貧しい家族の // 事故のせいで / 彼が赤ん坊の時 / ロロは体が弱すぎて学校へ行けなかった / また，どんな仕事もすることができなかった // そういった理由から / ロロとムフロンはいつも一緒にいた / そしてとても幸せだった //

2 ⑥ One sunny morning / in September, / Lolo was sitting / on the steps / of the church / with Moufflon beside him / when a foreign gentleman came up / and said, / "You have a beautiful poodle there.// ⑦ My sick child would be pleased / to see him.// ⑧ Would you bring him / to my hotel?"//

ある晴れた朝 / 9月の / ロロは座っていた / 階段に / 教会の / ムフロンを彼の横に伴って / 異国の紳士が近づいてきた時 / そして言った（時） / 「そこにいる君のプードルはきれいだね // 私の病気の子どもが喜ぶだろう / 彼を見たら // 彼を連れて来てくれませんか / 私のホテルまで」と //

3 ⑨ That afternoon / Moufflon and Lolo went / to the gentleman's hotel / and did their best / to make the poor boy smile and giggle.// ⑩ When they were about to leave, / however, / the boy shouted, / "I want the dog!// ⑪ I will have the dog!" / and began to cry.// ⑫ Lolo did not know / what to do.// ⑬ "You shall have the dog tomorrow," / said the gentleman / in a language / Lolo didn't understand / and hurried Lolo and Moufflon / out of the room.//

その日の午後 / ムフロンとロロは行った / その紳士のホテルへ / そして全力を尽くした / そのかわいそうな男の子をにっこりさせたりくすくす笑わせようと // 彼らが去ろうとしていた時 / しかし / その男の子は叫んだ / 「その犬がほしい！ // 僕がその犬を飼うんだ！」と / そして泣き始めた // ロロはわからなかった / どうしたらいいのか // 「明日にはその犬をお前のものにしてあげるよ」と / その紳士は言った / 言語で / ロロがわからない / そしてロロとムフロンを急かした / 部屋の外へと //

4 ⑭ When Lolo arrived home, / he was surprised / to see everyone weeping.// ⑮ Tasso had been ordered / to go / to the army / for three years.// ⑯ The only way / to avoid it / was to hire a substitute / by paying a thousand francs, / which was a fortune / for Lolo's family.//

ロロが家に着いた時 / 彼は驚いた / みんなが泣いているのを見て // タッソは命令されていた / 行くように / 軍隊へ / 3年間 // 唯一の方法は / それを回避するための / 代理役を雇うことだった / 1,000フランを払うことで / 大金だった / ロロの家族にとっては //

単語チェック

□ woolly	形 毛の多い	□ giggle	動 くすくす笑う
□ master	名 (男の)飼い主	□ weep	動 (涙を流して)泣く
□ breadwinner	名 一家の稼ぎ手	□ substitute	名 代役，代理品
□ gentleman	名 紳士	□ franc	名 フラン
□ poodle	名 プードル	□ fortune	名 大金

本文内容チェック 「紳士の頼みを聞き，病気の男の子に会いに行ったロロとムフロン」

1 白くて大きい犬のムフロンの飼い主はロロという 10 歳の男の子だった。彼の家は貧しく，長兄のタッソが稼ぎ頭だった。ロロは事故が原因で学校や仕事に行けなかったので，ムフロンといつも一緒だった。

2 ある日，ロロがムフロンと教会の階段で座っていると，外国の紳士がムフロンを自分の病気の息子に見せに来てほしいと頼んできた。

3 その日の午後，ロロとムフロンは紳士の息子のいるホテルへ行き，彼を笑わせることに全力を尽くした。ムフロンを自分のものにしたいと泣く彼に紳士は，明日には彼のものにしてあげるとロロがわからない言語で伝え，ロロたちを部屋の外へ出した。

4 ロロが家に帰ると，タッソが軍隊へ行く命令を受け，家族が泣いていた。それを回避するには，大金である 1,000 フランを払って代理役を雇うしか道がなかった。

読解のカギ

② **His master, Lolo, was a 10-year-old boy, (whose father had been dead for many years).**

(His master = Lolo ／ whose ～ → a 10-year-old boy ／ had been：過去完了形)

➡ whose は所有格の関係代名詞で，前に「,(コンマ)」があるので非限定用法である。whose father had been dead for many years が先行詞の a 10-year-old boy に説明を加えている。

➡ had been は過去完了形(<had ＋過去分詞>)である。ここでは過去のある時点まで継続している状態を表す。状態を表す be dead for many years は直訳では「何年もの間，死んでいる」となるが，「何年も前に死んでいる」と訳すと自然である。

⑥ **(One sunny morning in September), Lolo was sitting on the steps of the church (with Moufflon beside him) when a foreign gentleman came up and said, "You have a beautiful poodle there.**

➡ <with ＋ *A* ＋ *B*(形容詞／現在分詞／過去分詞／前置詞句)> で「A を B の状態で伴って」という意味で，<付帯状況> を表す。ここでの *A* は Moufflon，*B* は beside him という前置詞句である。

⑦ **My sick child would be pleased to see him.**

➡ would は「～するだろう」という <推量> の意味を表す。

➡ be pleased to *do* は「～して喜ぶ」という意味を表す。

⑨ **(That afternoon) Moufflon and Lolo went to the gentleman's hotel and did their best (to make the poor boy smile and giggle).**

to 不定詞の副詞的用法

➡ do *one's* best は「全力を尽くす」という意味を表す。their は Moufflon and Lolo を受けている。

➡ to make ... は to 不定詞の副詞的用法である。to 不定詞句の中は <make + O + C(原形不定詞)>「O に C させる」という構造になっている。

⑩ **(When they were about to leave), however, the boy shouted, "I want the dog!**

➡ be about to *do* は「(まさに)〜しようとしている」という意味を表す。

⑬ **"You shall have the dog tomorrow," said the gentleman in a language (Lolo didn't understand) and hurried Lolo and Moufflon out of the room.**

said: V　the gentleman: S　a language ← (which[that])　hurried: V

➡ shall は「(主語に)〜させてやる」という意味で，話し手からの約束を表す。

➡ language の後ろには目的格の関係代名詞 which[that] が省略されている。(which[that]) Lolo didn't understand が先行詞の a language を修飾している。

➡ hurry は「〜を急かして(〜へ)行かせる」という意味を表す。

⑭ **(When Lolo arrived home), he was surprised to see everyone weeping.**

➡ be surprised to *do* は「〜して驚く」という意味を表す。

➡ <see + O + *do*ing> は「O が〜しているのを見る」という意味を表す。

⑮ **Tasso had been ordered to go to the army (for three years).**

had been ordered: 過去完了形の受動態

➡ had been ordered は過去完了形の受動態(<had + been +過去分詞>)である。過去のある時点(＝ロロが家に着いた時)で完了していたことを表す。order *A* to *do*「A に〜するよう命令する」の受動態になっている。

⑯ **The only way (to avoid it) was (to hire a substitute by paying a thousand francs, {which was a fortune for Lolo's family}).**

The only way: S ← (to avoid it)　was: V　C(to 不定詞の名詞的用法)　a thousand francs ← which

➡ to avoid ... は to 不定詞の形容詞的用法で，The only way を後ろから修飾している。

➡ it は前文⑮の内容を指している。

➡ to hire ... は to 不定詞の名詞的用法で，文の補語になっている。

➡ which は主格の関係代名詞で，前に「,(コンマ)」があるので非限定用法である。which was a fortune for Lolo's family が先行詞の a thousand francs に説明を加えている。

5～6

ポイント ムフロンを置いて出かけたロロが家に戻った時，何が起こっていたか。

5 ① A few days later, / Lolo found his mother acting / very strangely.// ② She was
数日後 / ロロは彼の母親が振る舞っていることに気づいた / とても奇妙に // 彼女は

laughing one moment, crying the next.// ③ She told Lolo / to go and help his aunt
笑っていたかと思えば，次の瞬間には泣いていた// 彼女はロロに言った / 彼の叔母のアニタが子どもたち

Anita look after her children.// ④ But / as Lolo stood up and called Moufflon, / his
の面倒を見るのを手伝いに行くように // しかし / ロロが立ち上がってムフロンを呼ぶと /彼の

mother said sharply, / "Leave the dog!// ⑤ Anita does not like dogs."// ⑥ He and
母親は厳しい口調で言った / 「その犬は置いて行きなさい！// アニタは犬が好きではない」と // 彼と

Moufflon had always been together, / but when Lolo thought, / "Poor Mother has
ムフロンはいつも一緒にいた / しかし，ロロは考えると /「かわいそうなお母さんはずっと

been so worried / about Tasso," / he left / for Aunt Anita's / without his best friend.//
とても心配している / タッソのことについて」と / 彼は出発した / アニタ叔母さんの家へ / 彼の親友は連れて行かずに //

6 ⑦ It was pitch dark / when Lolo arrived back home.// ⑧ He walked up the stairs /
真っ暗だった / ロロが家に帰って来た時 // 彼は階段を歩いて上がった /

with heavy steps / and a dull fear / in his small heart.// ⑨ "Moufflon, / Moufflon!" /
重い足取りで / そしてぼんやりとした不安(を抱えて) / 彼の小さな胸に // 「ムフロン / ムフロン！」と /

he called.// ⑩ Where was Moufflon?// ⑪ He pushed open the door, / and he called
彼は呼んだ // ムフロンはどこ？ // 彼はドアを押し開けた / そして彼はもう一度

again, / "Moufflon, / Moufflon!"// ⑫ But no dog answered his call.// ⑬ "Mother, /
呼んだ / 「ムフロン / ムフロン！」と// しかし彼の呼びかけに答える犬はどこにもいなかった // 「お母さん /

where is Moufflon?" / he asked, / staring into the oil-lit room, / where his mother sat
ムフロンはどこ」と / 彼は尋ねた / オイルランプの明かりが照らす部屋をのぞきこんで /そこでは彼の母親が編み物をしながら

knitting, / her needles moving / very rapidly.// ⑭ There was an uneasy look / on her
座っていた / 彼女の編み針が動きながら / とても素早く // 落ち着かない表情が浮かんでいた / 彼女の

face.// ⑮ Then she said, / without looking up, / "Moufflon has been sold!"// ⑯ And
顔には // それから彼女は言った / 顔を上げることなく / 「ムフロンは売られたの!」と // そして

Lolo's little sister cried, / "Mother sold him / to that foreign gentleman / for a
ロロの妹が叫んだ /「お母さんは彼を売った / あの外国の紳士に /

thousand francs!"//
1,000 フランで! //

⑰ "Sold him!"// ⑱ Lolo grew white / and cold / as ice / as he fell / to the floor.//
「彼を売った！」// ロロは真っ青になった / そして冷たく / 氷のように / 彼が倒れる時 / 床に //

単語チェック

□ **strangely**	副 奇妙に	□ **needle**	名 針，編み針
□ **sharply**	副 厳しい口調で	□ **rapidly**	副 素早く，急速に
□ **stair**	名 階段	□ **uneasy**	形 落ち着きのない
□ **knit**	動 編み物をする		

本文内容チェック **「ロロがいない間に，外国人紳士へ売られてしまっていたムフロン」**

5 ロロは母親に叔母さんの手伝いをしに行くよう言われた。母親がムフロンを置いて行くように言ったので，彼はムフロンを連れずに叔母さんのもとへ出かけた。

6 彼は家に戻って来ると，ムフロンの名前を呼んだが，反応がなかった。彼が母親にムフロンの居場所を尋ねると，ムフロンは売られてしまったと答えた。妹は「お母さんがムフロンを1,000フランで売った」と叫び，ロロは真っ青になって倒れた。

読解のカギ

① **A few days later, Lolo found his mother acting very strangely.**

➡ found *A doing* は「Aが～しているのに気づく」という意味を表す。

② **She was laughing one moment, crying the next.**

➡ one moment ～ the next は「…かと思えば，次の瞬間には～」という意味を表す。

③ **She told Lolo (to go and help his aunt Anita look after her children).**

➡ tell *A* to *do* は「Aに～するように言う，頼む」という意味を表す。

➡ help *A do* は「Aが～するのを手伝う」という意味を表す。

➡ look after *A* は「Aの世話をする，面倒を見る」という意味を表す。

⑧ **He walked up the stairs (with heavy steps and a dull fear in his small heart).**

➡ with ... a dull fear in his small heart は<with + *A* + *B*>「AをBの状態で伴って」の形で，ここでの *A* は a dull fear，*B* は前置詞句の in his small heart である。

⑬ **“Mother, where is Moufflon?” he asked, (staring into the oil-lit room, {where his mother sat knitting, [her needles moving very rapidly]}).**

➡ staring の導く句は<付帯状況>を表す分詞構文である。

➡ oil-lit「オイルランプで照らされた」の lit は light「～を照らす」の過去分詞である。

➡ where は関係副詞で，前に「,(コンマ)」があるので非限定用法である。関係副詞節の where his mother ... very rapidly が the oil-lit room に説明を加えている。「～，(そして)そこで…」と訳せる。

➡ her needles moving の導く句は<付帯状況>を表す分詞構文である。分詞句の主語は her needles で，主節の主語 (his mother) とは異なっているため省略されない。

⑱ **Lolo grew white and cold (as ice) (as he fell to the floor).**
S V C(形容詞) C(形容詞)

➡ <grow +形容詞>は「～(の状態)になる」という意味を表す。

➡ as ice の as は「～のように」という意味の前置詞，その後ろの as は「～する時」という意味の接続詞である。

7～8

ポイント タッソが帰って来て目にしたロロの様子はどのようなものだったか。

7 ① Tasso came home / that sad night / and found his little brother shivering and
タッソは家に帰って来た / その悲しい夜に / そして彼の弟が震えて，うめいているのに気づいた

moaning, / and when he heard / what had been done / to the dog, / he was shocked.//
/ そして彼が聞くと / 何がされたのかを / その犬に対し / 彼はショックを受けた //

② "Oh, Mother!// ③ How could you do that?" / he cried.// ④ "Poor, / poor Moufflon!//
「ああ，お母さん！// どうしてそんなことができたんだ」と /彼は叫んだ// 「かわいそうな / かわいそうなムフロン！ //

⑤ And Lolo loves him so!"//
そしてロロは彼をそんなにも愛している！」 //

⑥ "I have got the money," / said his mother, / nervously, / "and you will not
「私はお金を手に入れている」と / 彼の母親は言った / いらいらしながら / 「そしてあなたは兵士になりに

need to go be a soldier.// ⑦ We can hire a substitute / for you.// ⑧ We can get
行く必要がないだろう // 私たちは代理役を雇える / あなたのために // 私たちは別の

another poodle / for Lolo."//
プードルを買えばよい / ロロに」 //

⑨ "Another one will not be Moufflon," / said Tasso, / and yet he was relieved /
「別のではムフロンにはならない」と / タッソは言った / とは言え，彼はほっとしていた /

that he didn't have to leave his family / to go / to the army.//
彼が家族を残して行かなくてすむことに / 行くために / 軍隊へ //

8 ⑩ Soon Lolo became very sick.// ⑪ "Moufflon!// ⑫ Moufflon!" / he sobbed / again
間もなくしてロロは重い病気になった// 「ムフロン！// ムフロン!」と / 彼はすすり泣きながら言った / 何度も

and again.// ⑬ By night / he had a raging fever.// ⑭ "Can you not get what he
何度も // 夜には / 彼は高熱が出ていた // 「彼がほしがっているものを手に入れることはできないの

wants / so he'll quiet down?" / asked the doctor.// ⑮ That, / however, / was not
ですか / 彼が落ち着くように」と / 医師は尋ねた // それは / しかし / 不可能

possible, / and the poor mother covered her head / with her apron.//
だった / そしてかわいそうな母親は顔を覆った / エプロンで //

単語チェック

□ **shiver**	動 震える	□ **raging**	形 高い，激しい
□ **moan**	動 うめく	□ **fever**	名 熱
□ **nervously**	副 いらいらして	□ **apron**	名 エプロン
□ **sob**	動 すすり泣きながら～と言う		

本文内容チェック **「ムフロンを売られたショックで寝込んだロロを心配するタッソ」**

7 タッソは帰宅し，弟が震えてうめいているのに気づくと，ムフロンの話を聞いてショックを受けた。別のプードルを飼えばいいと言う母親に，彼はそれではムフロンの代わりにならないと言ったものの，軍隊に行かなくてすみ，ほっともしていた。

8 ロロは重い病気になり，ムフロンの名前を呼びながらすすり泣いていた。

読解のカギ

① **Tasso came home (that sad night) and found his little brother shivering and moaning, and (when he heard {what had been done to the dog}), he was shocked.**
（had been done：過去完了形の受動態）

➡ that sad night は「その悲しい夜に」という意味の副詞句である。

➡ found *A doing* は「A が～しているのに気づく」という意味を表す。ここでの *doing* は shivering と moaning である。

➡ what had been done to the dog は間接疑問文で，「何がその犬に対してされたのか」という意味を表す。what を関係代名詞として訳した場合は，「その犬に対して行われたこと」という意味になる。過去時制である heard の時点ですでに起こっていたことなので，過去完了形が使われている。

➡ the dog は Moufflon を指している。

⑥ **"I have got the money," said (V) his mother (S), nervously, "and you will not need to go be a soldier.**

➡ 直接話法の文であり，倒置が起きて動詞が主語の前に置かれている。

➡ need to *do* は「～する必要がある」という意味を表す。

➡ go (and) *do* は「～しに行く」という意味を表す。and はしばしば省略される。

⑨ **"Another one will not be Moufflon," said (V) Tasso (S), and yet he was relieved (that he didn't have to leave his family {to go to the army}).**

➡ one は poodle の代わりに用いられている。

➡ yet は「とは言え～，けれども～」という意味を表す。

➡ be relieved that ～は「～ということにほっとしている」という意味を表す。

➡ to go ... は to 不定詞の副詞的用法である。

⑭ **"Can you not get (what he wants) (so he'll quiet down)?" asked (V) the doctor (S).**

➡ Can you not ～? は Can't you ～? と同じ「～できないのですか」という意味を表す。

➡ what は先行詞を含む関係代名詞である。「～が…すること[もの]」という意味の名詞節を導き，ここでは get の目的語になっている。

➡ <so + (that) + S + will *do*> は「S が～するように[ために]」という意味を表す。ここでは that は省略されている。

➡ quiet down は「落ち着く，静かになる」という意味を表す。

⑮ **That, (however), was not possible, and the poor mother covered her head (with her apron).**

➡ That は前文⑭で医師が尋ねた事柄を指している。

➡ head は「頭」だけでなく，「顔」を指すこともある。

9 ~ 10

ポイント 今にも命を落としそうなロロの身に何が起きたか。

9 ① More than a month went by, / and Lolo did not get well / or even seem to see
1か月以上が過ぎた / そしてロロは良くならなかった / また，明かりも見えていない

the light / around him.// ② The doctor told the family / the little boy would die.//
ようでさえあった / 彼の周りの // 医師は家族に伝えた / その小さな男の子は死ぬだろうと //

③ At last, / the end drew so near / that one evening the priest was called.// ④ Lolo
ついに / 終わりがすぐ近くに迫っていたので / ある夜に司祭が呼ばれた // ロロは

was unconscious, / but the priest prayed / over him / and then stood / sorrowfully /
意識がなかった / しかし司祭は祈った / 彼に対して / その後立った / 悲しげに /

with his head bowed.//
頭を下げながら //

10 ⑤ Suddenly, / there was a loud scuffling noise.// ⑥ The pitter-patter / of
突然 / 足を引きずるような大きな音がした // パタパタという足音が /

hurrying feet / came from the stairs / and a ball / of mud and dust / flew / over the
急ぎ足の / 階段から聞こえてきた / そして玉が / 泥とほこりの /飛んだ/ 頭上を

heads / of the kneeling family.// ⑦ It was Moufflon!// ⑧ Fast as the wind / Moufflon
/ ひざまずく家族たちの // それはムフロンだった!// 風のように速く / ムフロンは

dashed / through the room / and jumped on the bed.//
駆けた / 部屋を通って / そしてベッドに飛び乗った //

単語チェック

□ **priest**	名 聖職者，司祭	□ **pitter-patter**	名 パタパタ(という足音)
□ **pray**	動 祈る	□ **mud**	名 泥
□ **sorrowfully**	副 悲しげに	□ **dust**	名 ほこり
□ **bow**	動 (頭)を下げる	□ **kneel**	動 ひざまずく
□ **loud**	形 うるさい	□ **dash**	動 急いで行く，疾走する
□ **scuffle**	動 足を引きずって歩く		

本文内容チェック **「死にかけているロロのもとに現れたムフロン」**

9 ロロの容体は良くならず，彼は死ぬだろうと医師が言った。終わりの時が近づき，ついに司祭が呼ばれ，ロロに祈りがささげられた。

10 突然，大きな音がして，階段から足音が近づいて来ると，泥とほこりの玉のようになったムフロンが，家族の頭上を飛び越えてベッドに飛び乗ってきた。

読解のカギ

① **More than a month went by, and Lolo did not get well or even seem to see the light (around him).**

➡ go by は「過ぎる，経過する」という意味を表す。
➡ seem to *do* は「～するように思われる」という意味を表す。or は否定語の後で「～でも…でも(ない)」という意味を表すので，get の前の did not は seem にもかかっている。さらに seem は even で修飾されているので，「～しないようでさえあった」という意味になる。

② **The doctor told the family (the little boy would die).**
S V O1 (that) O2

➡ family の後には接続詞の that が省略されている。
➡ the little boy は Lolo を指している。
➡ would は <未来> を表す will が時制の一致を受けて過去形になったものである。

③ **(At last), the end drew so near (that {one evening} the priest was called).**
S V (S') (V')

➡ the end は「終わり，最期」という意味で，「(ロロの)死」を遠回しに表している。
➡ draw は「近づく」という意味を表す。この意味では，near や closer などの副詞を伴うことが多い。
➡ so ～ that ... は「とても～なので…」という意味を表す。ここでは「～」の部分に副詞の near が入っている。

④ **Lolo was unconscious, but the priest prayed (over him) and then stood sorrowfully (with his head bowed).**
S V C S V V 過去分詞

➡ <with + O + 過去分詞>は「O が～された状態で」という <付帯状況> の意味を表す。bowed は bow「(頭)を下げる」の過去分詞である。

⑥ **The pitter-patter (of hurrying feet) came (from the stairs) and a ball (of mud and dust) flew (over the heads {of the kneeling family}).**
S V S V

➡ hurrying は hurry「急ぐ」の現在分詞である。「急いでいる」という意味で feet を修飾している。
➡ kneeling は kneel「ひざまずく」の現在分詞である。「ひざまずいている」という意味で family を修飾している。

⑧ **(Fast as the wind) Moufflon dashed (through the room) and jumped (on the bed).**
➡ Fast as the wind は「風のように速く」という意味の副詞句で，文全体を修飾している。Fast の前には as が省略されている。

11～12

ポイント ロロの家にムフロンが戻ってきた後，誰が何をしに訪ねて来たか。

11 ① Lolo opened his heavy eyes, / and a light shined / in them / like a sunbeam.//
ロロは重たい目を開けた / そして光が輝いた / それらの中で / 太陽光線のように //

② "Moufflon!" / he murmured, / in his little, thin, weak voice.// ③ The dog pressed close / to him / and licked his wasted face.//
「ムフロン！」と / 彼はつぶやいた / 小さく，か細い，弱々しい声で // その犬は近くに体を寄せた / 彼の / そして彼のやつれた顔をなめた //

12 ④ Eleven days later, / a person / with a foreign look / came / to Lolo's house.//
11 日後に / ある人物が / 外国人のかっこうをした / 来た / ロロの家に //

⑤ "Has the poodle come back / to you?// ⑥ We lost the dog / in Rome / a few days after taking him there.// ⑦ My master thought it possible / the animal might have found his way back / to his old home.// ⑧ My master is back in Florence / now, / and I came to see / if the dog is here."//
「あのプードルは戻って来ましたか / あなたのもとへ // 私たちはその犬を見失った / ローマで / 彼をそこへ連れて行った数日後に // 私の主人はあり得ると考えた / その動物が帰る道を見つけたのかもしれないということが / 彼の前の家へと // 私の主人はフィレンツェに戻っている / 今は / そして私は確かめに来た / その犬がここにいるか」//

単語チェック

□ **sunbeam**	名 太陽光線	□ **murmur**	動 ～とつぶやく

本文内容チェック 「意識を取り戻したロロと，ムフロンの帰宅を確認しに来た人物」

11 ロロは目を覚まし，ムフロンの名をつぶやいた。ムフロンは体をくっつけて，彼のやつれた顔をなめた。

12 その 11 日後に，外国人風の人物が訪ねて来た。彼は，ムフロンを連れて行った先で見失ったこと，彼の主人はムフロンが元の家へ帰ったのかもしれないと思ったこと，そして自分がムフロンの帰宅を確かめに来たことを伝えた。

読解のカギ

① **Lolo opened his heavy eyes, and a light shined in them (like a sunbeam).**

➡ heavy eyes は「重たい目」という意味である。ずっと意識を失っていてようやく目が開いたことを表している。

➡ them は his heavy eyes を指している。

➡ like は「～のように」という意味の前置詞である。

② **"Moufflon!" he murmured, (in his little, thin, weak voice).**
(he = S, murmured = V; little, thin, weak → voice)

➡ 直接話法の文で，"Moufflon!" が発言内容である。

③ **The dog pressed (close to him) and licked his wasted face.**
S V V O

➡ The dog は Moufflon を指している。
➡ close to *A* は「A に近づいて」という意味を表す。この close は副詞である。
➡ wasted は「やつれた」という意味の形容詞で，元々は「…を衰弱させる」という意味の動詞 waste の過去分詞である。

④ **(Eleven days later), a person (with a foreign look) came (to Lolo's house).**
S V

➡ look は「見かけ，風貌」という意味の名詞である。

⑤ **"Has the poodle come back to you?**
➡ <Has[Have] ＋ S ＋過去分詞〜?> の形の，現在完了形の疑問文である。ここでは < 完了 > を表し，「(もう)〜しましたか」という意味になる。
➡ the poodle は Moufflon を指している。
➡ come back to *A* は「A に戻って来る」という意味を表す。

⑥ **We lost the dog (in Rome) (a few days after taking him there).**
➡ the dog は Moufflon を指している。
➡ after *do*ing は「〜した後に」という意味を表す。ここでの a few days「数日」のように，期間を表す語句を after の前に置くことで，どのくらい後かを表現する。

⑦ **My master thought it possible (the animal might have found his way back to his old home).**
形式目的語 (that) 真の目的語

➡ <think ＋ O ＋ C> は「O を C だと考える」という意味を表す。O に当たる it は形式目的語であり，真の目的語は that が省略された that 節である。C に当たるのは possible である。
➡ the animal は Moufflon を指している。
➡ might have *done* は「〜したかもしれない」という，過去の < 推量 > の意味を表す。
➡ *one's* way back to *A* は「A への帰り道」という意味を表す。

⑧ **My master is back in Florence now, and I came (to see {if the dog is here})."**
{S'} {V'} {C'}

➡ back は後ろに場所を表す語句を伴って，「(元いた)〜に戻って」という意味を表す。
➡ to see ... は to 不定詞の副詞的用法である。
➡ <see ＋ if 節 > は「〜かどうか確かめる」という意味を表す。
➡ the dog は Moufflon を指している。

13

ポイント タッソはムフロンを買った紳士のところへ行き，何を話したか。

13 ① Hearing this, / Tasso went straight / to the hotel / where the English gentleman was.// ② Tasso took his hat off.// ③ "If you please, sir," / he politely said, / "Moufflon has come home."// ④ The gentleman exclaimed, / "Come home!// ⑤ All the way / from Rome?"//

このことを聞いて / タッソは真っ直ぐ向かった / ホテルへ / その英国人紳士のいた // タッソは帽子を取った // 「驚いたことに」と / 彼は丁寧に言った / 「ムフロンが家に帰って来た」 // その紳士は叫んだ / 「家に帰って来た！// はるばる / ローマから？」と//

⑥ "Yes, he has," / said Tasso, / gaining courage, / "and now / I want to beg something of you.// ⑦ My little brother Lolo, / the little boy / you first saw, / fell ill / with grief / at having lost Moufflon, / and was near death, / when all of a sudden Moufflon rushed in, / all skin and bones / and covered with mud, / and at the sight of him / Lolo came back to his senses.// ⑧ I know well / you have bought the dog, / but I thought, / perhaps, / as Lolo loves him so, / you would let us keep him.// ⑨ You can take back the thousand francs, / and I will go and be a soldier."//

「はい，そうです」と / タッソは言った / 勇気を奮い立たせながら / 「そこで / 私はあなたにあることをお願いしたい // 私の弟のロロが / 小さな男の子である / あなたが最初に会った / 病気になった / 悲しみから / ムフロンを失ったことへの / そして死の手前だった / 突然ムフロンが大急ぎで入って来た時 / やせこけて / そして泥に覆われて / そして彼を見て / ロロは意識を取り戻した // 私は十分わかっている / あなたがその犬を買ったということを / しかし私は思った / ひょっとして / ロロは彼をそれほど愛しているので / あなたが彼を私たちに飼わせてくれるだろうと // 1,000 フランは取り戻してよいです / そして私は兵士になりに行くつもりだ//

単語チェック

□ **politely**	副 丁寧に，礼儀正しく
□ **exclaim**	動 ～と叫ぶ
□ **gain**	動 ～を手に入れる，増す
□ **grief**	名 悲しみ，悲嘆
□ **sudden**	形 突然の
□ **rush**	動 大急ぎで行く
□ **bone**	名 骨
□ **sight**	名 見る[見える]こと

本文内容チェック 「帰って来たムフロンをそのまま飼わせてほしいとお願いするタッソ」

13 タッソは英国人紳士のいるホテルに行き，ムフロンが帰って来たことを伝えた。そして，ロロがムフロンを失った悲しみで死にそうになっていたが，ムフロンを見て意識を取り戻したことも伝え，1,000 フランを返すのでムフロンを飼うことを許してもらえないかとお願いした。

読解のカギ

① (Hearing this), **Tasso went straight to the hotel (where the English gentleman was).**

➡ Hearing this は分詞構文である。「～して」という意味を表す。
➡ this は, 前のパラグラフの a person with a foreign look が話した内容を指している。
➡ where は関係副詞で，先行詞は the hotel である

③ **"If you please, sir," he politely said, "Moufflon has come home."**
➡ if you please は「驚いたことに」という意味を表す。
➡ sir は目上の男性や，見知らぬ男性に呼びかける時に敬意を示す表現である。日本語には訳さない場合が多い。

⑤ **All the way from Rome?"**
➡ all the way は「はるばる，わざわざ」という意味の，副詞的な表現である。
➡ (Has he come home) all the way from Rome? という文が省略されたものなので，次の⑥の文で Yes, he has と応答している。

⑥ **"Yes, he has," said Tasso, (gaining courage), "and now I want to beg something of you.**
➡ gaining courage は分詞構文である。「～しながら」という意味を表す。
➡ beg *A* of *B* は「B に A をお願いする」という意味を表す。

⑦ **My little brother Lolo, the little boy (you first saw), fell ill (with grief at having**
=　(who(m)[that])
lost Moufflon), and was near death, (when all of a sudden Moufflon rushed in, {all skin and bones and covered with mud}), and (at the sight of him) Lolo came back to his senses.
➡ boy の後ろには目的格の関係代名詞 who(m) [that] が省略されている。(who(m) [that]) you first saw が先行詞の the little boy を修飾している。
➡ fall ill は「病気になる」という意味を表す。
➡ having lost は動名詞の完了形(<having ＋過去分詞> の形)である。「～したこと」と訳せる。
➡ all of a sudden は「突然に」という意味を表す。
➡ all skin and bones は「(骨と皮だけで)痩せこけた」という意味を表す。
➡ all skin and bones and covered with mud は，先頭の being が省略された分詞構文である。< 付帯状況 > の意味を表している。
➡ at the sight of *A* は「A を見て」という意味を表す。
➡ come back to *one's* senses は「意識を取り戻す」という意味を表す。

⑧ **I know well (you have bought the dog), but I thought, ({perhaps}, {as Lolo loves him so}, you would let us keep him).**
➡ know と thought の目的語は，それぞれ that が省略された that 節である。
➡ as は「～なので」という意味の接続詞である。

14～15

ポイント ムフロンを買った紳士は，タッソの頼みにどう答えたか。

14 ① Tasso took the thousand francs out / of his pocket / and held out the money.//
タッソは 1,000 フランを取り出した / 彼のポケットから / そしてそのお金を差し出した //

② The English gentleman said / with a sigh, / "I am afraid / we were very cruel / to him, / meaning to be kind.// ③ No, / we will not ask for him back, / and I do not think / you should go be a soldier.// ④ Your mother must need you.// ⑤ Keep the money, / my boy."//
その英国人紳士は言った / ため息と共に / 「残念ながら / 私たちはとても残酷だったようだ / 彼に対し / 親切にするつもりで // いや / 私たちは彼を返すように頼むつもりはない / そして私は思わない / あなたが兵士になりに行くべきだとは // あなたの母親にはあなたが必要に違いない // そのお金はとっておきなさい / 坊や」と //

15 ⑥ Lolo rapidly recovered / and Moufflon soon grew plump / again.// ⑦ "But, / oh, / Moufflon, / how did you find your way home?" / Lolo still asks the dog / a hundred times a week.// ⑧ How, / indeed!//
ロロは急速に回復した / そしてムフロンはすぐに丸々と太った / 再び // 「しかし / ああ / ムフロン / どうやって家に帰る道を見つけたのですか」と / ロロはいまだにその犬に尋ねる / 1週間に100回 // どうやったのか / 本当に！ //

単語チェック

□ **sigh**	名 ため息	□ **plump**	形 丸々と太った
□ **cruel**	形 残酷な	□ **indeed**	副 本当に

本文内容チェック 「ムフロンもお金も返さなくていい，とタッソに言った英国人紳士」

14 お金を返そうとしたタッソに英国人紳士は，ムフロンを返すよう頼むつもりはないし，お金はとっておいてよいと言った。

15 ロロとムフロンはすぐに回復した。ロロは，いまだに週に100回は，どうやって帰って来たのかとムフロンに尋ねるのだった。

読解のカギ

① **Tasso**(S) **took**(V) **the thousand francs**(O) (out of his pocket) and **held out**(V) **the money**(O).

➡ take *A* out of *B* は「A を B から取り出す」という意味を表す。
➡ hold out *A* は「A を差し出す」という意味を表す。
➡ the money は the thousand francs を指している。

② **The English gentleman**(S) **said**(V) (with a sigh), "I am afraid (we were very cruel {to him}, {meaning to be kind}).
(meaning to be kind：分詞構文)

➡ with a sigh は「ため息と共に，ため息をつきながら」という意味を表す。
➡ I am afraid ～は「残念ながら～のようだ」という意味を表す。
➡ him は Lolo を指している。
➡ meaning の導く句は分詞構文である。< 付帯状況 > を表している。
➡ mean to *do* は「～するつもりである」という意味を表す。

③ **No, we will not ask for him back, and I do not think (you should go be a soldier).**
S（we）　V（will not ask）　S（I）　V（do not think）　(that)　O（you should go be a soldier）

➡ and を挟んで，2つの文が並列されている。
➡ ask for *A* back は「A を返すよう頼む」という意味を表す。
➡ him は Moufflon を指している。
➡ you の前には接続詞の that が省略されている。
➡ go *do* は「～しに行く」という意味を表す。ここでは *do* の部分に be が入っている。

④ **Your mother must need you.**
S（Your mother）　V（must need）　O（you）

➡ must は「～するに違いない」と，< 確信 > を表す意味で用いられている。

⑤ **Keep the money, my boy."**
➡ the money はタッソが差し出した 1,000 フランを指している。
➡ my boy は男児に親しみを込めて呼びかける表現である。

⑥ **Lolo rapidly recovered and Moufflon soon grew plump again.**
S（Lolo）　V（recovered）　S（Moufflon）　V（grew）　C(形容詞)（plump）

➡ and を挟んで，2つの文が並列されている。
➡ <grow +形容詞 > は「～(の状態)になる」という意味を表す。

⑦ **"But, oh, Moufflon, how did you find your way home?" Lolo still asks the dog (a hundred times a week).**
S（Lolo）　V（asks）　O（the dog）
（home → your way を修飾，a week → a hundred times を修飾）

➡ 直接話法の文であり，引用符で囲まれた部分が尋ねている内容である。
➡ home は「家へ」という意味の副詞だが，名詞を後ろから修飾できる。ここでは your way を修飾している。
➡ the dog は Moufflon を指している。
➡ a week は「1週間につき」という意味を表す。

⑧ **How, indeed!**
➡ indeed は疑問に対して「本当に，まさに」と強調する，間投詞的な表現である。

Comprehension ヒント

A Choose the correct answer. (正しい答えを選びなさい。)

1 ムフロンとロロが紳士のいるホテルに行った目的について考える。
→ 教p.124, ℓℓ.10〜13

2 ロロの母親がムフロンを売った理由について考える。
→ 教p.125, ℓℓ.17〜20

3 ロロは重たい目を開いて何をしたかを考える。
→ 教p.126, ℓℓ.5〜9

4 紳士がタッソに伝えた内容について考える。
→ 教p.126, ℓℓ.31〜32

B Answer T (true) or F (false). (正誤を答えなさい。)

1. 第1パラグラフに，家族にとってのタッソの役割についての記述がある。
→ 教p.124, ℓℓ.2〜3
2. 第1パラグラフに，ロロの学校や仕事についての記述がある。
→ 教p.124, ℓℓ.3〜4
3. 第4パラグラフに，タッソが軍隊に行かなくてすむ方法についての記述がある。
→ 教p.124, ℓℓ.24〜27
4. 第6パラグラフに，ムフロンが売られたことを知って倒れた人物についての記述がある。
→ 教p.125, ℓℓ.6〜9
5. 第9パラグラフに，司祭が呼ばれた時のロロの様子についての記述がある。
→ 教p.125, ℓℓ.31〜33
6. 第12パラグラフに，紳士がムフロンを買った後，ムフロンをどうしたかについての記述がある。
→ 教p.126, ℓℓ.15〜17
7. 第13パラグラフに，ムフロンがどこから帰って来たかについての記述がある。
→ 教p.126, ℓℓ.20〜21
8. 第14パラグラフに，お金に関する紳士の対応についての記述がある。
→ 教p.126, ℓ.32

定期テスト予想問題

解答 ➡ p.246

1 次の英文を読んで，後の問いに答えなさい。

A few days later, Lolo found his mother acting very strangely. ①She was laughing one (　　), crying (　　) (　　). ②She told Lolo to go and help his aunt Anita look after her children. But as Lolo stood up and called Moufflon, his mother said sharply, "Leave the dog! Anita does not like dogs." He and Moufflon had always been together, but when Lolo thought, "Poor Mother has been so worried about Tasso," he left for Aunt Anita's without ③his best friend.

(1) 下線部①が「彼女は笑っていたかと思えば，次の瞬間には泣いていた」という意味になるように，(　)に適切な語を入れなさい。
She was laughing one ＿＿＿＿＿, crying ＿＿＿＿＿ ＿＿＿＿＿.
(2) 下線部②の英語を日本語に訳しなさい。
(　　　　　　　　　　　　　　　　　　　　　　　　　　　　　　)
(3) 下線部③が具体的に指すものを本文中から１語で抜き出して書きなさい。
＿＿＿＿＿＿＿＿＿＿

2 次の英文を読んで，後の問いに答えなさい。

Hearing this, Tasso went straight to the hotel where the English gentleman was. Tasso took his hat off. "If you please, sir," he politely said, "Moufflon has come home." The gentleman exclaimed, "Come home! All the way from Rome?"

"Yes, he has," said Tasso, gaining courage, "and now I want to beg something of you. ①My little brother Lolo, the little boy you first saw, fell ill with grief at having lost Moufflon, and was near death, when ②all (　　) a (　　) Moufflon rushed in, all skin and bones and covered with mud, and ③(　　) the (　　) of him Lolo came back to his senses. I know well you have bought the dog, but I thought, perhaps, as Lolo loves him so, you would let us keep him. You can take back the thousand francs, and I will go and be a soldier."

(1) 下線部①の英語を日本語に訳しなさい。
(　　　　　　　　　　　　　　　　　　　　　　　　　　　　　　)
(2) 下線部②が「突然に」という意味になるように，(　)に適切な語を入れなさい。
all ＿＿＿＿＿ a ＿＿＿＿＿
(3) 下線部③が「彼を見て」という意味になるように，(　)に適切な語を入れなさい。 ＿＿＿＿＿ the ＿＿＿＿＿ of him
(4) 次の質問に英語で答えなさい。
From where did Moufflon go back home?
＿＿＿＿＿＿＿＿＿＿＿＿＿＿＿＿＿＿＿＿

定期テスト予想問題　解答

p.245

1 (1) moment, the next
(2) 彼女はロロに，彼の叔母のアニタが子どもたちの面倒を見るのを手伝いに行くように言った。
(3) Moufflon

2 (1) 私の弟のロロは，あなたが最初に会った小さな男の子だが，ムフロンを失った悲しみで病気になった
(2) of, sudden
(3) at, sight
(4) From Rome. / He went back home from Rome.

解説

1 (1)「…かと思えば，次の瞬間には～」は one moment ～ the next で表す。
(2) tell *A* to *do* は「A に～するように言う」という意味。*do* に当たるのは，go と help ... である。help *A do* は「A が～するのを手伝う」という意味で，*do* に当たる look after *A* は「A の面倒を見る」という意味を表す。
(3) he left for Aunt Anita's without his best friend は「彼は親友を連れずに，アニタ叔母さんの家へ出発した」という意味。それより前に，ムフロンを呼んだロロに対し，母親は "Leave the dog!"「その犬は置いて行きなさい！」と言っている。つまり，ロロが連れて行かなかった「親友」は「その犬＝ムフロン」のことである。

2 (1)「,(コンマ)」で挟まれた the little boy you first saw の部分は，My little brother Lolo の補足説明である。you の前には目的格の関係代名詞 who[m] または that が省略されている。「私の弟のロロは，あなたが最初に会った小さな男の子だが，～」と挿入句的に訳せるが，「あなたが最初に会った小さな男の子である私の弟のロロは～」のように訳すこともできる。
(2)「突然に」は all of a sudden で表す。
(3)「A を見て」は at the sight of *A* で表す。
(4) 質問は「ムフロンはどこから家へ帰りましたか」という意味。本文 4 文目の "Come home! All the way from Rome?"「家に帰って来た！はるばるローマから？」というせりふは，ムフロンについてのことである。よって，ムフロンはローマから家へ帰ったとわかる。

Speed Reading Lesson 1 Japan's High-Context Culture

1 ① Japan is a "high-context" culture, / like China or India / (and also Saudi Arabia or Iran).// ② On the other hand, / many European (and American) cultures are described / as "low-context."//
日本は「高文脈」な文化である / 中国やインドのように / (そしてサウジアラビアやイランもまた) // 一方で / ヨーロッパの(そしてアメリカの)多くの文化は説明される / 「低文脈」として //

2 ③ In high-context cultures, / the goal is almost always / to keep the group / in harmony.// ④ Low-context cultures, / on the other hand, / are full of diversity / and focus / on individual freedom and expression.//
高文脈文化では / 目標はほとんど常に / 集団を保つことにある / 調和の取れた状態に // 低文脈文化は / 一方で / 多様性に満ちている / そして重点を置く / 個人の自由と表現に //

3 ⑤ In Japan, / much communication goes on / without using words, / through small gestures, / expressions of the face and voice.// ⑥ However, / Western visitors may not even notice / those communication tools.// ⑦ The problem comes / when Japanese people, / who are used to being understood / by each other / without words and phrases, / communicate with people / from low-context cultures / who can't see those important hints.// ⑧ Japanese don't understand / why they're not being understood!//
日本では / 多くのコミュニケーションは進行する / ことばを用いずに / 小さな身振りを通して / 顔や声の表情(を通して) // ところが / 欧米からの来訪者は気づきもしないかもしれない / こうしたコミュニケーションツールに // 問題が生じる / 日本人が / 理解されることに慣れている / お互いに / 語句を用いなくても / 人々と意思疎通をはかる(時に) / 低文脈文化出身の / それらの重要なヒントに気づくことができない // 日本人は理解できない / なぜ自分たちが理解されていないのかを! //

4 ⑨ This could show up / in social situations / when Japanese want to please others / but may do so / in ways / that make them upset.// ⑩ For example, / in a restaurant, / a Japanese host may order / for everyone.// ⑪ He thinks / that we are all / in the same group, / together, / and that he is doing all / he can / to attend to his guests.// ⑫ Europeans or Americans may find / that this harms their senses of freedom / and self-interest, / and they may feel controlled / or that their opinions don't matter.// ⑬ Europeans or Americans would never dream / of ordering / for another individual.//
これは現れることがある / 社交の場面において / 日本人が他人を喜ばせたいと思っている / ところがそうしてしまう / 方法で / 彼らを当惑させてしまう // 例えば / レストランで / 日本人のホストは注文してしまうかもしれない / 全員の分を // 彼は考えている / 私たちは皆 / 同じグループにいて / 一緒で / そして彼はすべてを行っている / 彼にできる / ゲストを接待するために // 欧米人は思うかもしれない / これは彼らの自由の意識を害すると / また利己心(の) / そして彼らは支配されていると感じるかもしれない / または彼らの意見が問題にされていないと // 欧米人は夢にも思わないだろう / 注文することを / ほかの個人のために //

本文内容チェック

1 日本は，中国，インドなどと同様に，高文脈の文化である。一方，多くの欧米文化は低文脈文化である。

2 高文脈文化はグループの調和を目標にすることが多い。一方，低文脈文化は多様性に満ちており，個人の自由や表現が重視される。

3 日本では，コミュニケーションの多くがジェスチャーや表情，声の表現を通して行われる。日本人は，そういった言語外の手がかりを理解できない低文脈文化出身の人たちとコミュニケーションをとる時，自分たちがなぜ理解されないのかがわからない。

4 このような場面は，日本人が他人を喜ばせるつもりでしたことが相手を当惑させてしまう状況でも見られる。例えば，レストランでホスト役の日本人が全員分の注文をした場合，ゲストの欧米人は自分の意見が尊重されていないと感じる可能性がある。

読解のカギ

③ **(In high-context cultures), the goal (S) is (V) (almost always) to keep the group in harmony (C).**

➡ to keep ... は to 不定詞の名詞的用法で，文の補語になっている。
➡ <keep + O + C> は，「O を C(の状態)に保つ」という意味を表す。ここでの C は in harmony「調和が取れて」という前置詞句である。

④ **Low-context cultures, (on the other hand), are full of diversity and focus on individual freedom and expression.**

➡ be full of *A* は「A に満ちている」という意味を表す。
➡ focus on *A* は「A に重点を置く，焦点を当てる」という意味を表す。

⑤ **(In Japan), much communication goes on (without using words), (through small gestures, expressions of the face and voice).**

➡ go on は「進む，進行する」という意味を表す。
➡ without *do*ing は「～せずに，することなく」という意味を表す。

⑦ **The problem (S) comes (V) (when Japanese people (S'), {who are used to being understood [by each other] [without words and phrases]}, communicate (V') with people {from low-context cultures} {who can't see those important hints}).**

➡ 1つ目の who は主格の関係代名詞で，前に「,(コンマ)」があるので非限定用法である。who ... and phrases が先行詞の Japanese people に説明を加えている。

➡ be used to *do*ing は「～することに慣れている」という意味を表す。
➡ 2つ目の who は主格の関係代名詞で，who can't see those important hints が先行詞の people from low-context cultures を修飾している。

⑨ **This could show up in social situations (when Japanese want to please others but may do so {in ways [that make them upset]}).**
S: This / V: could show up / (S'): Japanese / (V'): want, may do

➡ when は関係副詞で，social situations を修飾している。
➡ that は主格の関係代名詞で, that make them upset が先行詞の ways を修飾している。

⑪ **He thinks (that we are all in the same group, together), and (that he is doing all {he can} {to attend to his guests}).**

➡ 2つの that 節は，共に thinks の目的語である。
➡ all *one* can は「できるすべてのこと」という意味を表す。all (that) *one* can (do) の that と do が省略されている。
➡ to attend ... は to 不定詞の副詞的用法である。
➡ attend to *A* は「A(客など)に対応する」という意味を表す。

⑫ **Europeans or Americans may find (that this harms their senses of freedom and self-interest), and they may feel controlled or (that their opinions don't matter).**
S: Europeans or Americans / V: may find / O(that 節): that this harms ... self-interest / S: they / V: may feel / C(形容詞): controlled / O(that 節): that their opinions don't matter

➡ 2つの文が and を挟んで並列されている。
➡ <feel ＋形容詞> は「～であるように感じる」という意味を表す。controlled は control「～を支配する」の過去分詞が形容詞化したものである。
➡ or の後ろの that 節は feel の目的語である。

⑬ **Europeans or Americans would never dream of ordering (for another individual).**
➡ dream of *do*ing は「～することを夢見る」という意味を表す。<would[could] ＋否定語> に続くと，「～しようとは夢にも思わない」という意味になる。

Qヒント Answer T(true) or F(false). (正誤を答えなさい。)
1. (→本文①) 第1パラグラフに，サウジアラビアがどんな国かについての記述がある。
2. (→本文③) 第2パラグラフに，集団の調和を目標とする文化についての記述がある。
3. (→本文⑤) ことばを用いないコミュニケーションについて，どう書かれているか。
4. (→本文⑨⑩) 日本人ホストの例では, その日本人はどのようなつもりで行動しているか。
5. (→本文⑫⑬) 第4パラグラフに, 注文に関する欧米人の価値観についての記述がある。

Speed Reading Lesson 2 Computer Technology—Is It Good or Bad?

Today, computers are an important part・・・・・・・・・・・・・・・・・・

・・・・・・・・・教科書本文(p.133, ℓℓ.1〜18)を参照してください。・・・・・・・・・

・・・・・・・・・・・・・・・・・・・・・・・・・・・・・・・it can do great harm.

本文内容チェック

第 1 パラグラフ：現在，コンピューターは生活の多くの場面で重要な役割を担っている。
第 2 パラグラフ：コンピューター技術は世界を良くしてきているのかという疑問が，私たちにコンピューター技術の良し悪しを考えさせる。
第 3 パラグラフ：コンピューターは, 集中力や身体的活動の機会を奪う点で悪影響がある。
第 4 パラグラフ：一方で，コンピューターを使えば色々な情報を得られ，仕事も見つけられる。何より，離れていても簡単に互いに連絡できる。
第 5 パラグラフ：人間にはコンピューターを正しく使う責任があることを忘れてはならない。賢く使えば良いものでも，無分別に使えば害となり得るのだ。

読解のカギ

ℓ.3 **Computer technology has made the world smaller, but has it made ...?**
(has made = V, the world = O, smaller = C)

➡ has made は現在完了形。ここでは「〜にしてしまっている」という意味で，<結果>を表している。
➡ <make + O + C> は「O を C にする」という意味を表す。
➡ but の後の has it made ...? は現在完了形の疑問文になっている。

ℓ.4 **This question leads us to ask (if computer technology ...).**
➡ lead *A* to *do* は「A を〜する気にさせる」という意味を表す。
➡ 接続詞の if に続く節が名詞節として働いている。if 〜 *A* or *B* は「〜は A なのか B なのか」という意味で，ask の目的語になっている。

ℓ.5 **Now let us look at ...**
➡ let は使役動詞。<let + O + C(原形不定詞)> で「O に(望み通り)〜させる」という意味を表す。命令文の形で let us *do* の時は「(私たちは一緒に)〜しましょう」という意味になる。会話では短縮形 let's が用いられる。

ℓ.5 **Some students could lose focus on their studies as they ...**
➡ could は形は can の過去形だが，ここでは「〜することもある」という現在の <可能性・推量> を表している。

➡ lose は「〜を失う」という意味の他動詞。
➡ focus on *A* は「A への集中(力)」という意味を表す。
➡ as は接続詞で，ここでは「〜すると，〜する間に」という <同時> の意味を表す。

ℓ.6 **Work on computers leads to less physical activity ...**
➡ lead to *A* は「A につながる，A の原因となる」という意味を表す。

ℓ.9 **On the other hand, computers ...**
➡ on the other hand は「一方では」という意味の <対比> を表すディスコースマーカーである。前のパラグラフで述べられたコンピューターの持つ問題点に対し，On the other hand 以下ではその利点が説明されている。

ℓ.9 **It is now easier (to gain information about events, ...).**
➡ It は形式主語で，to 不定詞句の to gain ... が真の主語である。
➡ events, sports, weather ..., and shops or stores in your local area が *A*, *B*, *C*, and *D* という列挙の形で示され，about の目的語になっている。

ℓ.12 **Perhaps most importantly, it is now easier (to be connected with one another), (even if you are ...).**
➡ 主節の主語の it は形式主語で，to 不定詞句の to be ... が真の主語である。
➡ even if は「たとえ〜だとしても」という <譲歩> の意味を表す。even if 以下を仮定法で表すこともあるが，ここでは現在形が使われ，現実に起こり得る仮定の話をしている。

ℓ.14 **... created (to make the lives of people easier and better).**
➡ to make ... は to 不定詞の副詞的用法である。to 不定詞句内は，<make + O + C>「O を C にする」の構造になっている。

ℓ.15 **We have to keep in mind (that people have a responsibility {to use ...}).**
➡ <keep in mind + that 節> は「〜だと心に留めておく」という意味を表す。
➡ to use ... は to不定詞の形容詞的用法で，a responsibility を修飾している。

Qヒント Answer T(true) or F(false). (正誤を答えなさい。)

1. (教 ℓℓ.1〜2) 今，コンピューターは人間にとってどのような存在になっているか。
2. (教 ℓℓ.6〜8) 第3パラグラフに，コンピューターが与える悪影響についての記述がある。
3. (教 ℓ.5, ℓℓ.9〜11) 第4パラグラフの On the other hand に注目する。世界中の情報を簡単に得ることができることは，どのような点として述べられているか。
4. (教 ℓℓ.15〜16) コンピューターが引き起こす問題について，その責任はどこにあるか。
5. (教 ℓℓ.16〜18) 第5パラグラフに，コンピューターを賢く使うことについての記述がある。

Speed Reading Lesson 3 Vocabulary and Gender

1 ① There are lots of gendered words / in English / that come from languages / that
性差のある語がたくさんある / 英語には / (複数の)言語に由来する /

put gender / onto almost everything.// ② With the rising of feminism / in the 1970s, /
性差をつける / ほとんどすべてのものに // フェミニズムの台頭に伴い / 1970年代の /

many of these words have been changed / into expressions / without gender.//
これらの語の多くが変えられてきた / 表現に / 性差のない //

③ Job names / such as “policeman” and “policewoman,” / for example, / have been
職業の名称は / policeman(男性の警察官)や policewoman(女性の警察官)などの / 例えば / 統合

combined / into “police officer.”// ④ The word “postman” is now “mail carrier,” / and
された / police officer(警察官)に // postman(男性の郵便配達員)という語は現在 mail carrier(郵便配達員)である / そして

the word “chairman” is now “chairperson” / or just “the chair.”//
chairman(男性の議長)という語は現在 chairperson (議長)である / あるいは単に the chair である //

2 ⑤ The phrase “ladies and gentlemen,” / which used to be often heard / at theaters,
ladies and gentlemen(紳士，淑女の皆さん)という句は / かつてよく聞かれた / 劇場や

airports, and stations, / has now become out of date / since many of these places have
空港そして駅で / 今や時代遅れになっている / なぜならこれらの場所の多くがその句

exchanged the phrase / with words such as “audience,” “customers,” or “passengers.”//
を入れ替えたからだ / audience(観客の皆さん)や customers(顧客の皆さん), または passengers (乗客の皆さん)といった語に //

⑥ This seems fair enough / because not everyone would think of themselves / as a
これは十分正当に思える / 皆が自分たちのことを考えるわけではないだろうから / 紳士

gentleman or a lady.//
あるいは淑女であると //

3 ⑦ Another issue, / which is still being discussed, / is the use of “he” and “she.”//
もうひとつの問題は / いまだ議論されている / he と she の使い方だ //

⑧ For example, / until around the end of the 20th century, / “he” was used / when
例えば / 20世紀末頃まで / he が使われていた /

talking about someone / in general.// ⑨ Therefore, / there was nothing wrong / with
誰かについて話す時 / 一般の // したがって / 何も問題はなかった /

the following announcement / made by a teacher / addressing both male and female
次のような告知に関して / 教師によってなされる / 男女両方の生徒に呼びかけている

students: / “Anyone / who hasn’t done *his* homework / should come and see me.”//
/ 「誰でも / 自分の宿題を終えていない人は / 私に会いに来るように」 //

⑩ Today, / the word “they” is often used / instead of “he” and “she,” / when you are not
現在は / they という語がよく使われる / he や she の代わりに / 話していない時

talking / about someone / in particular.//
には / 誰かについて / 特定の //

本文内容チェック

1 英語には，性差を表す語が多くあるが，1970 年代のフェミニズムの高まりと共に，こういった語の多くが性差のない表現に変えられてきた。

2 ladies and gentlemen という句は，現在では audience，customers，passengers などの単語に入れ替えられている。それは十分に公正であるように思える。

3 20 世紀の終わり頃までは，一般的な誰かについて話す時には he が使われていたが，現在では they が he や she の代わりによく使われる。

読解のカギ

① **There are lots of gendered words (in English) (that come from languages {that put gender onto almost everything}).**

➡ 2つの that は主格の関係代名詞で，導く節がそれぞれ先行詞の gendered words と languages を修飾している。

⑤ **The phrase "ladies and gentlemen," (which used to be often heard at theaters, airports, and stations), has now become (out of date) (since many of these places ... such as "audience," "customers," or "passengers)."**

➡ which は主格の関係代名詞で，前に「,(コンマ)」があるので非限定用法である。導く節が先行詞の The phrase "ladies and gentlemen" に説明を加えている。

➡ used to *do* は「かつて～した，よく～したものだ」という意味を表す。

➡ out of date は「時代遅れで」という意味を表す。

⑨ **Therefore, there was nothing wrong with the following announcement (made by a teacher {addressing both male and female students}): "Anyone (who hasn't done *his* homework) should come and see me."**

➡ there is nothing wrong with *A* は「A には何の問題もない」という意味を表す。

➡ made が導く過去分詞句は，the following announcement を後ろから修飾している。

➡ addressing が導く現在分詞句は，a teacher を後ろから修飾している。

➡ who は主格の関係代名詞で，導く節が先行詞の Anyone を修飾している。

Qヒント Answer T(true) or F(false). (正誤を答えなさい。)

1. (→本文②) 性差を示すことばに関して，フェミニズムがどのように影響したのか考える。
2. (→本文③)police officer という語はどういった目的で使われるようになったか。
3. (→本文④)the chair はどういった語の代わりに使われるようになったか。
4. (→本文⑤) 第 2 パラグラフに，ladies and gentlemen の使用状況についての記述がある。
5. (→本文⑧)he が男女両方に対して使われていたのは，いつまでのことだったか。

Speed Reading Lesson 4 Life in a Jar

1 ① My name is Megan Stewart.// ② When I was a high school student / in
私の名前はメーガン・スチュワートだ // 私が高校生だった時 /

Kansas / in 1999, / our history teacher encouraged four / of us / to work / on a
カンザス州の /1999 年に/ 私たちの歴史の先生は４人に勧めた /私たちの/ 取り組むように /

year-long National History Day project.// ③ We accepted the challenge.// ④ Our
1 年に渡る全米歴史記念日のプロジェクトに // 私たちはその課題を受け入れた // 私

teacher showed us a short article / from the March 1994 issue / of *US News and*
たちの先生は私たちに短い記事を見せた / 1994 年３月の発行物からの /『USニューズ・アンド・

World Report.// ⑤ It said, / "Irena Sendler saved 2,500 children / from the Warsaw
ワールド・リポート』の // それには書いてあった / 「イリーナ・センドラーは 2,500 人の子どもを救出した / ワルシャワ・

Ghetto / in 1942-43."// ⑥ Our teacher told us / that the article might be a mistake, /
ゲットーから /1942 年から 43 年に」と // 私たちの先生は私たちに言った / その記事は間違いかもしれないと /

since he had heard / of no one / who had helped that many people.// ⑦ We became
なぜなら彼は聞いたことがなかったからだ / 誰ひとりのことも / それほど多くの人を助けた // 私たちは興味を

interested / and decided / to look into it.//
持つようになった / そして決めた / それについて調べることを //

2 ⑧ We gradually came to learn a lot / about Irena Sendler / and how she tried
私たちは徐々に多くを知るようになった / イリーナ・センドラーについて / そしてどのようにして彼女が

to save Jewish children.// ⑨ We were very much impressed / that she made lists /
ユダヤ人の子どもたちを救おうとしたのか(について) // 私たちは大いに感銘を受けた / 彼女がリストを作ったことに/

of the children's names / and buried them / in jars / in a garden.//
子どもたちの名前の /そしてそれらを埋めた(ことに)/ 瓶に入れて / 庭に //

3 ⑩ We decided / that we should make Irena Sendler's story into a play / so that
私たちは決めた / 私たちはイリーナ・センドラーの物語を劇にすることに / 多く

many people could learn / about her.// ⑪ We began / to describe Irena Sendler's
の人々が知れるように / 彼女について // 私たちは始めた / イリーナ・センドラーの生涯を描くことを

life / and wrote a play / called *Life in a Jar*.// ⑫ We first performed it / in a local
/ そして劇を書いた / 『瓶の中の命』と名付けられた // 私たちは最初にそれを演じた / ある地元の

church.// ⑬ To our surprise, / we received great encouragement / from the
教会で // 驚くことに / 私たちは多くの激励を受けた / 観客

audience.// ⑭ We next performed / on National History Day / and won first prize!//
から // 私たちは次に演じた / 全米歴史記念日に / そして最優秀賞を勝ち取った！ //

4 ⑮ We then started / to perform the play / for many more people / around the
私たちはその後始めた / その劇を公演することを / さらに多くの人々のために / 州のあちこち

state / of Kansas, / all over North America, / and in Europe!// ⑯ We are really
で / カンザスの / 北アメリカ全土で / そしてヨーロッパで！// 私たちは本当に誇らしい

proud / and happy / that people now know more / about Irena Sendler.//
/ そしてうれしい / 人々が今はより多くを知っていることが / イリーナ・センドラーについて//

✔ 本文内容チェック

1 私はメーガン。私は高校生の時，先生の勧めで生徒４人で全米歴史記念日のプロジェクトに取り組むことになった。先生はワルシャワのゲットーから多くのユダヤ人の子どもを救い出した，イリーナ・センドラーについての記事を見せてくれた。先生は記事は間違いかもしれないと言っていたが，私たちは興味を持ち，調べることにした。

2 徐々に，イリーナがどのようにして子どもたちを救ったかがわかり，瓶の中に子どもたちの名前のリストを入れて庭に埋めたという話に，私たちはとても感銘を受けた。

3 私たちは，イリーナのことをもっと多くの人に知ってもらうため，彼女の生涯を『瓶の中の命』という劇にした。地元の教会でそれを演じたところ多くの激励を受け，次に全米歴史記念日に演じた時には，最優秀賞を獲得した。

4 その後，カンザス州の中，北アメリカ全土，ヨーロッパで公演を行い，イリーナのことを多くの人によく知ってもらえたことを私たちは本当に誇らしく思っている。

読解のカギ

⑥ **Our teacher told us (that the article might be a mistake, since he had heard of no one {who had helped that many people}).**

➡ <tell + O + that 節> は「O に〜ということを言う」という意味を表す。
➡ since は「なぜなら〜だから」という意味の接続詞である。
➡ had heard は <経験> を表す過去完了形である。hear of *A* は「A のことを耳にする[聞く]」という意味で，否定を表す no one が目的語なので，「誰のことも聞いたことがなかった」という意味になる。
➡ who は主格の関係代名詞で，先行詞は no one である。one は「人」を指す代名詞。
➡ had helped は過去完了形。過去の時点(ここでは told)よりも前のことを表す。
➡ that many の that は「それほど」という意味で many を修飾している副詞である。

⑩ **We decided (that we should make Irena Sendler's story into a play {so that many people could learn about her}).**

➡ <decide + that + S + (should) +動詞の原形> は「S が〜することを決める」という意味を表す。should は省略することができる。
➡ make *A* into *B* は「A を B に作り変える」という意味を表す。
➡ so that *A* can[could] *do* は「A が〜できるように」という意味で，<目的> を表す。

Qヒント Answer T(true) or F(false). (正誤を答えなさい。)

1. (→ 本文④⑤) 筆者たちがイリーナのことを知ったきっかけは何だったか。
2. (→ 本文⑤⑦) イリーナの救出劇のことを知った筆者たちはどう感じたか。
3. (→ 本文⑧⑨) 第２パラグラフに，イリーナのしたことについての記述がある。
4. (→ 本文⑩⑪) 第３パラグラフに，筆者たちが決めたことについての記述がある。
5. (→ 本文⑫⑬) 第３パラグラフに，筆者たちの最初の公演の結果についての記述がある。

Speed Reading Lesson 5 Traveling and Relativity

1 ① After I finished writing the book, / I, / Dan Ariely, / went on a book tour / that
私が本を書き終えた後 / 私 / ダン・アリエリーは / 本の宣伝ツアーに出かけた /

lasted six weeks.// ② Toward the end of the tour / I found myself / in Barcelona.//
6週間続いた // ツアーの終りにかけて / 私はいた / バルセロナに //

③ There / I met Jon, / an American / who, like me, did not speak any Spanish.//
そこで / 私はジョンに出会った / アメリカ人の / 私同様にスペイン語をまるで話せない //

④ We quickly became close.// ⑤ Jon and I ended up having a wonderful dinner / and
私たちはすぐに親密になった // ジョンと私は最後にはすばらしい夕食を食べた /

a deeply personal conversation.// ⑥ I felt / as if we were long-lost brothers.// ⑦ After
そして非常に個人的な会話をした // 私は感じた / まるで私たちが長く離れ離れだった兄弟であったかのように //

staying up very late talking, / we exchanged email addresses.// ⑧ That was a mistake.//
とても遅くまで起きて話した後 / 私たちはメールアドレスを交換した // それが間違いだった //

2 ⑨ About six months later, / Jon and I met again / for lunch / in New York.// ⑩ This
約6か月後 / ジョンと私は再会した / 昼食のために / ニューヨークで// 今回

time, / it was hard / for me / to figure out / why I'd felt such a connection / with him /
は / 難しかった / 私にとって / 理解するのが / なぜ私があのようなつながりを感じたのか / 彼に /

in Spain, / and I am sure / he felt the same.// ⑪ We had a very friendly and interesting
スペインで / そして私は確信する / 彼も同様に感じたと// 私たちはとても仲良く楽しい昼食をとった

lunch, / but it was not the same intensity / as our first meeting, / and I was left
/ しかしそれは同じ強烈さではなかった / 私たちの最初の出会いと / そして私はなぜなのだろう

wondering why.//
という気持ちのままだった //

3 ⑫ I think / it was because I was influenced / by the effects of relativity.// ⑬ When
私は考える / 私が影響を受けていたからだと / 相対性の効果に // ジョン

Jon and I first met, / everyone around us was Spanish, / and as Americans / we could
と私が最初に会った時 / 周りは皆スペイン人だった / それでアメリカ人として / 私たちは

be friends / with each other / most easily.// ⑭ But once we returned home / to our
友達になれた / お互いに / 最も容易に // しかし一度私たちが帰宅すると / 私たちの

American families and friends, / the relativity to other people / became "normal" again.//
アメリカの家族や友人たちのもとに / ほかの人々との相対性は / 再び「普通」になった //

4 ⑮ My advice?// ⑯ When you meet someone / in a different country or city / and it
私からの助言？// 誰かに出会う時 / 別の国や都市で / そして

seems / that you have a magical connection, / remember / that the magical power
思える時 / 魔法のつながりがあると / 覚えておくように / 魔法の力は限られて

might be only limited / to the surrounding circumstances.//
いるかもしれないと / その周囲の状況だけに //

本文内容チェック

1 私は本の宣伝ツアーで行ったバルセロナで，私と同様スペイン語を話せない，アメリカ人のジョンと出会った。私たちは，まるで離れ離れだった兄弟のように感じるほど親密になった。私たちはメールアドレスを交換したが，それは間違いだった。

2 6か月後に私はジョンとニューヨークで再会したが，スペインでのようなつながりは感じなかった。なぜ最初に会った時ほどの強烈さがないのか，私には不思議だった。

3 それは相対性の影響だと思う。周りがスペイン人の中でアメリカ人の私たちは友達になりやすかったが，アメリカに戻ると，周囲との相対性は「普通」に戻ったのだ。

4 別の国や都市で誰かと出会い，魔法のようなつながりがあるように思える時は，それがその状況の中でだけに限られたものかもしれないということを忘れないでほしい。

読解のカギ

① **(After I finished writing the book), I, Dan Ariely, went on a book tour (that lasted six weeks).**

➡ go on *A* は「A(旅行など)に出かける」という意味を表す。

➡ that は主格の関係代名詞で，that lasted six weeks が先行詞の a book tour を修飾している。

➡ six weeks は <期間> を表す。for six weeks と同じ意味である。

② **(Toward the end of the tour) I found myself in Barcelona.**

➡ find *one*self は「(気づくと)(～に)いる」という意味を表す。

⑩ **This time, it was hard for me to figure out (why I'd felt such a connection with him in Spain), and I am sure (he felt the same).**

➡ it is ～ for *A* to *do* は「…することはAにとって～である」という意味を表す。

➡ figure out why ～は「なぜ～なのか理解する」という意味を表す。

➡ I'd は I had の短縮形で，直後の felt と共に過去完了形を作っている。

➡ <be sure ＋(that)節> は「～ということを確信している」という意味を表す。

⑪ **We had a very friendly and interesting lunch, but it was not the same intensity as our first meeting, and I was left wondering why.**

➡ the same *A* as *B* は「Bと同じA」という意味を表す。

➡ be left *do*ing は leave *A do*ing「Aを～するままにしておく」の受動態である。

Qヒント Answer T(true) or F(false). (正誤を答えなさい。)

1. (→本文③) 第1パラグラフに，ダンとジョンとスペイン語についての記述がある。
2. (→本文⑦⑧) 筆者が間違いだったと感じたのは，何をしたことに対してか。
3. (→本文⑨⑩⑪) 第2パラグラフに，ジョンと再会した時の感想についての記述がある。
4. (→本文⑫⑬) 第3パラグラフに，相対性の影響についての記述がある。
5. (→本文⑯) 第4パラグラフに，魔法のようなつながりについての記述がある。

Speed Reading Lesson 6 Estella's Brilliant Bus!

1 ① We are in the age / of digital technology, / but many children still do not have
私たちは時代にいる / デジタル技術の / しかし多くの子どもたちがいまだ利用できず

access / to computers / because they are poor.// ② Estella Pyfrom, / a retired teacher /
にいる / コンピューターを / 彼らが貧しいために // エステラ・パイフロムは / 退職した教師である /

in Florida, US, / could not turn her back / on the children / who were falling behind /
アメリカのフロリダ州の / 見捨てられなかった / その子どもたちを / 遅れを取っていた /

because they didn't have enough opportunities / to learn / how to use a computer.//
彼らが十分な機会を持っていなかったために / 学ぶための / コンピューターの使い方を //

③ She wanted to do something / to help those children / in need, / which led her to
彼女は何かしたかった / それらの子どもたちを助けるために / 困っている / そのことが彼女が

create Estella's Brilliant Bus.//
エステラのすばらしいバスを作るきっかけになった //

2 ④ When she retired, / she and her husband had managed to save a million dollars /
彼女が引退した時 / 彼女とその夫はなんとか 100 万ドルを貯金することができていた /

from their limited salaries / and decided / to spend their savings / to buy a bus.//
彼らの限られた給料から / そして決めた / 彼らの貯金を使うことを / バスを買うために //

⑤ The bus had 17 computer stations / that were connected / to high-speed internet.//
そのバスには 17 のコンピューター設備があった / 接続された / 高速インターネットに //

⑥ In addition, / because that bus went into poor areas, / Estella added other services
その上 / そのバスは貧しい地域の中へ行ったので / エステラはほかのサービスも

as well, / serving as a mobile food bank, / for it is hard / to teach children / who are
加えた / 移動式フード・バンクとして機能する / 難しいので / 子どもたちに教えることは / 空腹

hungry.// ⑦ The bus was named / Estella's Brilliant Bus / and it started to travel / to
の // そのバスは名づけられた / エステラのすばらしいバスと / そしてそれは旅をし始めた /

schools, shelters, and community centers / in Florida / and then / all over the country.//
学校や保護施設そして公民館へ / フロリダの / そしてそれから / 国中の //

3 ⑧ She believes / that she can make a difference / in the lives of children.// ⑨ She
彼女は信じている / 彼女は変化をもたらすことができると / 子どもたちの生活に // 彼女は

always remembers the saying / "If you give someone a fish, / you will feed them / for a
常にことわざを心に留めている / 「人に 1 匹の魚を与えれば / 彼らに食事を与えることになるだろう / 1 日

day; / if you teach someone / how to fish, / you will feed them / for a lifetime."// ⑩ She is
分の / 人に教えてやれば / 魚の釣り方を / 彼らに食事を与えることになるだろう / 一生分の」 // 彼女は誇りに

proud / that she has served / more than 100,000 children / and has not charged / any money.//
思っている / 彼女が尽くしてきたことを / 10 万人を超える子どもたちに / そして請求してこなかったことを / 一切のお金を //

本文内容チェック

1 このデジタル技術の時代においても，貧しさからコンピューターを利用できない子どもが多くいる。フロリダ州の元教師のエステラ・パイフロムは，そういった子どもを助けたいという思いから，「エステラのすばらしいバス」を作ることになった。

2 彼女とその夫は仕事を引退した後，貯金を使ってバスを買った。そのバスには高速インターネットや，貧しい地域の子どものためにフード・バンクの機能が付けられた。バスは「エステラのすばらしいバス」と名づけられ，国中の学校などの施設を回った。

3 彼女は，お金を一切請求せずに子どもたちに尽くしてきたことを誇りに思っている。

読解のカギ

② **Estella Pyfrom, a retired teacher in Florida, US, could not turn her back on the children (who were falling behind because they didn't have enough opportunities {to learn how to use a computer}).**

（Estella Pyfrom ＝ a retired teacher in Florida, US）

➡ turn *one's* back on *A* は「A に背を向ける，A を見捨てる」という意味を表す。

➡ who は主格の関係代名詞で，who were ... a computer が先行詞の the children を修飾している。

➡ fall behind は「後れを取る」という意味を表す。

➡ enough *A* to *do* は「～するのに十分な A」という意味を表す。

③ **She wanted to do something (to help those children {in need}), (which led her to create Estella's Brilliant Bus).**

➡ to help ... は to 不定詞の副詞的用法である。

➡ in need は「困っている」という意味で，those children を後ろから修飾している。

➡ which は主格の関係代名詞で，前に「,(コンマ)」があるので非限定用法である。直前の節全体が先行詞で，「～，そのことが…」と説明を加えている。

➡ lead *A* to *do* は「A が～するきっかけになる」という意味を表す。

⑥ **In addition, because ... for it is hard (to teach children {who are hungry}).**

形式主語 ← 真の主語

➡ for は「～なので」という意味の接続詞である。

➡ for が導く節の it は形式主語で，真の主語は to teach 以下の to 不定詞句である。

➡ who は主格の関係代名詞で，who are hungry が先行詞の children を修飾している。

Qヒント Answer T(true) or F(false). (正誤を答えなさい。)

1. (→ 本文①②③) エステラはコンピューターを利用できない子どもに対し何を思ったか。
2. (→ 本文④) 第 2 パラグラフに，バスの購入資金についての記述がある。
3. (→ 本文⑥) 第 2 パラグラフに，バスでの食事の提供についての記述がある。
4. (→ 本文②③⑧) エステラはどのような理由で子どもたちを支援したか。
5. (→ 本文⑨) エステラはコンピューターの使い方を教えることが何につながると考えたか。

Speed Reading Lesson 7 A Creature That Could Live Forever

1 ① Many / of us / wonder / how we can stop getting old / and stay young, / and this creature may give us some idea.//
多くが / 私たちの / 思う / どうしたら年を取るのを止められるだろうかと / そして若いままでい(られるだろうかと) / そしてこの生物が私たちにアイデアをくれるかもしれない //

2 ② The creature is called the "turritopsis," / a kind of jellyfish / that is less than 1 cm / in size.// ③ It was discovered / about 140 years ago / deep / in the ocean.//
その生物は「ベニクラゲ」と呼ばれる / クラゲの一種 / 1センチに満たない / 大きさが // それは発見された / 約140年前に / 深くで / 海の //

④ Jellyfish / of this kind / are often eaten / by other creatures, / and also catch diseases / and die easily.//
クラゲは / この種の / よく食べられる / ほかの生物によって / そして病気にもかかる / そして簡単に死ぬ //

3 ⑤ In 1992 / in Italy, / some university students happened to find an amazing fact / about these creatures.// ⑥ They had been responsible / for looking after the jellyfish, / which were kept / in a bowl of water / in a lab / at the time, / but they forgot / to feed them.// ⑦ When they came back / to the lab / a few days later, / they were afraid / that the jellyfish all had died.// ⑧ However, / to their surprise, / there was no sign / of jellyfish / in the bowl.// ⑨ Instead, / there were tiny groups / of cells, / which were "baby jellyfish," / so to speak.// ⑩ The jellyfish had "become younger" / by going back / to an early stage / of development.//
1992年に / イタリアで / 何人かの大学生が偶然驚くべき事実を発見した / これらの生物に関する // 彼らは責任を負っていた / そのクラゲの世話の / 飼われていた / 水を入れたボウルの中で / 研究室の / その当時 / しかし彼らは忘れた / それらに餌をあげることを // 彼らが戻って来た時 / 研究室に / 2，3日後 / 彼らは恐れていた / そのクラゲがすべて死んでしまっているのではないかと // しかしながら / 彼らが驚いたことに / ひとつの形跡もなかった / クラゲの / そのボウルの中に // 代わりに / 小さな群れがいた / 細胞の / それは「クラゲの赤ちゃん」だった / いわば // そのクラゲは「若返っていた」 / 戻ることによって / 早期の段階に / 成長の //

4 ⑪ The turritopsis seems to go back / to a younger state / when it grows older / or when it is suffering from hunger.// ⑫ Perhaps they got this special ability / in the process / of evolution / because they are very weak creatures.//
ベニクラゲは戻るように思える / より若い状態に / それが年を取る時に / またはそれが飢えに苦しんでいる時に // 恐らくそれらはこの特別な能力を獲得した / 過程で / 進化の / なぜならそれらがとても弱い生物だからだ //

5 ⑬ After this finding, / Dr. Kubota, / a successful turritopsis researcher / at Kyoto University, / observed / his group of jellyfish getting young / more than 10
この発見の後 / 久保田博士は / 成功したベニクラゲ研究者 / 京都大学の / 見た / 彼のクラゲの群れが若くなるのを / 10回以上

times.// ⑭ And that number can become larger.// ⑮ He says / that the genes / of
// そしてその回数はもっと大きくなる可能性がある // 彼は言う / 遺伝子は /

the turritopsis / may help scientists develop ways / to regenerate / damaged / or
ベニクラゲの / 科学者たちが方法を編み出すのを助けるだろう / 再生させるための / 傷ついた / または

lost human body parts.//
失われた人体の一部を //

本文内容チェック

1 多くの人が，どうすれば年を取らず若いままでいられるのだろうかと思うものだ。

2 ベニクラゲという1センチ足らずの，か弱い生物がその手掛かりになるかもしれない。

3 1992年に，イタリアの大学生たちが研究室のクラゲに餌を数日やり忘れて戻ったところ，そこに死んだクラゲはおらず，クラゲの赤ちゃんの群れがいるのを発見した。

4 ベニクラゲは年を取ったり，飢餓状態にある時に，より若い状態に戻るようだ。

5 その発見の後，京都大学の久保田博士はベニクラゲが10回以上若返るのを確認していて，その回数はもっと増える可能性もある。彼はベニクラゲの遺伝子が，けがや欠損した人体部位の再生治療の開発の助けになるだろうと言っている。

読解のカギ

① **Many of us wonder (how we can stop getting old and stay young), ...**

➡ <wonder + wh- 節> は「～だろうかと思う」という意味を表す。

⑨ **Instead, there were tiny groups of cells, (which were "baby jellyfish," so to speak).**

➡ which は主格の関係代名詞で，前に「,(コンマ)」があるので非限定用法である。which were "baby jellyfish," so to speak が先行詞の tiny groups of cells に説明を加えている。

⑮ **He says that the genes of the turritopsis may help scientists develop ways (to regenerate damaged or lost human body parts).**

➡ <help + O + (to) *do*> は「O が～するのを助ける」という意味を表す。ここでは to は省略されている。*do* に当たるのは develop。

➡ to generate ... は to不定詞の形容詞的用法で，ways を修飾している。

➡ or で並列につなげられた damaged と lost が human body parts を修飾している。

Qヒント Answer T(true) or F(false). (正誤を答えなさい。)

1. (→ 本文②) 第2パラグラフに，ベニクラゲの大きさについての記述がある。
2. (→ 本文④⑫) 第2・4パラグラフに，ベニクラゲの特徴についての記述がある。
3. (→ 本文⑦⑧⑨) 第3パラグラフに，イタリアの学生が研究室に戻った時の記述がある。
4. (→ 本文⑬) 第5パラグラフに，久保田教授のベニクラゲの観察についての記述がある。
5. (→ 本文⑮) ベニクラゲの遺伝子にはどのような利用法があるか。

Speed Reading Lesson 8 How We Have Captured Sound

1 ① The purpose / of very old cave paintings / has been studied / ever since their
目的は / 大昔の洞窟壁画の / 研究されてきた / それらの発見以来

discovery.// ② Some research suggests / that early people put their paintings / in
ずっと // いくつかの調査が示している / 初期の人類は絵を描いたと /

spots / where they could sing / and hear their voices / a lot louder.//
場所に / 彼らが歌うことができた / そして彼らの声を聴く(ことができた) / ずっと大きく //

2 ③ This drive / for better sound / continued / through history.// ④ At first, / no one
この衝動は / より良い音を求める / 続いた / 歴史を通して // 最初は / 誰も

dreamed / of capturing sound itself.// ⑤ Instead, / people invented writing / to capture
夢にも思わなかった / 音そのものを記録しようとは // 代わりに / 人々は書くことを発明した / ことばを記録する

words.// ⑥ In the 1850s, / however, / a French printer wanted to record spoken words, /
ために // 1850年代に / ところが / あるフランス人印刷工が話されたことばを記録したいと思った /

and created a tool / to record sound / as short lines.//
そして道具を作った / 音を記録するための / 短い線として //

3 ⑦ In 1876, / Alexander Graham Bell invented the telephone, / a tool / he
1876年に / アレクサンダー・グラハム・ベルは電話を発明した / 道具である / 彼が

imagined / would be used / to share music.// ⑧ In 1877, / Thomas Edison invented /
想像した / 使われるだろうと / 音楽を共有するために // 1877年に / トマス・エジソンは発明した /

the first type / of a record player, / which he thought / could be used / to send
最初の型を / レコードプレーヤーの / 彼は考えた / 使われるだろうと / メッセージ

messages / rather than music.//
を送るために / 音楽よりも //

4 ⑨ Bell Laboratories tried / to make information digital / as a top secret innovation /
ベル研究所は試みた / 情報をデジタル化することを / 極秘の新考案として /

during World War II.// ⑩ Digital information was sent / through radio, / which was
第二次世界大戦中に // デジタル情報は送られた / 無線を通じて / 開発

developed / in the 19th century.// ⑪ Bell Labs then developed the vacuum tube, /
された / 19世紀に // ベル研究所はそれから真空管を開発した /

which led to the invention / of televisions, computers, microwaves, and other products.//
発明につながった / テレビやコンピューター，電子レンジ，そしてそのほかの製品の //

5 ⑫ Scientists also discovered / that sound could be used / to actually see / where the
科学者たちはまた発見した / 音が使えることを / 実際に見るために / 人間の

human eye could not see.// ⑬ Sonar and ultrasound / among other technologies / were
目では見えないところを // ソナーや超音波が / ほかの科学技術がある中で / 開発

developed, / which now have had many medical applications.//
された / 現在，医学的に広く応用されている //

本文内容チェック

1 調査によると，古代の洞窟壁画は声が大きく響く場所に描かれたものと思われる。

2 人類はまず，ことばを書いて記録する手段を発明した。そして 1850 年代に，あるフランス人印刷工が音声を記録する道具を作り出した。

3 1876 年にベルが電話を発明し，翌年にはエジソンがレコードプレーヤーを発明した。

4 ベル研究所は，第２次世界大戦中に情報のデジタル化を試み，その後，真空管を開発した。それがテレビやコンピューター，電子レンジなどの発明へとつながった。

5 音波によって人の目に見えないところを見る技術が開発され，医療に応用されている。

読解のカギ

② **Some research suggests (that early people put their paintings in spots {where they could sing and hear their voices a lot louder}).**

➡ where は関係副詞で，関係副詞節の where they could sing and hear their voices a lot louder が先行詞の spots を修飾している。

⑤ **Instead, people (S) invented (V) writing (O) (to capture words).**

➡ to capture ... は to 不定詞の副詞的用法である。

⑧ **(In 1877), Thomas Edison invented the first type of a record player, (which {he thought} could be used {to send messages rather than music}).**

➡ which は主格の関係代名詞で，前に「,(コンマ)」があるので非限定用法である。which he thought could be used to send messages rather than music が先行詞の the first type of a record player に説明を付け足している。he thought は挿入句で，which に続く動詞は could be used の部分である。

➡ to send ... は to 不定詞の副詞的用法である。

⑩ **Digital information was sent through radio, (which was developed in the 19th century).**

➡ which は主格の関係代名詞で，前に「,(コンマ)」があるので非限定用法である。which was developed in the 19th century が先行詞の radio に説明を加えている。

Qヒント Answer T(true) or F(false). (正誤を答えなさい。)

1. (→ 本文①②) 洞窟壁画はどういった場所に描かれたと言われているか。
2. (→ 本文⑧) 初期型のレコードプレーヤーを発明したのは誰か。
3. (→ 本文⑦⑧) ベルとエジソンは何のための機械を発明したか。
4. (→ 本文⑩) デジタル情報は何を通じて送信されたか。
5. (→ 本文⑫) 第５パラグラフに，音を使った技術についての記述がある。